글로벌 구조변동과 한일관계

세계정치 37

글로벌 구조변동과 한일관계

발행인 서울대학교 국제문제연구소
주소 서울시 관악구 관악로 1(220동 504호)
전화 02-880-6311
팩스 02-872-4115
전자우편 ciscis@snu.ac.kr

2022년 12월 13일 초판 1쇄 찍음
2022년 12월 19일 초판 1쇄 펴냄

지은이 이정환, 윤대엽, 조은일, 이창민, 송정현, 이민정
기획 서울대학교 국제문제연구소
책임편집 이정환

편집 김천희
디자인 김진운
마케팅 최민규
펴낸곳 (주)사회평론아카데미
펴낸이 고하영, 권현준
등록번호 2013-000247(2013년 8월 23일)
전화 02-326-1545 팩스 02-326-1626
주소 서울시 마포구 월드컵북로6길 56
이메일 academy@sapyoung.com 홈페이지 www.sapyoung.com

ⓒ 이정환, 윤대엽, 조은일, 이창민, 송정현, 이민정, 2022
ISBN 979-11-6707-086-9 94340

세계정치 37

글로벌 구조변동과 한일관계

서울대학교 국제문제연구소 편
이정환 책임편집

사회평론아카데미

* 이 저서는 2022년도 국제문제연구소 미래기초학문분야 기반조성 사업 및 국제문제연구소 출판지원금에 의해서 수행된 연구 결과물임.

글로벌 구조변동과 한일관계

최근 10여 년간의 한일관계는 역사-경제-안보의 다방면에서 갈등이 표면화되면서, 역대 최악의 시기로 언급되곤 한다. 한일관계의 갈등적 양상이 1945년 이후로 최근이 역대 최악이라는 주장은 논쟁적일 수 있다. 1950년대 초나 1970년대 초에 비해서 최근이 더 나쁘다고 말하기 어렵다. 한일관계가 '역대 최악'이라는 표현은 다른 외교 현안에 비해서 한일관계가 잘 관리되지 않고 난관에 처해 있다는 인식의 반영에 가깝다. 해방 이후 한국 외교에서 일본이 가지는 중요성과 위상은 변해왔지만, 역사적 경험에 대한 국민적 감정 변수와 중첩되어 대일외교는 한국 외교의 여러 과제 중에 가장 갈등적인 이슈로 자주 부상하였다. 갈등 양상이 대두될 때 등장하는 '역대 최악'의 용례는 그 시점에서 대일외교가 한국 외교 중에서 가장 어려운 이슈 중에 하나가 되었다는 의미에 가깝다.

동 시점에서 다른 국가·지역에 대한 외교 상황과 비교하지 않고 대일외교의 과거와 비교하는 표현의 관습은 한일관계에 대한 우리 사회의 전형적 이해틀을 은연중에 보여준다. 이는 한일관계를 양자적 관계의 특수성 속에서만 이해하는 양상을 상징한다. 이 가운데, 한일관계가 전 세계적 구조변동 속에서 어떠한 영향을 받는지에 대한 고찰이 강하지 않다.

물론 학문적 차원에서 냉전기와 탈냉전기 한일 양자관계에 대한 국제구조의 영향에 대해서는 면밀한 관찰이 진행됐다. 미국 주도의 샌프란시스코체제 속에서 한국과 일본의 안보적 역할 분담과 상이한 지위 구축, 브래튼우즈체제 속에서 가능했던 한일 양국의 개발주의적 경제발전과 그 속에서의 한일경제협력 관계 등에 대해서는 많은 연구가 진척되어왔다. 하지만, 당연한 말이지만 구조는 가만히 정적으로 머무르지 않는다. 구조변동은 기존 구조 속에서 기능했던 행위자와 관계의 성격들을 불안하게 만들고 변화하게 만든다. 현재 미중 경쟁은 다방면에서 글로벌 국제질서의 변동을 야기하고 있다. 동아시아에서 샌프란시스코체제의 근본적 지속가능성에 대해 의문을 야기하고 있으며, 글로벌밸류체인에 입각한 경제적 세계화의 미래도 불투명하다.

본 세계정치 특집호는 최근 미중 경쟁으로 대표되는 글로벌 구조변동이 한일관계에 미치는 영향에 대해서 살펴보고자 하는 시도이다. 이 연구의 목적은 우선 한일관계에 대한 양자적 이해를 넘어 글로벌 조건 속에서 한일관계 변화를 설정해서 살펴보는 것에 있다. 나아가 본 연구는 한일관계가 영향을 받고 있는 글로벌 구조 조건이 매우 크게 변하고 있음을 또한 드러내고자 한다. 냉전기 반공연대와 개발연대의 프레임을 넘어서는 새로운 한일협력의 모색에는 글로벌 구조 조건에 대한 명확한 이해가 선행되어야 하기 때문이다. 각 장의 주요 내용은 아래와 같다.

1장 "동아시아의 진영 경쟁과 한일관계—미소 냉전과 미중 경쟁 비교"(윤대엽)는 미소 냉전과 미중 경쟁 시기 진영 경쟁이 한일관계에 미친 영향을 역사적, 비교적 시각에서 검토하고 있다. 강대국이 구조화한 진영 경쟁은 한일관계의 근본적 성격을 규정하는 측면이 있다. 역사, 영토 등 식민관계의 청산이 변함없는 양자관계의 현안이었다면, 강대국이 구조화한 진영 경쟁 체제는 한일이 공유하는 안보환경이었다. 그러나 미소 냉전과 미중 경쟁 시기 동아시아의 진영 경쟁에 대한 한국과 일본의 안보전략은 상이했고 이는 한일관계에도 영향을 미쳤다. 미소 냉전 시기 반공외교에 집중한 한국과 달리 일본은 초진영적인 다자협력을 추진했다. 미중 경쟁이 본격화되고 있는 가운데 중국을 견제하는 진영 협력을 주도하는 일본과 달리, 한국은 미중 사이에서 전략적 균형을 모색하고 있다. 미소 냉전 시기에 한국의 분단체제, 일본의 전후체제가 진영 협력을 통한 안전보장의 정치를 결정한 변수였었다. 미중 경쟁 시기에 한국과 일본이 어떠한 진영 협력을 구축할지는 아직 확정되지 않은 가운데 이에 대한 면밀한 검토가 추가적으로 요구된다.

2장 "지역 안보질서와 한일관계"(조은일)는 미중 경쟁에 의한 지역 안보질서의 변화가 한일관계에 어떠한 영향을 미쳤는지를 검토하는 시론적 분석이다. 미중관계의 전개는 현존하는 권력과 부상하는 권력 간 협력과 경쟁이라는 정책적 논의를 넘어, 그간 미국이 주도해온 자유주의 국제질서의 영향력과 회복력에 대한 논쟁으로 확대되었다. 동아시아 지역 안보질서에서 미중 경쟁의 의미는 중국이 기존 미국 주도의 양자 동맹 체계를 수용하고 현상유지적 태도를 취할 것인지 여부에 달려 있다. 이에 미국과 동맹인 한국과 일본은 미중관계에 따른 안보질서 변화 가능성에 민감하게 반응할 수밖에 없다. 미중 경쟁에 따라 새로운 패권적 권력으로 중국이 부상하고, 미국의 아시아 재균형 정책에 따른 바퀴살 체계가 변화하며, 트럼피즘의 등장에 따라 지역 국가가 반응하는 형태로 동아시아 안보질서가 변화하였다. 이 가운데 미중관계의 변화는 미국과의 협력에 대한 한일 양국이 가진 상이한 기대를 갖게 했으며, 이는 한일 양자 차원의 협력에 장애가 되었다. 한편, 중국에 대한 다른 시각도 한일 협력을 저해하는 요인으로 작용했다. 중일 간 센카쿠 분쟁, 한중 간 사드 문제가 각각 존재했지만 양국은 이후 대중정책에서 다른 방향성을 보였다. 다만 한일 안보협력은 동아시아의 경쟁적 안보질서를 완화하는 중진국들의 협력을 촉진하는 매개체가 될 가능성도 있을 것이다.

3장 "글로벌 무역구조와 한일 무역관계의 진화"(이창민)는 한일 무역관계를 글로벌 무역구조 속에서 재조명하려는 시도이다. 1965년 한일 국교정상화 이후 양국 간 첨예한 대립과 갈등이 계속되는 가운데 경제협력만큼은 투트랙이라는 명시적 또는 암묵적인 이해 아래 중단 없이 이어져 왔다. 일본의 자금협력을 기반으로 한국이 본격적인 수출주도 공업화를 시작하면서 수직적 분업관계에 기초한 만성적인 대일 무역적자 구조가 탄생하였다. 그런데 2010년대에 들어서면서 오랫동안 견고했던 이러한 구조에 균열이 생기고, 한일 간 직접 교역 규모도 감소하기 시작했다. 이는 양국의 경제력 차이가 줄어들면서 두 나라를 포함한 GVC가 재편된 결과였다. 그러나 글로벌 무역구조의 변동이 한일 무역관계의 변화를 촉진한 결과, 한일 간 직접 교역 규모는 감소하였지만 양국은 GVC 속에서 이전보다 더욱 강하게 연결될 수 있었다. 전기·전자 산업 무역 네트워크의 중심성 순위를 보면 한일 양국을 모두 포함하는

GVC의 영향력은 오히려 강해졌고 이러한 특징은 GVC의 중심이 중국에서 ASEAN으로 이동하면서 더욱 뚜렷해졌다.

4장 "한일 반도체산업 경제안보정책에 관한 연구─쿠퍼의 다차원정책분석 모델을 활용한 비교분석"(송정현)은 전 세계적인 경제의 안보화 추세 속에서 한일 양국의 경제안보정책이 양국 산업 관계에 미치는 영향을 반도체산업 분야를 중심으로 분석하고 있다. 세계 각국은 자국의 안보를 확보하기 위해 경제적 수단을 활용하고 있으며, 특히 반도체산업과 관련된 경제안보정책의 중요성이 증대되고 있다. 한일 양국의 반도체산업 경제안보정책의 도입 배경과 목적은 유사하였으나, 목적을 이루기 위해 수행한 정책의 방향성은 상이했다. 이는 한일 양국이 글로벌 반도체 공급망 내에서 강점을 가진 분야의 차이에서 비롯되었을 것으로 추측된다. 하지만 2019년 일본의 대한 반도체 소재 수출규제와 이에 대한 한국의 대응 과정을 분석한 결과 한일 양국은 반도체 공급망 내에서 강한 상호의존성을 가지고 있는 것으로 드러났다. 이는 한일 양국의 상호이익을 위해 양국 관계를 개선할 필요가 있음을 다시 환기시켜 주고 있다.

5장 "일반국제정치학으로 보는 일본군'위안부' 문제의 리드레스 운동"(이민정)은 한일 역사 문제를 양국을 넘어선 국제적 수준의 구조변동과 연계하는 연구이다. "일본군'위안부' 문제를 둘러싼 리드레스 운동은 1990년대 초반에 어떻게 국제적 공간으로 전개되었는가"라는 질문이 5장의 핵심적 문제의식이다. 1991년 이후 일본군'위안부' 문제에 관한 리드레스 운동이 그 양상을 달리하는 데 있어 행위자-구조 문제라는 이론적 시각이 유의미함을 강조하고자 한다. '운동'과 '제도'의 경계라는 학문적 접근 속에서 일본군 '위안부' 문제의 리드레스 운동이 갖는 일반적인 국제정치학적 유의미함에 주목하고, 한일 역사 문제와 글로벌한 구조변동의 접점을 일면 포착할 수 있음을 주장한다. 최근 한일 역사 문제를 둘러싼 정치적, 사회적 행위를 문제의 일반적인 사회과학의 연구 사례로 포착하고, 이를 분석하는 경험적 연구가 다수 축적되고 있다. 이러한 학술적 연구를 보다 보편적 관점으로 이해하는 개념틀을 제공하기 위한 단서를 제공하는 시도라 할 수 있다.

6장 "일본 역사수정주의의 세계보편성 획득 시도와 한일관계—유네스코 세계유산의 '탁월한 보편적 가치(OUV)'와 '전체 역사(full history)'"(이정환)은 일본의 유네스코 세계유산 등재 시도가 야기하고 있는 한일 갈등의 성격에 대해 분석하고, 그 성격의 한일관계의 특수성과 글로벌적 보편성을 파악하려는 시도이다. 최근의 유네스코 세계유산은 등재 과정에서부터 국가 간 역사인식의 충돌과 대립의 장이 되고 있다. 특히 2015년 일본의 '메이지산업혁명유산(Meiji Industrial Revolution: Iron and Steel, Shipbuilding and Coal Mining)'이 등재되면서 유네스코 세계유산을 둘러싼 동북아 갈등은 고조되기 시작했다. 특히 강제동원 피해자에 대한 기억 속에서 한국으로부터 강한 반발이 나왔고, 등재를 둘러싼 한일 갈등이 격화되었다. 2015년 한일 양국 간에 '전체 역사' 개념을 통한 타협이 이루어졌으나, 그 이후 유산 해석 작업에 대한 과정에서 한일 갈등은 지속되고 있다. 유네스코 세계유산을 둘러싼 일본 역사수정주의의 움직임은 일본적 가치에 대한 세계보편성 획득의 시도로 파악될 수 있다. 세계보편성 획득 시도의 의미를 지니고 있는 일본 역사수정주의의 새로운 움직임은 일본 내 향토애를 포섭할 수 있음으로 해서 일본 사회 내의 설득력을 확대하고 있다. 향토애 속에 침윤된 역사수정주의는 일본 사회에서 그 저변을 확대하고 있다. 일본의 지역사회는 메이지산업혁명유산과 사도금산유산에 대한 한국의 비판론을 일본과 자기 지역사회의 문화적 본질에 대한 비난으로 이해하고 있다. 문제는 기실 한국 사회 내에서 일본의 유네스코 세계유산정책에 대한 비판론의 본질에 그러한 정서가 없다고 할 수 없다는 점이다. 결국 한국 대 일본, 또는 한국인 대 일본인의 민족주의 대결 구도가 유네스코 세계유산의 가치에 대한 성찰을 가로막고 있는 상황이다. 유네스코 세계유산을 둘러싼 갈등 사례는 한일 양국의 근대적 경험에 대한 보편적 성찰 모색이 앞으로 큰 과제이며 동시에 여전히 지난한 과제임을 보여주고 있다.

위 6편의 연구들은 한일관계의 세 측면 ─ 외교안보(1장, 2장), 경제산업(3장, 4장), 가치규범(5장, 6장) ─ 각각에서 현재 대두되고 있는 글로벌 구조변동(미중 경쟁, 글로벌 무역구조의 변화, 경제안보의 대두, 역사바로세우기의 글로벌 추세 등) 이 한일 양국 관계에 어떤 영향을 주는지를 각각 분석하고 있다. 본 특집호를 통해 독자들이 한일관계를 보다 거시적 차원으로 조망할 수 있기를 바란다.

2022년 11월
이정환

차례

세부 차례

제1장

동아시아의 진영 경쟁과 한일관계
― 미소 냉전과 미중 경쟁 비교

A System of Bloc Rivalry and Korea-Japan Relations:
Comparison between the US-Soviet Cold War and US-China
Competition

윤대엽 | 대전대학교 군사학과

강대국이

구조화한 진영 경쟁은 한일관계에 어떤 영향을 미쳤는가? 본 연구는 미소 냉전과 미중 경쟁 시기 진영 경쟁이 한일관계에 미친 영향을 역사적, 비교적 시각에서 검토한다. 역사, 영토 등 식민관계의 청산이 변함없는 양자관계의 현안이라면 강대국이 구조화한 진영 경쟁 체제는 한일이 공유하는 안보환경이었다. 그러나 미소 냉전과 미중 경쟁 시기 동아시아의 진영 경쟁에 대한 한국과 일본의 안보전략은 상이했고 이는 한일관계에도 영향을 미쳤다. 미소 냉전 시기 반공외교에 집중한 한국과 달리 일본은 초진영적인 다자협력을 추진했다. 미중 경쟁이 본격화되고 있는 가운데 중국을 견제하는 진영 협력을 주도하는 일본과 달리, 한국은 미중 사이에서 전략적 균형을 모색하고 있다. 본 연구는 한국의 분단체제, 일본의 전후체제가 진영 협력을 통한 안전보장의 정치를 결정한 변수임을 설명하고 한일관계에 대한 함의를 검토한다.

How did a system of rivalries structured by the great powers affect the bilateral relations between Korea and Japan? This study examines the influence of a system of rivalry on Korea-Japan relations during the Cold War and the US-China competition from a historical and comparative perspective. While the settlement of colonial relations such as history and territorial dispute is a constant issue in bilateral relations, a system of rivalry structured by the great powers was a security environment shared by Korea and Japan. However, during the Cold War and the US-China competition, the security strategies of Korea and Japan engaging with a system of rivalries in East Asia were different, and this had an impact on Korea-Japan relations. Unlike Korea, which focused on anti-communist diplomacy during the US-Soviet Cold War, Japan promoted trans-bloc multilateral cooperation. While the US-China competition is intensifying, Korea is pursuing strategic ambiguity, unlike Japan, which leads the US-led bloc cooperation to hedge, balance and exclude China. This study explains that Korea's division system and Japan's post-war system are variables that determine the politics of security responding to a system of rivalries, and examines the implications for Korea-Japan relations.

KEYWORDS 한일관계 Korea-Japan Relations, 진영 경쟁 system of bloc rivalry, 미소 냉전 US-Soviet Cold War, 미중 경쟁 US-China rivalry, 안전보장의 정치 politics of Security, 분단체제 The system of division on Korean Peninsula, 전후체제 Post-cold War system

I 문제제기

문재인-아베 시기(2017-2020)는 전후 한일관계의 전환점이다. 2015년 '최종적이고 불가역적으로' 타결된 위안부 합의가 '합의되지 않은 합의'로 남게 된 가운데 2018년 대법원이 강제징용 피해 보상 판결에 대해 신일철주금이 제기한 상고를 기각하면서 한일관계는 식민지관계에 합의했던 '65년 체제' 이전으로 회귀했다. 일본 기업 자산의 동결과 현금화에 대응하여 아베 내각은 2019년 7월 1일 핵심소재의 수출을 강화한 데 이어, 8월 2일에는 한국을 수출심사 우대국(White List)에서 배제하고 1,120여 개에 달하는 전략물자에 대한 수출심사를 강화하는 수출무역관리령 개정안을 의결했다. 아베 내각의 수출규제는 역사문제를 이유로 경제적인 강제수단을 동원하는 사실상의 경제제재(economic sanction)라는 점에서 65년 체제 이후 한일관계의 본질적인 전환점이다. 1965년 양국관계가 정상화된 이후에도 역사, 영토, 비대칭적 무역은 물론 북한 문제에 대한 이견이 반복되었지만, 양국은 정경분리(政經分離) 원칙에 따라 갈등을 관리했다. 그런데 역사문제에 상호 부정적인 제재수단을 동원하면서 민주주의와 시장경제를 기본가치로, 경제적, 정치적, 사회적 교류를 확대해온 전후 한일관계가 전환된 것이다.

문재인-아베 시기 한일 갈등이 동북아 전후 질서의 구조적인 변동 가운데 악화되었다는 점에 특히 주목할 필요가 있다. 협력과 갈등이 공존했던 미중관계는 트럼프-시진핑 시기(2017-2021) 적대적 경쟁으로 전환되었다. 오바마 2기 행정부가 포스트 아프카니스탄 전략의 일환으로 아시아에 대한 전략적 재균형을 추진하면서 미중의 전략적 긴장이 고조되기 시작했다. 2016년 미국 대선에서 중국문제를 정치화한 트럼프는 경제, 무역, 환율은 물론 기술, 군사 등 미중관계 전반을 전략적 경쟁으로 쟁점화하면서 1972년 미중 데탕트 이후 양국관계의 성격을 완전히 변화시켰다. 그리고 2021년 출범한 바이든 행정부 역시 트럼프 행정부의 경쟁적 중국전략을 계승하고 중국을 견제하는 다자협력을 제도화하고 있다. 핵 무장한 북한의 위협과 부상 이후 중국문제는 아베 내각 이후 일본이 전후 구속에서 탈피하는 안보개혁을 추진하는 원인이다(윤대엽 2021a).

부상 이후 중국과 미국의 패권경쟁, 북핵 위협 등 동북아의 안보질서 변동에 이어진 한일 갈등은 두 가지 이유에서 예외적이다. 첫째, 동북아라는 지정학적 공간에서 강대국 정치가 구조화한 안보환경은 한일의 안보전략을 구속했다. 냉전 시기 역사, 영토, 식민관계 청산을 둘러싼 갈등에도 불구하고 양국 간의 '냉전적 타협'이 가능했던 것은 안전보장의 정치(politics of security)가 우선했기 때문이다. '65년 체제'는 물론, 정경분리를 통한 경제협력은 모두 안보를 최우선으로 하는 정치적 타협의 결과물이다. 한국과 일본은 미국과의 동맹협력을 기반으로 자유 진영(liberal camp)의 핵심 구성원이었다. 그런데 미중 경쟁이 본격화된 이후 중국을 대상으로 하는 진영 협력의 제도화에 대한 한일의 이견과 탈동조화(decoupling)가 심화되고 있다. 아베 내각은 자유롭고 열린 인도태평양(FOIP)의 제도화를 주도한 데 이어, 바이든 행정부가 추진하는 쿼드 플러스(QUAD Plus)에 적극 참여하고 있다. 트럼프 행정부가 탈퇴한 이후 포괄적·점진적 환태평양경제동반자협정(CPTPP)

을 주도한 것도 일본이었다. 2015년 일미 방위협력지침을 개정하고 동맹협력을 강화한 데 이어 호주, 인도, 영국, 프랑스 등 미국 동맹국의 동맹 네트워크로 역할을 확대하고 있다(이승주 2020; Midford 2020). 반면, 한국은 일본이 주도하는 쿼드나 CPTPP에 참여하지 않고 있는 것은 물론, 일본과 미국이 참여하지 않은 중국 주도의 아시아인프라투자은행(AIIB)에는 회원국으로 참여하고 있다.

미중 경쟁이 심화되고 있는 가운데 한일 양국관계는 물론 다자협력을 둘러싸고 제기되고 있는 현안은 역사적, 비교적, 전략적 쟁점이다. 일본은 명시적, 잠재적 중국위협을 안보화하며 중국을 대상으로 하는 진영 협력에 적극 참여 및 주도하고 있지만 한국은 이와 같은 진영 경쟁에 소극적이다.[1] 제3절에서 검토하는 바와 같이 미소 냉전체제에서 한국은 반공 진영이 협력을 주도한 반면 일본은 진영 협력에 소극적이었다. 반대로 일본은 1972년 미중 테탕트 이후 일중관계를 정상화한 것은 물론 북한에도 적극적으로 관여했으며, 경제협력을 수단으로 공산진영과 자유 진영의 매개자 또는 중간자 역할을 자처했다. 반대로, 트럼프-시진핑 시기 미중 경쟁이 본격화된 이후 한국은 미중 사이에서 전략적 중재자 역할을 모색하고 있는 반면, 일본은 중국을 견제하는 진영 협력의 제도화에 있어 주도적인 역할을 모색하고 있다.

강대국이 구조화한 진영 경쟁 체제(a system of bloc rivalry)에서 한일은 각각 어떤 전략을 추진했는가? 미소 냉전과 미중 경쟁 시기 한국과 일본이 진영 경쟁에 참여하는 전략은 왜 상이했는

1   본 연구의 연구범위는 윤석열 정부 이전까지의 시기임.

가? 진영 경쟁은 한일관계에 어떤 영향을 미쳤는가? 본 연구는 미소 냉전과 미중 경쟁 시기 한국과 일본의 진영 경쟁에 대한 전략적 이해가 한일관계에 미친 영향을 분석한다. 핵심 주장은 세 가지로 요약할 수 있다. 첫째, 한국과 일본의 진영 경쟁의 자자협력에 대한 상이한 전략은 신고전현실주의(neo-classical realism)가 설명하는 바와 같이 구조적인 지역질서와 국내정치의 상호작용한 결과다. 둘째, 미소 냉전과 미중 경쟁 시기 한국의 진영 협력 전략을 결정한 핵심변수는 분단체제의 문제다. 남북 체제 경쟁과 대립은 미소 냉전 시기 반공외교의 원인이었지만 미중 경쟁 시기에는 오히려 진영 경쟁을 제한하는 요인으로 작동했다. 같은 시기 일본의 안전보장의 정치를 결정한 것은 전후체제의 문제다. 냉전 시기 평화헌법의 구속은 일본의 진영 협력을 제약했다. 그런데 미중 경쟁 시기 중국문제와 북핵 위협을 안보화하고 전후체제 탈각을 추진하는 일본에게 진영 협력은 상호보완적인 요인이다. 셋째, 동아시아의 진영 경쟁 체제는 한일 간의 안보협력은 물론 역사, 영토 갈등 등 한일관계에 영향을 미쳤다.

II 진영 경쟁과 한일관계: 접근 시각

동아시아의 전후 질서는 유럽과는 다른 구조적, 제도적, 관계적 특성을 가지고 있다. 일본에서 개념화된 '체제로서의 전후'는 시간적으로 태평양전쟁이 종결된 1945년, 체제적으로 일본과 전승국 간의 전후처리가 완결된 샌프란시스코강화조약(1952)이 기점이 되었다(이기호 2016, 256-259). 동아시아에는 일본의 전후체제와 함께 미소, 또는 미중소의 '냉전체제'와 두 개의 코리아, 두 개의 차이나가 경쟁하는 '분단체제'의 질서가 중첩되어 다층적인 질서를 형성했다(이기호 2016). 종전과 함께 분단된 남북은 1949년 분단된 중국과 함께 냉전 경쟁의 최전선이 되었다. 분단체제, 냉전체제, 전후체제가 혼재된 전후 동아시아 질서에서 한일은 협력과 갈등이 반복되는 특별한 양자관계를 발전시켜 왔다. 한일관계는 (1) 강대국 정치에 의해 일방적으로 구조화되지 않았고, (2) 상호의존과 협력의 이익이 갈등을 축소하지 못했으며, (3) 양국관계에 대한 정책 엘리트의 인식과 전략도 일관되지 않았다. 더구나 두 개의 코리아가 치열하게 경쟁하는 분단체제는 한미일, 남북일, 한일중의 복합적인 삼각모순(trilemma)을 초래했다.

첫째, 한일관계는 국제관계 이론과 다른 예외적인 특성이 존재한다. 현실주의는 안전보장을 최우선으로 하는 국제질서에서 강대국의 파워가 하위국가들의 자율성을 제약한다고 설명한다. 이에 따르면 미소 냉전체제는 안보문제가 국내정치의 자율성을 지배했던 시기다. 그러나 한국전쟁으로 냉전체제의 최전선이 된 한국과 일본의 관계는 1965년까지 냉전 위협보다 식민유산의 쟁점이 우선했다. 한일이 '65년 체제'에 합의할 수 있었던 것은 베트남전쟁과 함께 체제경쟁을 위한 타협이었다(윤대엽 2021b, 169). 미중 데탕트가 동북아의 냉전질서를 구조적으로 변화시키면서 동아시아의 데탕트를 주도한 일본과 달리 남북은 분단체제의 모순에 구속되었다. 자유주의 시각 역시 '65년 체제' 이후 협력과 갈등이 반복된 한일관계를 설명하지 못한다. 자유주의는 상호의존과 협력의 이익이 분쟁을 축소시킨다고 설명한다. 상호의존, 민주주의와 국제기구가 분쟁을 축소한다는 '평화의 삼각구도(triangulating Peace)' 개념이 대표적이다(Russett and O'Neal 2001). 민주국가 간의 자유무역과 협력이 상호의존을 심화시키는 가운데, 다자적인 협력이 제도화되면서 평화와 협력을 위한 선순환이 가능하다는 것이다. 1965년 이후 민주주의와 시장경제를 공유하는 한일 양국의 상호의존이 심화되었지만 역사, 영토, 식민청산의 갈등은 끊임없이 반복되고 있다. 오히려 불균형 무역과 의존구조가 경쟁적 산업정책 이념으로 작동한다. 정책엘리트의 인식과 전략이 일관되지 않다는 모순도 존재한다. 65년 체제 이후 10년 주기로 한일 갈등이 반복되었다(남기정 2015, 5). 한일 갈등은 정권교체에 수반된 결과만이 아니다. 이명박 정부는 갈등과 협력이 공존하는 모순적인 대일관계의 단면이다. 정권 초기 안보 목적의 대일협력이 강조되면서 한일정보보호협정이 추진되었지만, 정권 말기에는 독도방문으로 인해 양국관계가 악화되는 '양면 안보딜레마'를 초래했다(신욱희 2018).

한일관계에 연계되어 있는 제3국과의 삼각관계는 양자 간의 상호 대항적인 모순이 존재한다. 우선 한일과 미국(한일-미)의 삼각관계의 모순이다. 샌프란시스코 체제는 한미일 삼각관계를 위계적인 체제로 구조화했다(신욱희 2020). 미국에 의해 동아시아 냉전의 주체로 규정된 일본은 1960년대 후반 '한미일 유사동맹'(Cha 1999), 또는 '한미일의 역할분담'(최희식 2011)에 '합의'했지만, 일본이나 한국 모두 한반도 안보에서 일본의 역할은 '합의'되지 않은 쟁점으로 남아 있다(윤석정 2021). 남북관계에 대한 일본의 관여 역시 삼각모순이다. 한일, 북일, 그리고 남북 간의 합의와 타협은 각각 배제된 제3자의 이익을 규정하는 이중 잠금 효과를 가진다. 한-일과 북한, 북-일과 한국, 그리고 남-북과 일본은 각각 상호대항적인 비대칭적 삼자관계를 형성해왔다. 핵무기를 개발하는 북핵위기가 핵 무장한 북핵 위협으로 전환된 2017년 이후 남북관계와 일본의 전략적인 이견이 심화되었다. 중국과 한일관계 역시 전략적 이견과 모순이 존재한다. 아래에서 세부적으로 검토하는 바와 같이 냉전체제에서 한국의 분단체제와 일본의 전후체제는 중국과 한일의 삼자관계를 형성했다. 전후처리, 안전보장, 경제발전이라는 대외전략을 추진한 일본은 미중 데탕트를 계기로 일중관계를 개선하고 공산권 국가에 관여하며 동북아의 데탕트 외교를 주도했다. 반면, 분단체제에 구속된 한국이 중국과의 관계개선을 모색한 것은 탈냉전 이후다.

강대국이 구조화한 진영 경쟁은 한일관계에 어떤 영향을 미쳤는가? 본 연구는 미소 냉전과 미중 경쟁 시기 한국과 일본의 진

표 1-1. 진영 협력과 한일관계

변수	미소 냉전과 진영 협력	
	한국	일본
	• 변수: 분단체제-경쟁, 대결 • 전략: 반공 진영 협력	• 변수: 전후체제의 구속 • 전략: 초진영 협력 및 경제 외교
	미중 경쟁과 진영 협력	
	• 변수: 분단체제-갈등관리 • 전략: 중국 견제 진영 협력 배제	• 변수: 전후체제의 탈각 • 전략: 중국문제의 안보화 및 진영 협력

영 협력이 '안전보장의 정치(politics of security)'의 결과이며, 한국의 분단체제, 일본의 전후체제가 진영 협력전략을 결정한 요인임을 분석한다. 신고전현실주의는 안전보장의 정치가 강대국 관계의 체제수준(system level)과 국내수준(domestic level)의 요인의 상호작용을 분석하는 시각을 제공한다. 신고전현실주의는 무정부적 국제질서에서 자립과 생존을 추구하는 국가의 상대적 지위와 이익이 구조적으로 결정된다는 현실주의의 가정을 수용한다. 그러나 체제 요인이 국가의 전략과 선택을 일방적으로 결정하는 것은 아니다. 대신, 국내정치와 체제변수의 인과관계를 분석함으로써 구조적인 조건을 공유하는 국가가 추진하는 대외전략의 다양성을 설명한다. 즉, 역사적 경험, 전략문화, 정책 엘리트의 이념, 국가적 정체성에 따라 각각의 국가가 다원적인 대외전략을 선택할 수 있다는 것이다(Rose 1998). 안전보장의 정치란 구조화된 안보환경의 제약과 기회에 따라 안보위협을 상대화하고 안보전략과 정책, 제도, 조직의 형성에 영향을 미치는 정책 엘리트, 전략문화, 이념적 인식 등이 투영되는 정치 과정을 의미한다(Glad and Petersen 2011).

한국과 일본의 진영 경쟁 체제(system of bloc rivalry)에 참여하는 전략은 미소 냉전, 미중 경쟁이라는 구조와 국내정치의 상호작용을 통해 형성되고 변화되었다. 진영 경쟁이란 1947년 트루먼 독트린(Truman Doctrine) 이후 소련과 공산주의의 팽창에 대항하는 봉쇄전략에 따라 참여국가 간에 형성된 배타적인 군사적, 외교적, 경제적 협력관계를 의미한다(Gaddis 1982). 냉전기 대부분의 국가는 자유 진영이나 서구진영에 속함으로써 직간접적으로 냉전의 일원이 되었다(마상윤 2022, 117-118). 미국이 주도하는 서구

진영(Western Bloc)의 경우 서유럽 국가, 동아시아에서는 일본과 동남아, 인도를 거쳐 중동까지 큰 초승달 지역을 포괄한다(커밍스 2016, 198). 소련진영(Soviet Bloc)의 경우 중국, 폴란드 등 12개 국가가 포함되었다(Brezinski 1961).[2] 서구진영, 소련진영은 각각 정치체제 및 이념적인 유대를 기반으로 안보는 물론 경제, 외교, 군사적 이익을 위해 협력했다. 진영 경쟁은 진영국가 간의 협력에만 국한되지 않는다. 아시아와 아프리카, 중동, 남아메리카에서 독립국가가 건국되면서 유엔회원국은 1945년 51개에서 1960년 99개, 1970년 127개, 1980년 154개국으로 증가[3]한 가운데 미소 강대국과 진영체제는 신생국의 정치체제에 영향을 미치고 협력하기 위해 관여했다(Art 1998-99).

　　미소 냉전과 미중 경쟁에 의해 구조화된 지역질서에서 한국과 일본의 진영 협력을 결정한 것은 분단체제와 전후체제라는 하위 지역질서 요인이다. 미소 냉전 체제에서 분단체제가 구조화한 안전보장의 정치는 한국이 반공주의를 원칙으로 하는 진영 협력의 원인이다. 반면 일본은 전후체제의 구속에 따라 안보문제를 배제한 경제협력과 초진영적 협력을 모색했다. 그 결과 체제적, 지정학적 이해를 공유하고 미국과의 동맹에 구속되었음에도 불구하고 한국과 일본의 진영 협력은 분리되었다. 미중 경쟁이 본격화되고 있는 가운데 한국의 안전보장의 정치는 체제갈등과 북핵 위협을 관

2　소련, 중국, 폴란드, 체코슬로바키아, 동독, 루마니아, 헝가리, 불가리아, 북한, 베트남, 알바니아, 몽골 등 12개 국가임.
3　United Nations, "Growth in UN Membership" https://www.un.org/en/about-us/growth-in-un-membership (검색일: 2022.06.15.)

리하는 분단체제다. 반면 일본은 전후체제 탈각의 정치가 안보전략을 지배하면서 미소 냉전과는 달리 진영 협력의 제도화에 적극 관여하고 있다. 아래에서는 강대국 관계가 구조화하는 지정학적 이해를 공유하는 한일의 안전보장의 정치가 각각 분단체제와 전후체제에 의해 결정되어 왔으며, 이것이 미소 냉전과 미중 경쟁시기 각기 상이한 진영 협력을 추진했음을 검토한다.

III 미소 냉전 시기 진영 경쟁과 한일관계

반공과 봉쇄, 진영 경쟁으로 정의되는 냉전체제는 1947년 3월 트루먼 독트린과 마셜 플랜을 거치면서 구조화되었다. 공산주의의 세력권을 박탈하려 했던 한국전쟁에 실패하면서 봉쇄를 목적으로 하는 동아시아의 진영 경쟁도 확고해졌다(커밍스 2016, 191-198). 동아시아의 냉전체제에서 한국과 일본의 진영 협력은 두 번의 체제적인 전환점이 있었다. 첫 번째는 동아시아의 전후체제가 제도화된 샌프란시스코 조약이다. 점령통치가 종결되고 국제사회에 복귀한 일본은 전후처리, 경제발전, 안전보장을 위해 국제사회에 관여했지만, 한국의 진영 협력은 분단체제에 구속되었다. 둘째, 미중소 삼각관계의 구조변동에 수반된 미중 데탕트다. 미중 테탕트는 냉전 갈등을 완화시키고 진영 경쟁의 구도를 변화시켰다. 일본은 초진영적 관여전략을 통해 동아시아의 데탕트를 주도했지만 한국은 남북 체제경쟁과 반공협력을 추진했다.

1. 냉전체제와 한일의 진영 협력

샌프란시스코 강화조약이 체결되고 국제사회에서 위상을 회복한 일본의 최우선 과제는 전후질서에서 국가 정체성을 정립하는 것이다. 일단, 중국, 소련 등이 불참한 가운데 사실상 미국 및 서구진영과의 단독강화가 체결되면서 샌프란시스코 조약은 일본의 진영 협력을 강제했다. 한반도에서 열전(hot war)이 진행되고 있는 가운데 자유 진영에 국한된 전면 강화는 일본이 선택할 수 있는 문제가 아니었다(이명찬 2019). 샌프란시스코조약과 함께 체결된 일미상호방위조약은 전후 일본 외교의 원형으로서 미일안보협력, 경무장, 그리고 경제성장주의라고 하는 요시다 독트린(Yoshida Doctrine)이 정립되는 출발점이 되었다. 이후 일본의 대외전략과 진영 경쟁 전략은 정권별로 다소간의 변화가 있었지만, 전후체제의 구속을 원칙적으로 벗어나지 못했다.

1955년 4월 '아시아·아프리카회의(반둥회의)'에 참석한 일본은 전후 아시아 국가들과 새로운 관계정립을 모색했다. 전후 최초로 참석한 국제회의를 앞두고 일본에서는 미국과의 협조관계를 최우선하여 반공 진영과의 진영 협력을 강화하자는 입장과 반대로 아시아 중시 외교에 따라 정치 및 안보 협력을 배제하는 경제중심 외교노선이 경합했다(이상현 2018). 결국 요시다 독트린을 계승하여 정치와 안보문제는 배제하고, 경제중심의 아시아 관여전략이 결정되었다. 1957년 9월 전후 최초로 발표된 외교청서 역시 일본 외교의 3대 방침을 (1) 유엔중심주의, (2) 자유주의 제국과의 협조, (3) 아시아의 일원으로서의 입장 견지로 밝히고 있다(최희식 2008,

149; 이기태 2016). 특히 동남아시아 국가와의 협력에서는 안전보장보다 전후처리와 경제발전의 논리가 우선했다. 제국일본의 경제권이었던 동남아시아는 일본의 경제발전과 결부되어 있었고, 전후 일본의 국제적인 위상을 정립하기 위해 전후 배상을 해결하는 것이 최우선 과제였다. 1957년 기시 노부스케 수상이 제안했던 '동남아시아 개발기금 구상'은 반공 진영 경쟁이 아니라 동남아시아에 대한 경제적인 관여가 핵심 목표였다.

1960년 일미안보조약 개정 이후 집권한 이케다 내각은 이전보다 적극적인 진영 협력을 추진했다. 이케다 내각은 일미 간의 동등한 파트너십, 그리고 미국-유럽-일본의 '삼각기둥(三本柱)'을 주축으로 자유 진영의 유력한 일원이라는 일본의 새로운 국가상을 제시했다(吉次 2009). 안보문제에 대한 관여를 회피했던 과거와 달리 사회당의 중립주의를 비판하고 메콩/버마를 선으로 공산주의를 봉쇄한다는 독자적인 반공정책이 제시된 것이다. 이케다 수상은 1961년 11월 파키스탄, 인도, 버마, 태국을 방문하기도 했다. 이케다 내각이 추진한 삼각기둥론은 유럽통합에 자극을 받아 아시아의 협력에서 전후 일본의 역할을 재정립하기 위한 노력으로 평가할 수 있다. 그러나 베트남전의 위기로 인해 대미협조주의의 제약에서 벗어날 수 없었다. 더구나 한일관계나 대만 등 동북아에서 반공외교를 진전시키지 않았다는 점에서 경제외교를 벗어난 안보목적의 진영 협력의 의미도 제한적이다(池田 2010). 1960년대 후반 일본은 경제수단을 통해 동아시아 지역안정에 적극 관여했다(Llewelyn 2014, 99-100). 1966년 일본은 동남아시아 개발에 관한 장관급회담을 주최하였고 같은 해 31개국이 창립회원국으로 참여한 아시아개발은행(ADB)에 2억 달러를 출연하면서 동아시아 지역 협력에 주도적인 역할을 했다. 경제적 관여에 국한되었던 일본의 동아시아 전략은 1960년대 후반 안보문제로 확대되었다. 1967년 사토-존슨 회담에서 '일본의 경제적, 정치적, 군사적 역할 증대가 양국의 이익에 합치한다'는 합의가 도출되었다. 이전까지 아시아 태평양이사회(ASPAC) 참여를 주저하던 일본은 군사적 제휴를 배제하며, 지역평화를 위해 비회원국에게도 문호를 개방한다는 조건 하에 참여를 결정했다(이상현 2018, 85-86).

1972년 미중 데탕트는 일본이 중국을 포함하여 정경분리와 초진영 협력을 통해 동아시아의 데탕트를 주도하는 새로운 계기를 제공했다(He 2017; 添谷 1997). 1969년 닉슨-사토 회담에 '한반도조항' 및 '대만조항'을 포함하면서 전후 최초로 주변정세에 대한 일본의 역할이 명시되었다. 1972년 대만과의 '52년 체제'를 파기하고 중국과의 관계를 정상화한 것은 미중 합의에 편승해서 일중 관계를 개선하여 일본의 안전보장, 경제이익은 물론 국제사회에서 역할과 지위를 확대하는 '인정투쟁'의 결과였다. 일본은 '65년 체제'로 교착되었던 북일관계 개선을 위해서도 적극 관여했다. 1970년 요도호 사건을 계기로 사회당 대표단이 방북하면서 북일관계가 복원되었다. 1971년 11월 일본에서는 초당파 조직인 '일조우호촉진의원연맹(일조의련)'이 결성되었고 1972년에는 언론사, 자민당, 사회당, 공명당 및 일조의련 대표단, 그리고 미노메 도쿄도 지사가 연이어 방북했다. 1972년 1월 일조의련과 북한이 양국 간의 무역 촉진에 합의하면서 북일 간의 무역이 큰 폭으로 증가했다.

미중 데탕트 시기 일본의 초진영 경제외교는 1977년 후쿠다 독트린에 집약되어 있다. 베트남전 이후 미국의 요구에 따라 동아시아의 지역 안정을 위한 일본의 역할도 확대되었다. 1960년대 후반 동남아시아에 대한 일본의 ODA 공여액은 이전 2억~4억 달러에서 13억 달러 규모로 3배 이상 증가했고, 1972년부터 일본 기업의 대규모 직접투자가 시작되었다(Shoji 2009, 160). 동남아에서 증가하는 일본의 경제적인 관여는 일본에 대한 부정적인 인식을 수반했다. 미중 데탕트 이후 미국의 동아시아 관여가 축소되는 가운데 후쿠다 내각은 (1) 군사대국을 추진하지 않으며, (2) 상호신뢰를 구심점으로서, (3) 아세안의 통합과 협력을 위한 동등한 파트너로서의 역할을 공표하고 경제중심의 지역관여 전략을 추진했다(Shoji 2009, 161~162; Midford 2020).

정치와 군사문제를 배제하고 경제적인 관여를 우선하는 초진영(trans-bloc) 협력을 모색했던 일본과 달리 한국의 진영 협력은 반공주의를 원칙으로 했다. 우선 미소 냉전 시기 한국이 경제적, 군사적으로 진영 협력과 다자협력을 주도하고 관여할 수 있는 능력이 제한되었다. 한국전쟁 이후 1970년대 중반까지 한국의 국방정책은 전적으로 한미동맹에 의존했다. 1966년부터 1970년까지 한국의 국방 예산 총액은 3,415억 원으로 4,602억 원이었던 미국의 군사원조보다 작았다(이필중·김용휘 2007, 281). 한국의 국방비가 북한을 추월한 것도 중화학공업화가 추진된 1970년대 중반이다. 제한된 능력에도 불구하고 박정희 정부는 반공 목적의 집단안보협력을 주도했다(기미야 2002; 조양현 2008; 이상현 2010). 박정희 정부는 1966년에 제1회 ASPAC 회의를 서울에서 개최했고 1968년에는 ASPAC을 발전시켜 아시아태평양조약기구(APATO) 구상을 제안했다. 그리고 미중 데탕트 이후인 1973년 남북 유엔 동시가입과 공산국가와의 협력을 골자로 하는 '6·23선언'을 발표했다. 그러나 적대적이지 않은 공산국가를 전제로 한 '6·23선언'은 한국 외교를 테탕트 외교로 전환시키지 못했을 뿐만 아니라, 남북 간의 체제적인 대립도 해소하지 못한 냉전과 전환의 불편한 조합이었다 (신종대 2019).

미중 데탕트가 동북아의 데탕트와 초진영 협력으로 확대되었음에도 불구하고 한국이 진영 협력에 집착한 것은 동아시아의 데탕트가 분단체제의 모순을 오히려 심화시킨 데 근본적인 원인이 있다. 강대국 정치의 구조변동에 따라 박정희 정권은 유신체제, 김정일 체제는 주체사상을 내세우고 권위주의 체제를 강화시켰다. 남북한의 군비경쟁은 계속되었고, 중국의 유엔 가입 이후 국제사회에서 체제 대결 역시 가열되었다. 분단체제의 모순에서 비롯된 한국의 안전보장의 정치는 반공과 진영 경쟁을 지속시켰다.

2. 냉전체제의 진영 경쟁과 한일관계

분단체제와 전후체제에서 구성된 한국과 일본의 탈동조화된 안전보장의 정치는 안보문제에 대한 한일협력을 제한했다. 지정학적 이해를 공유하고 미국과의 동맹에 구속된 일본 역시 한반도 안보문제의 이해당사자였다. 베트남 전쟁 이후 미국이 동아시아 안보에서 일본의 역할을 요구하고, 미중 데탕트 이후에는 주한미군은 물론, 주일미군, 동아시아 주둔 미군이 감축되면서 방기의 딜레마를 공유했다. 그러나 전후체제의 구속에서 비롯되는 일본의 안전보장은 한국의 안보적 이해와는 상이했다.

첫째, 평화헌법에 구속되어 있는 일본이 한반도문제에 군사적으로 관여하는 것은 불가능하다. 소위 '72견해'로 불리는 집단적 자위권에 대한 입장은 미중 데탕트기 일미동맹과 한반도 분쟁에 대한 일본의 입장을 재정의한 것이다(서승원 2015; 윤석정·김성조 2019). 집단적 자위권은 샌프란시스코 조약 이후 일본에서 끊임없는 쟁점이 되었다. 전후 초기 일본 정부는 집단적 자위권이 헌법9조에 의해 인정되지 않는다고 결정했다. 기시 내각은 절충적 입장에서 해석을 변경했다. 국제법상 집단적 자위권을 보유하지만, 헌법9조에 따라 자위대가 타국을 방위하는 것은 제한되며, 따라서 집단적 자위권을 어떻게 실현할지는 정립되지 않았다는 견해다. 반면, 닉슨 독트린, 미중 데탕트, 동아시아 미군 감축 등에 이어진 동북아의 안보환경에서 이루어진 '72견해'는 집단적 자위권이 침략사태에만 용인될 뿐 타국에 대한 군사적 개입을 전면 금지하는 것으로 재정의되면서 진영 협력에 있어서 일본의 역할을 정의했다.

둘째, 한국과의 안보협력은 정치적으로 용인될 수 없었다. 평화헌법의 구속뿐만 아니라 무기수출 3원칙과 같은 자기구속에 따라 한국을 군사적으로 지원하는 것은 정치적 지지를 받을 수 없었다. 1969년 닉슨-사토 선언에 포함된 '한국조항'이 국내정치에 따라 재해석된 것도 같은 맥락이다. 1974년 키무라 외상은 '한반도의 평화와 번영'으로 의미를 축소했고, 1975년 미키 수상은 다시 '한국의 평화와 번영이 한반도의 평화와 안전에 중요하다'고 해석했다. 한반도 조항은 한국안보에 대한 일본의 이해를 반영한 외교적 수사일 뿐 일본의 안보전략과는 분리되어 있었다. 1960년대 후반 북한의 도발위협이 고조되면서 박정희 정부는 1968년 경찰이 사용할 군사장비 지원을 요청했다. 일본에서는 군사장비 지원이 불가하다는 통상성의 입장과 국내 안전을 위한 장비지원에는 문제가 없다는 외무성의 입장이 충돌했다. 결국 한국에 대한 경찰장비 지원은 미국의 중재에도 불구하고 한일 양국의 정치에 따라 결정되지 못했다(崔慶原 2014, 38-46). 1976년 전후 최초로 발간되어 일본 방위정책의 '76년 체제'를 구축한 방위백서에는 일본의 방위전략을 일본에 대한 침략사태에 대응하는 전수방위를 원칙으로 하는 기반적 방위력 목표가 제시되었다.

셋째, 냉전 시기 한국과 일본의 안보위협 대상도 상이했다. 냉전 시기 일본의 주요 안보문제는 중국과 소련이었다(Oren and Brummer 2020). 이는 북한이라는 국지적인 위협에 대응하는 한국과 달랐다. 1970년대 후반 동북아에서 소련의 군사활동이 확대되면서 일본은 1978년 일미방위협력지침을 제정하고 소련의 위협에 대응했다. 방위지침이 제정되면서 일미동맹의 협력 영역이 동아시아의 평화와 안정으로 확대되었고, 자위대의 방위력 증강사업이 추진되었다(Lind 2016; Smith 1999). 그러나 한국에 대한 일본의 군사적 지원과 관여가 소련과 북한을 자극할 수 있다는 점을 우려했다(CIA 1981). 일본의 한반도에 대한 안보적 이해는 군사적 분쟁을 방지하는 것이었으며, 한국 또는 한반도의 안보는 한일이 아닌 한미동맹의 과제였다. 전두환-나카소네 커뮤니케와 안보경협의 경우, 한국은 안보 목적을 제시했지만 일본은 경제 목적이 우선되었다. 냉전체제에서 전후체제에 구속된 일본과 분단체제에 고착된 한국의 안전보장의 협력은 미소 냉전의 진영 경쟁에 있어서 공유될 수 없는 이해가 존재했다.

IV 미중 경쟁 시기 진영 경쟁과 한일관계

트럼프–시진핑 시기(2017-2021) 미중 간의 적대적 경쟁관계가 본격화되면서 신냉전(the New Cold War), 제2의 냉전(The Second Cold War) 논의가 확산되었다. 그러나 1947년 15주의 시간 동안 마셜, 애치슨, 캐넌, 드레이퍼에 의해 정의되었던 미소 냉전체제[4]와는 달리 미중 경쟁의 성격은 명확하게 정의되지 않았다. 미중 경쟁의 기원도 명확하지 않다. 1972년 미중 데탕트를 계기로 개선되기 시작한 미중관계는 체제적 불신에도 불구하고 1978년 중국의 개혁개방과 탈냉전을 계기로 진전되었다. 미국은 탈냉전 이후 미국이 주도하는 자유주의 질서를 위해 중국에 관여했고 중국은 개혁개방이라는 실용주의를 목적으로 미국과 협력했다. 오바마–시진핑 시기 미국이 추진하는 전략적 재균형(strategic rebalancing)과 시진핑 체제의 공세적 대응은 미중관계의 긴장을 초래했다. 그리고 2016년 대선에서 중국문제를 정치화한 트럼프가 집권하면서 무역, 체제, 인권, 군사 등 전방위적 경쟁이 본격화되었다.

　미중 경쟁의 개념과 구조는 미소 냉전과는 본질적인 차이가 있다(마상윤 2022; 반길주 2021). 첫째, 미소 냉전과 달리 미중 경쟁

4　미소 냉전체제의 기원에 대해서는 커밍스(2016, 199-200); Gaddis(1982, 25-53) 참조.

은 탈냉전기 심화된 상호의존을 기반으로 한다. 이 때문에 미중 경쟁은 봉쇄와 군사적인 원칙으로 했던 미소 냉전과는 달리 비대칭적 이익의 조정과 전략적인 탈동조화가 목적이다. 그러나 미중 경쟁이 본격화된 트럼프-시진핑 시기 미중은 물론 일중, 한국과 대만의 구조적인 탈동조화는 구조화되지 않았다(윤대엽 2022). 둘째, 미중 사이에서 국가이익을 모색하는 중간국가(in-between powers)의 이해관계 역시 미소 냉전과는 상이하다. 미소 냉전은 자유 진영, 공산 진영과 중립노선을 모색하는 제3세계로 구분되었다. 비동맹주의를 추진한 제3세계 국가의 생존은 미소 경쟁과 분리될 수 있었다. 그러나 미중은 물론 미중 사이의 중간국(in-between powers)의 '상호의존의 상호의존'이 심화되어 온 탈냉전 이후 세계질서에서 미국 진영, 중국 진영이라는 진영 경계선은 명확하지 않다. 이 때문에 미국과 중국에 경제-안보적 이해가 복합적으로 결부되어 있는 중간국에 대한 미중의 경쟁적 관여가 확대되고 있다. 미소 냉전과 구분되는 미중 경쟁의 특성을 전제로 한국과 일본의 진영 협력의 특성은 아래와 같다.

1. 미중 경쟁과 한일의 진영 협력

오바마 2기 행정부(2013-2017)가 아시아에 대한 전략적 관여를 강화하고, 시진핑 체제가 공세적으로 대응하기 시작한 2012년 2차 아베 내각이 출범한 것은 동북아 전후질서의 우연 같은 필연이다. 2012년 중의원 선거에서 승리하면서 출범한 아베 내각은 '전후체제 이후 일본문제'의 출발점이다. '일본이 돌아왔다(Japan is

Back)'이라고 선언한 아베 총리에게 일본은 전후체제의 구속에서 벗어난 일본을 의미한다(Hagström and Gustafsson 2015). 아베 총리는 종전 70주년 담화를 통해 사죄외교의 종식을 선언했다.[5] 대신 아시아와 세계의 평화와 번영에 기여해야 한다고 역설했다. 아베 독트린(Abe Doctrine)은 보편적 가치와 질서에 따라 세계사회에 기여하는 일본의 정체성이다. 아베 독트린은 전후 일본에서 제시된 요시다 독트린과 후쿠다 독트린과는 본질적인 차이가 있다. 요시다 독트린과 후쿠다 독트린은 모두 전후 구속에 따라 군사적, 안보적 중립 원칙에 따라 경제문제에 국한된 대외전략이었다. 그러나 아베 독트린은 자유, 민주주의, 인권 등 보편적 가치를 원칙으로, 규칙에 기반하여 공동의 이익을 위한 일본의 역할을 명시했다는 점에서 전후 일본의 반응적, 소극적 현실주의가 현실주의로 전환된 것이다(Envall 2018).

  그러나, 전후체제가 정치화된 출발점은 아베 내각이 아니다. 전후체제의 극복은 전후 일본 정치의 끊임없는 쟁점이었다. 탈냉전과 걸프전은 헌법 개정과 전후 일본의 국가성을 공론화한 역사적 전환점이다(박철희 2008; 이정환 2014). 탈냉전 이후 북핵문제와 9·11테러 등의 국제안보질서에 따라 전후 일본의 방위전략도 변화되었다. 1976년 전수방위를 규정한 전후 일본의 방위전략은 '55년 체제'하의 보혁구도가 만들어낸 것이다. 그런데 2000년대 일본 정치가 보수 우위로 전환되었고 북핵문제와 테러위협이 안보화되

---

5 아베 총리는 전후 70주년 담화에서 '전쟁과 아무 관계가 없는 우리의 아이나 손자, 그리고 그후 세대의 아이들에게 사과라는 숙명을 짊어지도록 할 수는 없다'고 언급했다(安倍 2013).

면서 전수방위로 제한되었던 전후 방위정책이 적극방위로 전환되기 시작했다(박철희 2004; Hughes 2009). 고이즈미 내각부터 설치된 민간 주도 안보간담회 역시 전후 방위전략의 전환을 제안했다. 2004년 발표된 아라키 보고서는 총합적인 안전보장을 위한 '다기능 탄력적 방위력'을 방위전략으로 제시했다. 아베 1기 내각의 안보간담회(가쓰마타 보고서)에 제시된 '다층협력적 안전보장'은 2010년 발표된 사토 보고서에서 동적방위력으로 계승되었다. 그리고 민주당이 2010년 동적방위력을 방위전략으로 개정되면서 34년 만에 1976년 정립된 방위규범이 변경되었다(윤대엽 2021a).

탈냉전기 정치화된 전후체제 극복의 문제에 있어서 아베 내각이 추진한 안보개혁의 탈전후적 특성은 네 가지다. 첫째, 중국과 북핵문제를 안보화하는 국가안보전략이 정립되었다. 2013년 전후 최초로 발행된 '국가안전보장전략'은 중국의 부상에 따른 세력균형(power balance)의 변화와 힘에 의한 일방적인 현상변경이 일본의 안보과제임을 명시했다. 2013년 '동적방위력'을 '통합기동방위력'으로 변경한 지 5년 만에 '다차원통합방위력(2018)'으로 재정의한 것은 북한의 핵무장이 기정사실화되고 미중 경쟁이 본격화된 안보현실을 반영한 것이다. 둘째, 전후 방위전략의 구속에서 탈피했다. 헌법9조는 일본의 전후 안보전략을 구축한 헌법규범이다. 아베 내각은 가헌개헌을 제약하는 정치조건을 감안하여 2014년 '집단적 자위권'에 대한 '해석개헌'을 통해 전후 안보전략의 구속에서 탈피했다. 집단적 자위권에 대한 해석개헌으로 자위대는 일본의 방위뿐만 아니라 일본 방위와 밀접한 관계에 있는 타국, 국제평화, 그리고 무력공격에 이르지 않는 침해사태에 무력을 사용할 수 있게 되었다. 셋째, 군사기술 연구와 방위산업 육성을 제약했던 전후 구속에서도 탈피했다. 아베 내각은 방위장비의 수출을 제약했던 '무기수출 3원칙'을 폐지하고 '방위장비이전 3원칙'으로 개정함으로써 군사혁신을 제약했던 자기구속에서 벗어났다. 그리고 2015년 군사기술, 방위산업, 국방획득을 총괄하는 방위장비청을 신설하고 미국, 영국, 프랑스 등과의 협력을 확대하고 있다. 넷째, 미일 동맹협력을 강화했다. 아베 내각은 2015년 1978년 처음 제정되고 1997년 개정되었던 미일방위협력지침을 개정했다. 미일 방위지침이 개정된 것은 일차적으로 집단적 자위권의 해석개헌 및 관련 평화안전법제의 내용을 반영하기 위해서다. 아울러 일중분쟁의 대상인 센카쿠/조어도를 일미동맹의 협력대상으로 명시하였고, 동맹조정메커니즘(ACM)을 신설하여 작전적, 운용적 동맹협력을 강화한 것이다.

전후체제 탈각의 안전보장 정치에 따라 추진되고 있는 일본의 진영 협력은 헤징, 경쟁, 동맹, 배제 등의 전략이 혼재되어 있다. 첫째, 아베 내각이 주도하여 제도화한 다자경제협력인 CPTPP는 헤징과 경쟁의 수단이다. 아베 내각이 농민단체의 반대, 그리고 트럼프 행정부의 탈퇴에도 불구하고 CPTPP 협상을 주도한 것은 경제 회생과 중국 견제라는 두 가지 목적이 투영되어 있다. 다자무역의 확대는 일본 경제의 회생을 위한 경제적인 과제였다. 아울러 전후구속에서 벗어난 일본의 역할과 위상을 모색하는 아베 내각에게 CPTPP는 다자협력을 주도하는 일본의 국가 정체성이기도 했다(최은미 2018; 이승주 2020). 아울러 CPTPP는 중국에 대한 비대칭적 의존의 취약성을 관리하는 재균형의 기반으로 RCEP 등 향후 중국이 주도하는 자유무역 협상의 제도적인 원형이자, 부상하는 중국의 경제적 세력권(economic sphere of influence)과 경쟁하는 수단으로 인식되었다(이승주 2020).

둘째, 일본은 중국이 관여하는 국가와 지역에 경쟁적으로 관여하고 있다. 아세안과 중앙아시아에 대한 전략적인 관여가 대표적이다. 아세안은 전후 일본이 경제적, 외교적 목적에서 관여해온 지역이다. 부상하는 중국의 경제적 영향력이 확대되고 2015년 시진핑 체제가 일대일로 구상을 통해 관여를 확대하면서 전략적 중요성이 증가했다. 아베 내각은 안보에 기여하는 개발협력이라는 목표 하에 '고품질 인프라 파트너십' 전략을 수립하고 아세안 국가와 외교 및 안보협력을 강화하고 있다(Yoshimatsu 2017). 2017년 인도의 협력사업으로 발표된 '아시아-아프리카 경제회랑'은 중국의 일대일로 구상과 협력목표, 지역, 사업이 중첩되어 있는 경쟁적 관여전략이다(Taniguchi 2020). 소위 지구본 외교로 정의된 아베 내각의 다각적인 외교에는 일대일로의 핵심지역인 중앙아시아도 포함되어 있다. 최근 중국, 미국 등이 경쟁적으로 추진하고 있즌 실크로드 외교(Silk Road Diplomacy)는 1997년 하시모토 내각에서 처음 추진되었다. 고이즈미 내각 시기에는 중앙아시아-일본 대화(Central Asia Plus Japan Dialogue)가 출범했다. 일대일로가 공식 발표된 2015년 아베 총리는 중앙아시아 5개국을 모두 방문하면서 중앙아시아는 일중이 경쟁적으로 관여하는 새로운 최전선이 되었다(Dadabaev 2019).

셋째, 미중 경쟁 시기 추진되고 있는 일본의 진영 협력이 동맹협력과 결속을 강화하고 있다. 아시아-태평양이라는 전통적 공간의 중심을 동아시아로 옮기는 '인도-태평양' 개념을 제시한 것은 2007년 아베 총리였다. 2016년에는 '자유롭고 개방된 인도-태평양 비전(FOIP)'을 제시하면서 중국문제를 인도태평양의 전략적 현안으로 정의했다. 그리고 트럼프 정부가 추진하는 '인도-태평양 구상'에 참여하여 명시적, 잠재적 중국문제에 대응하는 4자 협력을 주도했다. 바이든 행정부 출범 이후에는 포괄적 동맹협력의 플랫폼의 하나인 쿼드(QUAD Plus)로 재편되고 있다. 쿼드는 중국의 부상에 수반되는 세력전이와 일방주의에 가치와 규범을 원칙으로 하는 동맹협력을 강화하는 것이다. 실제, 일본은 호주, 인도 등과 군사교류와 훈련을 확대했다(Chanlett-Avery et al. 2022; Smith 2021). 쿼드는 중국문제에 전략적 이해를 가진 국가 간의 진영 협력이다. 그러나 일본과 미-호-인 4국 간의 협력이 중국을 견제하고 봉쇄하는 군사적, 전략적 목표가 제시된 것은 아니다. 일본은 복합적 상호의존의 이익이 지속되는 가운데 군사적, 경제적 세력전이에 따른 불확실성을 억지하고 관리하는 '유연한 쿼드'다(Smith 2021).

전후 탈각의 안전보장의 정치에 따라 일본이 추진하고 있는 진영 협력과 달리 한국의 다자협력은 중국 중립적이라는 점에 특징이 있다. 한국은 일본이 참여하지 않은 AIIB의 창립회원국으로 참여했다. 대신 일본이 주도한 CPTPP에는 한일 FTA와 미국 탈퇴 등을 고려하여 적극 참여하지 않았다.[6] FOIP에서 인도-태평양 구상, 쿼드 플러스로 진화해온 소다자협력에도 중국의 입장을 고려하여 참여가 유보되었다. 신남방정책, 신북방정책을 통해 아세안

6   2022년 4월 15일 한국 정부는 CPTPP 가입 추진을 결정했고, 2021년 9월 16일 중국도 공식 가입신청서를 제출했다.

과 중앙아시아에 대한 외교적, 경제적 관여전략이 추진되었지만 중국에 대한 경쟁, 헤징 등의 목적이 공식화되어 있지 않다.

한국이 중국 중립적인 다자협력을 추진하고 있는 중요한 요인 중의 하나는 분단체제의 모순을 관리하기 위한 안전보장의 정치다. 2011년 12월 김정일의 갑작스런 사망으로 집권한 김정은 체제의 불확실성과 도발행위가 계속되는 가운데 한국의 안보전략은 남북관계를 최우선으로 했다. 김정은이 핵무력의 완성을 공언하고 미중 경쟁이 본격화된 2017년 재개된 비핵화 협상은 상호 대항적인 전략적 모순이 심화되었다. 체제안전 보장을 전제로 하는 북한의 비핵화 협상에서 한미동맹의 조정은 불가피하다. 북한에 이념적, 체제적, 전략적 이해를 가진 중국과의 협력 없이 남북관계가 진전될 수 없다. 더구나 남북관계에 상호 대립적인 이해를 가지고 있는 미중 간의 갈등은 남북관계를 구속하는 구조적인 제약이다. 박근혜 정부와 이명박 정부는 남북관계를 최우선으로 진영 협력에는 중립적인 이해를 가질 수밖에 없었다. 이 때문에 일본이 중국문제를 안보화하여 주도하고 관여하는 동아시아의 진영 협력에서 한일의 전략적인 공감과 협력은 부재했다(윤대엽 2021a).

2. 미중 경쟁의 진영 협력과 한일관계

미중 경쟁 시기 한일관계가 65년 체제 이후 최악의 긴장을 경험한 것은 안보문제와 역사문제에 대한 정치적 이해 차이 때문이다. 2011년 8월 위안부문제에 대한 헌재판결[7]로 위안부문제가 한일관계의 현안으로 부상했다. 2012년에는 대법원이 강제징용 피해자들이 제기한 소송에서 승소취지 파기환송을 판결했다. 위안부문제에 대한 박근혜 정부의 강경한 입장으로 한일관계가 경색된 가운데 2014년 핵 안보 정상회의에서 미국의 중재로 위안부문제를 다루는 국장급 협의가 개시되었다. 2014년 4월 16일 1차 회의 이후 군함도의 유네스코 문화유산등재 문제로 교착되었던 협상은 2015년 12월 급진전되어 한일은 2015년 위안부 문제에 '최종적이고 불가역적 해결'에 합의한 바 있다(일본군위안부 TF 2017). 안보협력을 위해 역사문제에 대한 정치적 타협이 이루어진 것이다. 하지만 문재인 정부 출범 이후 위안부 합의가 '합의하지 않은 합의'로 번복되고 2018년에 대법원이 강제징용 배상을 판결하면서 한일 갈등이 심화되었다. 특히 2019년은 '65년 체제'의 본질적인 전환점이다. 2019년 아베 내각이 사실상의 경제제재를 결정하고 한국이 상응제재를 시행하면서 역사문제, 식민청산의 문제를 봉합하고 정경분리에 따라 상호의존을 심화시킨 전후 한일관계의 본질적인 전환점이 되었다.

미중 경쟁 시기 한일관계의 갈등은 안전보장의 정치의 맥락에서 두 가지 요인으로 평가할 수 있다. 첫째, 안전보장의 정치에 있어서의 본질적 이견이다. 안보화 이론에 따르면 안보위협에 대한 정책엘리트의 인식과 선호가 안보정책을 결정하는 요인이다. 아베 내각 이후 본격화된 전후 탈각의 정치는 중국과 북핵문제가 미국이나 한미동맹의 문제가 아니라 일본의 안보문제로 인식했다. 일

---

7   헌법재판소는 한일 양국의 해석이 상충하는 위안부 피해자들의 배상청구권 문제에 대해 한국 정부가 청구권 협정의 제3조 조항에 따라 해결하지 않은 것은 위헌으로 판결했음(헌법재판소 2011).

중 간의 센카쿠/조어도 분쟁문제뿐만 아니라 남중국해, 대만문제가 일본의 직접적인 안보과제로 규정되었다. 북핵 능력의 고도화는 일본 본토에 대한 공격위협뿐만 아니라 '안정 불안정성의 모순(stability-instability paradox)'에 따라 한반도의 불안을 고조시키는 문제다. 그러나 한국에게 북핵문제는 한국과 한미동맹의 임무일 뿐 일본의 안보문제로 인식되지 않는다. 한반도 유사시 미일동맹에 따른 자위대의 개입에 대한 이견도 존재한다(윤석정 2021). 둘째, 한일관계의 전략적 우선순위에 대한 인식이다. 박근혜 정부는 물론 아베 내각에게 '최종적이고 불가역적' 위안부 합의는 정치적으로 청중비용(audience cost)을 초래했다. 한국뿐만 아니라 일본에서도 위안부문제에 대한 잘못된 인식이 정착될 수 있고, 청구권협정에서 해결되었다는 일본의 입장을 번복한 것이라는 비판이 제기되었다(自由民主党 2016). 양국이 미국의 중재를 받아들여 위안부문제에 합의한 것은 동아시아 안보문제에 대한 인식 때문이다. 아베 내각에게 위안부문제의 합의는 사죄외교와 전후체제의 종결을 위한 타협이기도 했다. 그런데, 고도화되는 북핵 위협에도 불구하고 역사문제에 대한 정치적 결단이 무산된 것은 보수우파가 주도하는 일본 정치에서 불편한 현실이 되었다.

V 결론 및 한일관계에 대한 함의

본 연구에서는 강대국이 구조화한 동북아의 지역질서에서 민주주의, 시장경제, 미국과의 동맹에 결속되어 있는 한국과 일본의 진영 협력이 양국 관계에 미친 영향을 역사적, 비교적 시각에서 검토했다. 미소 냉전과 미중 경쟁 시기 한국과 일본이 진영 협력에 참여하는 목적과 전략에는 차이가 있었다. 냉전 시기 일본의 안전보장의 정치는 전후체제에 구속되었다. 정치, 군사를 배제한 경제적인 관여에 집중했던 일본은 미중 데탕트를 계기로 초진영적인 협력을 모색했다. 반면 분단체제에 구속된 한국은 반공주의 진영 협력에 집중했다. 미중 경쟁이 본격화된 이후 한국과 일본의 진영 협력도 상호 탈동조화되었다. 아베 내각은 중국문제와 북핵 위협을 안보화하고 탈전후의 정치를 추진했다. 잠재적·명시적인 불확실성을 억지하고 대응하는 진영 협력의 제도화를 주도하고 참여하는 일본의 안보전략은 전후체제 탈각을 위한 정치와 상호 결부되어 있다. 반면, 한국의 안전보장의 정치는 냉전체제와 마찬가지로 분단체제에 구속되면서 한일의 진영 협력은 분리되었다. 냉전체제, 미중 경쟁에서 진영 협력에 대한 상이한 이해는 한일협력과도 연계되었다.

표 1-2. 진영 협력과 한일관계

구분		한국	일본
미소 냉전	쟁점	• 진영 경쟁, 할 수 없는 한국(능력)과 하고 싶지 않은 일본(의지)	
	전략	• 안보문제 우선, 경제문제 배제 • SEATO(불참), APATO 주도 • 6·23선언	• 경제문제 집중, 안보문제 배제 • 일중수교, 북일관계 개선 • 후쿠다 독트린, ASEAN 관여
	양국	• 진영 협력의 탈동조화	
미중 경쟁	쟁점	• 진영 경쟁, 진영 협력을 주도하는 일본, 전략적 중간지대의 한국	
	전략	• 미일 동맹협력 조정(자주) • AIIB, 신남방정책 • KAMD(한국형미사일방어체계)	• 미일 동맹협력 강화(의존) • 인도-태평양 구상, CPTPP • BMD(미국주도미사일방어체계)
	양국	• 진영 협력의 탈동조화	

2022년 윤석열 정부 출범 이후 한미동맹, 남북관계는 물론 한일관계의 재편 전략이 재검토되고 있는 가운데 진영 협력과 한일관계에 대해 세 가지 쟁점이 검토될 필요가 있다. 첫째, 전후체제의 구속에서 벗어난 일본과의 협력문제다. 미소 냉전 시기 한일 안보협력은 일본의 전후구속으로 인해 제한되었다. 그러나 미중 경쟁 시기 한일 안보협력은 오히려 전후구속에서 벗어난 일본의 안보전략에 대한 한일 간의 이견으로 제한되고 있다. 아베 내각의 안보개혁은 동아시아 안보를 위한 일본의 역할 확대를 요구하고 지원해온 미일 합의의 결과다. 해석개헌과 안보개혁에 따라 일본은 한반도의 분쟁에 군사적으로 개입할 수 있는 법적, 기능적 근거를 갖추게 되었다(윤석정 2021). 전후 이후 일본의 안보전략이 구체화되고 있는 가운데 동북아의 위기 안정성을 관리하기 위한 안보협력 과제가 포괄적으로 재검토될 필요가 있다.

둘째, 분단체제의 모순과 다자협력의 문제다. 한일 안보협력의 과제를 포괄적 시각에서 검토하기 위해서는 분단체제의 모순, 북핵 위협의 문제를 다자적인 시각에서 재정의할 필요가 있다. 냉전체제, 탈냉전기. 그리고 미중 경쟁 시기 한국의 안전보장 전략에 있어서 최우선 변수는 분단체제의 문제였다. 북핵 위협이 아니라 분단체제의 모순이 작동하고 있는 것은 군비경쟁과 남북관계 개선이 혼재되어 있기 때문이다. 북한의 핵무장이 현실화된 이후 북핵 위협은 더 이상 남북관계에 국한되지 않는 주변국의 안보이해가 결부되어 있는 다자적인 현안이다. 체제안전 보장을 전제로 하는 비핵화 협상 역시 남북, 미중은 물론 일본과의 협력이 필요하다. 일본은 전후처리의 유일한 공백으로 남아 있는 북한과 외교관계를 복원하고 경제적, 군사적, 정치적 평화체제를 구축하는 핵심 이해 당사자다. 한국의 안전보장의 정치가 분단체제의 제약에서 벗어나 다자적인 안보협력의 문제로 확장될 필요가 있다.

셋째, 미중 경쟁 시기 진행되고 있는 진영 협력에 대한 전략이다. 헤징, 경쟁, 동맹, 배제를 특징으로 진행되고 있는 미중 경쟁의 진영 협력은 복합적인 상호의존을 플랫폼으로 한다는 점에서 미소 냉전과 본질적으로 상이하다. 진영 경쟁에 참여하는 미국, 일본, 호주는 물론 경쟁적 관여의 대상국인 EU, ASEAN은 중국과의 상호의존이 구조화되었다. 미중 경쟁이 본격화된 트럼프-시진핑 시기 상호의존의 구조적인 탈동조화도 진행되지 않았다(윤대엽 2022). 다만 중국의 부상과 군사적인 비대칭에 수반되는 불확실성의 억지균형을 위해 전략적 협력이 진전되고 있다. 그러나 중국이 배제된 전략적 다자, 소다자 협력이 반중국진영을 명시적으로 표명하고 있지 않다. 일본도 중국과의 협력과 관여가 혼재된 유연한 진영 협력을 추진하고 있다. 한국은 미중 사이에 끼어 있는 중간 국가(in-between powers)의 이해를 조정하는 측면에서 한일, 또는 한미일 협력과제를 검토할 필요가 있다.

참고문헌

기미야 다다시. 2002. "1960년대 한국 냉전외교의 3가지 유형: 한일국교정상화,
　　베트남 파병, 아시아태평양이사회." 문정인·오코노기 마사오 편. 『시장·국가·국
　　제체제』. 서울: 아연출판부.
남기정. 2015. "한일 국교정상회 50년: 갈등과 협력은 어떻게 진화하였는가?"
　　『일본비평』 12: 4-24.
마상윤. 2022. "미중 경쟁과 한국의 대응: 냉전의 역사로부터 교훈찾기" 『한국과
　　국제정치』 38(1): 115-152.
박철희. 2004. "전수방위에서 적극방위로: 미일동맹 및 위협인식의 변화와
　　일본방위정책의 정치." 『국제정치논총』 44(1): 169-190.
_____. 2008. "일본 정당들의 헌법개정안 시안 분석을 통해서 본 개헌논의의
　　정치과정" 『일본연구논총』 27: 65-93.
반길주. 2021. "냉전과 신냉전 역학 비교: 미중 패권경쟁의 내재적 역학에 대한 고찰을
　　중심으로." 『국가안보와 전략』 21(1): 1-53.
서승원. 2015. "일본 아베정권의 집단적 자위권과 중국: 대중 억지 그리고 NO.2의
　　욕망." 『아세아연구』 58(4): 72-102.
신욱희. 1997. "동아시아 지역질서연구 시론." 『국제정치논총』 61(4): 7-36.
_____. 2018. "한일관계의 양면 안보딜레마: 이명박 정부의 사례." 『아시아리뷰』 8(1):
　　155-174.
_____. 2020. "샌프란시스코 강화조약: 한미일 관계의 위계성 구성." 『한국과
　　국제정치』 36(3): 43-65.
신종대. 2019. "남북한 외교경쟁과 6.23선언." 『현대북한연구』 22(3): 200-231.
윤대엽. 2021a. "아베 정치와 북일관계: 납치문제의 안보화, 북핵위협의 정치화."
　　『일본공간』 30: 141-180.
_____. 2021b. "남북일 트릴레마: 체제경쟁, 안전보장, 역사문제의 상호모순과 타협."
　　『한국정치연구』 30(1): 159-186.
_____. 2022. "트럼프-시진핑 시기 미중경쟁: 탈동조화 경제안변략의 한계와
　　중간국가의 부상." 『국가전략』 28(1): 61-90.
윤석정. 2021. "한반도 유사시 미일동맹 내 일본의 군사적 역할: 역사적 경위와 제도화
　　양상을 중심으로." IFAS 정책연구시리즈 2021-21.
윤석정·김성조. 2019. "아베 정권의 집단적 자위권 헌법해석 변경과 일본의 정당정치:
　　7.1 각의결정과정을 둘러싼 정당정치 동학." 『국제지역연구』 28(2): 1-28.
이기태. 2016. "협력과 충돌의 대외전략: 일본의 아시아 외교를 중심으로."
　　『일본연구논총』. 135-160.
이기호. 2016. "냉전체제, 분단체제, 전후체제의 복합성과 한반도 문제에 대한 재성찰:
　　2015년 한반도를 둘러싼 기억과 담론의 경쟁." 『민주사회와 정책연구』 29: 242-
　　271.

이명찬. 2019. "냉전기 일본의 국가정체성: 통상국가."『일본연구논총』 50: 143-177.

이상현. 2010. "아시아판 NATO 구상의 좌절: 60년대 박정희 정권의 아시아태평양
　　조약기구(APATO) 구상을 중심으로."『국제정치논총』 50(5): 37-60.

＿＿＿. 2018. "냉전 지역주의와 일본의 아시아 외교: 일본은 한국주도의 지역협의체
　　ASPAC에 어떻게 관여하였나?"『국제정치논총』 58(1): 55-98.

이승주. 2020. "아베 정부와 전략적 다자주의의 부상: TPP/CPTPP 전략을 중심으로."
　　『국가전략』 26(2): 97-121.

이정환. 2014. "현애일본의 보수화 정치변동과 동아시아 국제관계."『의정연구』 20(1):
　　5-33.

이필중·김용휘. 2007. "주한미군의 군사력 변화와 한국의 군사력 건설 사이이의
　　상관관계."『군사』 62: 273-312.

조양현. 2008. "냉전기 한국의 지역주의 외교: 아스팍(ASPAC) 설립의 역사적 분석."
　　『한국정치학회보』 42(1): 247-276.

최은미. 2018. "일본 TPP 추진의 정치경제: 일본의 국가정체성과 지역구상의
　　관점에서."『동아연구』 37(1): 193-231.

최희식. 2008. "60년대 일본의 아시아 지역정책: 미일동맹과 자주외교 사이의 협곡."
　　『일본연구논총』 28: 145-172.

＿＿＿. 2011. "한미일 협력체제 제도화 과정 연구: 1969년 한미일 역할분담의
　　명확하를 중심으로."『한국정치학회보』 45(1): 289-209.

커밍스, 브루스. 2016. "냉전의 중심, 한국."『아시아리뷰』 5(2): 185-210.

한·일 일본군위안부 피해자 문제 합의 검토 TF. 2017. "한·일 일본군위안부 피해자
　　문제 합의(2015.12.28.) 검토 결과 보고서." http://www.mofa.go.kr/www/
　　brd/m_4076/view.do?seq=367886&srchFr=&srchTo=&srchWord=&srchTp
　　=&multi_itm_seq=0&itm_seq_1=0&itm_seq_2=0&company_cd=&compan
　　y_nm=&page=7 (검색일: 2022.10.20.).

헌법재판소. 2011. 8. 30 선고. 2006헌마788, 전원재판부 결정. http://www.law.go.
　　kr/ detcInfoP.do?detcSeq=16533 (검색일: 2022.6.20.).

Art, Robert J. 1998-99. "Geopolitics Updated: The Strategy of Selective
　　Engagement." *International Security* 23(3): 79-113.

Brzezinski, Zbigniew K. 1961. "The Organization of the Communist Camp."
　　World Politics 13(2): 175-209.

Cha, Victor D. 1999. *Alignment Despite Antagonism: The US-Korea-Japan
　　Security Triangle*. Stanford, CA: Stanford University Press.

Chanlett-Avery, K. Alan Kronstadt, and Bruce Vaughn. 2022. "The Quad:
　　Security Cooperation Among the United States, Japan, India, and
　　Australia." *CRS In Focus* (May 16).

CIA. 1985. "Japan and South Korea: Yesterday, Today, and Tomorrow." CIA
　　Archive https://www.cia.gov/readingroom/historical-collections (검색일:

2022.03.10.).

Dadabaev, Timur. 2019. "Central Asia: Japan's New Old Frontier." *Asia Pacific Issues* No. 136.

Envall, H.D.P. 2018. "The Abe Doctrine: Japan's New Regional Realism." *International Relations of the Asia-Pacific* 20(1): 31-59.

Gaddis, John Lewis. 1982. *The Strategies of Containment*. New York: Oxford University Press.

Glad, Ulrik P. and Karen L. Petersen. 2011. "Concept of Politics in Securitization Studies." *Security Dialogue* 42(4-5): 315-328.

Hagström, Linus and Karl Gustafsson. 2015. "Japan and Identity Change: Why It Matters in International Relations." *Pacific Review* 28(1): 1-22.

He, Yinan. 2017. "The Bitter Legacies of the 1972 Sino-Japanese Normalization Talks." *Woodrow Wilson International Center for Scholars Insight and Analysis* (March 13).

Hughes, Christopher W. 2009. "Japan's Response to China's Rise: Regional Engagement, Global Containment, Dangers of Collision." *International Affairs* 85(4): 837-856.

Lind, Jennifer M. 2004. "Pacifism or Passing the Buck? Testing Theories of Japanese Security Policy." *International Security* 29(1): 92-121.

_____. 2016. "Japan's Security Evolution." Policy Analysis No.788 (Feb. 25). https://www.cato.org/policy-analysis/japans-security- evolution (검색일: 2022.06.02.).

Llewelyn, James. 2014. "Japan's Cold War Diplomacy and Its Return to Southeast Asia." *Asia-Pacific Review* 21(2): 86-112.

Midford, Paul. 2020. *Overcoming Isolationism: Japan's Leadership in East Asian Security Multilateralism*. Stanford: Stanford University Press.

Oren, Eitan and Matthew Brummer. 2020. "Reexamining Threat Perception in Early Cold War Japan." *Journal of Cold War Studies* 22(4): 71-112.

Rose, Gideon. 1988. "Neoclassical Realism and Theories of Foreign Policy." *World Politics* 51: 144-172.

Russett, Bruce M. and John R. O'Neal. 2001. *Triangulating Peace: Democracy, Interdependence and International Organizations*. New York: Norton.

Shoji, Tomotaka. 2009. "Pursuing a Multi-dimensional Relationship: Rising China and Japan's Southeast Asia Policy." In Jun Tsunekawa, ed. *The Rise of China: Responses from Southeast Asia and Japan*. Tokyo: NIDS.

Smith, Sheila A. 1999. "The Evolution of Military Cooperation within the US-Japan Alliance," in Green, Michael J. and Patrick M. Cronin, eds. 1999. *The US-Japan Alliance: Past, Present, and Future*. New York: CFR.

_____. 2021. "Japan, the Quad and the Indo-Pacific." https://theasanforum.org/

japan-the-quad-and-the-indo-pacific/ (검색일: 2022.06.07.).

Taniguchi, Takuya. 2020. "Should We Forget about the Asia-Africa Growth
    Corridor?" Lettre du Asie No.87 https://www.ifri.org/print/17976 (검색일:
    2022.06.07.).

Yoshimatsu, Hidetaka. 2017. "Japan's Export of Infrastructure Systems:
    Pursuing Twin Goals Through Developmental Means." *The Pacific Review*
    30(4): 494-512.

吉次公介. 2009. 『池田政権期の日本外交と冷戦:戦後日本外交の座標軸1960-1964』.
    岩波書店.

安倍晋三. 2013. 『新しい国へ—美しい国へ完全版』. 東京: 文春新書.

宮下明聡·佐藤洋一郎編. 2004. 『現代日本のアジア外交-対米協調と自主外交のはざまで』.
    東京: ミネルヴァ書房.

寺田貴. 2002. 「日本のAPEC政策の起源-外相三木武夫のアジア太平洋圏構想とその今日
    的意義」. 『アジア太平洋研究』第23号.

崔慶原. 2014. 『冷戦期日韓安全保障関係の形成』. 慶應義塾大学出版会.

池田慎太郎. 2010. "書評: 池田政権期の日本外交と冷戦" 『同時代史研究』第3号.

添谷芳秀. 1997. 『日本外交と中国 1945-1972』. 慶應義塾大学出版会.

自由民主党(外交部会外交·経済連携本部 日本の名誉と信頼を回復するための特命委員会).
    2016. "日韓外相会談における慰安婦問題に係る合意に関する決議." https://ga9.
    jp/wp/wp-content/uploads/2020/04/46985061ce2e996d8b55f94399480ce8.
    pdf (검색일: 2022.06.07.)

필자 소개

윤대엽 Dae-yeob Yoon

대전대학교 군사학과 및 PPE(정치·경제·철학) 연계전공 부교수
연세대학교 정치외교학과 졸업, 연세대학교 정치학 박사

논저 "경쟁적 상호의존의 제도화: 일중의 경제안보전략과 상호의존의 패러독스", "트럼프-바이든 시기 미중 경쟁: 탈동조화의 경제안보전략과 중간국가의 부상", "아베정치와 북일관계: 납치문제의 정치화, 북핵 위협의 안보화"

이메일 solon602@gmail.com

제2장

지역 안보질서와 한일관계

Regional Security Order and South Korea-Japan Relations

조은일 | 한국국방연구원

*   이 글은 "Regional Security Order and South Korea-Japan Relations." *Korea Journal of Defense Analysis* Vol. 34, No. 4 (December 2022)에 실린 글을 수정, 보완한 것이다.

본 연구는

미중 경쟁에 의한 지역 안보질서의 변화가 한일관계에 어떠한 영향을 미쳤는지를 검토하는 시론적 분석이다. 미중관계의 전개는 현존하는 권력과 부상하는 권력 간 협력과 경쟁이라는 정책적 논의를 넘어, 그간 미국이 주도해온 자유주의 국제질서의 영향력과 회복력에 대한 논쟁으로 확대되었다. 동아시아 지역 안보질서에서 미중 경쟁의 의미는 중국이 기존 미국 주도의 양자 동맹 체계를 수용하고 현상유지적 태도를 취할 것인지 여부에 달려 있다. 이에 미국과 동맹인 한국과 일본은 미중관계에 따른 안보질서 변화 가능성에 민감하게 반응할 수밖에 없다. 이러한 배경에서 본 연구는 동아시아 안보질서를 권력구조, 제도, 행위자의 요소로 설명한다. 그리고 미중 경쟁에 따라 새로운 패권적 권력으로 중국이 부상하고, 미국의 아시아 재균형 정책에 따른 바퀴살 체계가 변화하며, 트럼피즘의 등장에 따라 지역 국가가 반응하는 형태를 설명한다. 이를 통해 본 연구가 주장하는 바는 두 가지이다. 첫째, 미중관계의 변화는 미국과의 협력에 대한 한일 양국이 가진 상이한 기대를 갖게 했다, 이에 한일 양자 차원의 협력에 장애가 되었다. 둘째, 중국에 대한 다른 시각도 한일 협력을 저해하는 요인으로 작용했다. 중일 간 센카쿠 분쟁, 한중 간 사드 문제가 각각 존재했지만 양국은 이후 대중 정책에서 다른 방향성을 보인 것이다. 현재와 같은 경쟁 상황에서는 한일관계에 대한 제약이 불가피하다. 다만 한일 안보협력을 촉진할 수 있는 기회를 모색한다면 경쟁적 안보질서를 완화하는 중진국들의 협력을 보여줄 수 있을 것이다.

This preliminary study focuses on the change in the regional security order caused by the US-China competition and its impact on South Korea-Japan relations. The ongoing US-China relations has expanded beyond the discussion of cooperation and competition between existing and emerging powers, as well as the debate over the influence and resilience of the US-led liberal international order. The significance of the US-China competition in the security order in East Asia depends on whether China will accept the existing US-led bilateral alliance system and take a status quo attitude. As a result, the US allies, South Korea and Japan, need to response sensitively to the changing nature of the security order. In this vein, this study explains the East Asian security order as elements of power structure, institutions, and actors. In addition, it explains the emergence of China as a new hegemonic power due to the US-China competition, the hub-and-spokes system changes according to the US rebalancing policy, and the emergence of Trumpism. Through this, the author argues two claims. First, the change in US-China relations has led to different expectations between Seoul and Tokyo for cooperation with the US, which has hindered bilateral cooperation between them. Second, divergent views on China also hinder South Korea-Japan cooperation. Through the Senkaku dispute between Japan and China and the THAAD dispute between South Korea and China, the two countries later showed different directions in their policy toward China. In the current competitive situation, restrictions on South Korea-Japan relations are inevitable. However, if the opportunity to promote security cooperation between South Korea and Japan is sought, it will be able to show the cooperation of middle power countries that can develop the security order to ease the intensity of US-China competition.

KEYWORDS 미중 경쟁 US-China competition, 안보질서 security order, 한일관계 South Korea-Japan relations, 패권적 권력 hegemonic power, 바퀴살 체계 hub-and-spokes system, 안보협력 security cooperation

I 서론

21세기 이후 국제정치는 미중관계를 논의해 왔고, 러시아의 우크라이나 침공 이후 미러관계와 유럽 정치가 다시 주목을 받고 있다. 9·11테러와 세계금융위기를 겪으면서 미국 우위의 단극체제는 점차 쇠퇴했으며, 21세기부터는 중국의 부상과 그에 따라 국제정치에 미치는 파급력에 관심이 집중되었다. 그 결과 국제정치는 미중관계를 중심으로 조정되었고, 동아시아 지역정치는 미중관계에 직접적으로 영향을 받게 되었다. '아시아의 세기', '포스트 아메리칸 월드' 등과 같은 새로운 세계상이 제시된 것도 유사한 배경에서였다. 즉, 미국, 유럽과 같은 구세력이 아닌 비서구 국가인 신세력에 의해 주도될 것이라는 논의가 국제정치의 담론을 구성했다 (Mahbubani 2009; Zakaria 2008; Nye Jr. 2015).

이러한 전환은 세계/지역 수준에서의 질서 변화와 밀접하게 연결되었다. 예컨대 동아시아는 중국의 부상과 그에 따른 미중관계의 전개에 따라 상당한 영향을 받을 것임이 명확했다. 중국의 부상은 세계금융위기 이후 군사적으로 동·남중국해에 대한 영향력의 확장, 경제적으로 일대일로(一帶一路) 구상 제시 등 실제적인 행동으로 변화되었다. 동시에 중국은 대외적으로 '신형대국관계(新型大国关系)'라는 강대국 정치를 제시했다. 중국은 미국이 구축한 국제질서에 도전하지는 않지만, 중국의 핵심 이익은 존중받아야 한다는 미중관계를 확립하고자 시도했다(김한권 2018, 14-17). 한편, 미국은 아시아 전략으로 중심축(pivot)을 옮기면서 미국의 힘을 보존하고 강화하고자 했다(Campbell 2016).

미중관계의 전개는 현존하는 권력과 부상하는 권력 간 협력과 경쟁이라는 정책적 논의를 넘어, 학계에서는 그간 미국이 주도해온 자유주의 국제질서(Liberal International Order, LIO)의 영향력과 회복력에 대한 논쟁으로 확대되었다(Acharya 2014; Ikenberry 2011). 1980년대 일본의 경제적 부상에 대한 미국의 대응 사례는 미국이 21세기 새로운 아시아 도전국과 갈등적 관계를 반복할 수 있다는 주장으로 이어지기도 한다(Nymalm 2020). LIO는 역사적으로 범대서양 관계를 중심으로 유지되었고, 점진적인 경제통합으로 유럽 내 다자주의를 가능하게 했다(Jahn 2018). 반면, 동아시아 지역은 냉전기 미국이 구축한 바퀴살(hub-and-spokes) 체계라고 명명되는 양자 동맹에 기반한 안보질서가 지속되어왔다. 그리고 미소 강대국 경쟁 하에 동아시아에는 비자유주의적 제도가 유지된 측면도 존재한다. 즉, 동아시아에서는 미국 주도의 바퀴살 체계에 의해 유지된 안정과 번영이 규칙기반 질서로 치환되어서 이해되었다(Hemmer and Katzenstein 2002).

따라서 미중관계가 협력적이 된다면 지역 안보질서는 기존의 형태로 유지되기 쉬우나, 미중관계가 경쟁적이 된다면 바퀴살 체계에 따른 안보질서에 변화가 올 가능성이 커진다. 안보질서에서 미중 경쟁의 의미는 중국이 기존 미국 주도의 양자 동맹 체계를 수용하고 현상유지적 태도를 취할 것인지 여부에 달려 있기 때문이다. 그러한 점에서 미국과 양자 동맹을 발전시켜온 한국과 일본은 미중관계에 따른 안보질서 변화 가능성에 민감하게 반응할 수밖에 없다. 중국의 부상에 대해 미국이 어떤 안보질서를 유지할 것인지, 새로운 체계를 만들 것인지, 기존의 체계를 조정할 것인지에 따라 한일관계도 영향을 받게 되기 때문이다. 즉, 한국과 일본은 안보질서의 지속성(durability)을 고민하면서 대외정책을 수립하게 되는 것이다. 신욱희(2016)는 이러한 외부 환경 변화에 대해 한일 양국 모두 수동적 대응이 아닌, 일정한 자율성을 담보하면서 구조적 전환에 대응하는 접근이 필요하다고 주장한다.

미중 경쟁은 지역 안보질서의 불안정 요인으로 이해되기 때문에, 지역 국가들은 외교적으로 중간지대를 찾아 안정을 담보하고자 했다.[1] 그 과정에서 지역을 발전시킬 구상이나 비전은 상당수 존재했다. 이들은 때로 수렴되기도 했으며, 경합하기도 했다. 트럼프 시기 미국이 동맹국의 안보 부담을 강화하는 형태로 안보질서를 유지하고자 한 시도는 동아시아 지역에서의 미국의 주도력을 약화시켰다. 이에 한국은 한반도라는 공간을 중심으로 '평화 프로세스'를 추진하고자 했던 반면, 일본은 '자유롭고 열린 인도-태평양'이라는 구상을 제시하고 규칙기반 질서를 적용하고자 했다. 이러한 두 전략의 차이는 한일 간 공동의 안보이익을 조정하기보다는 각각의 국익을 추구하는 대외정책에 집중한 결과로 보여진다.

이러한 배경 하에, 본 연구는 미중 경쟁에 의해 지역 안보질서가 변화되는 과정에서 한일관계가 영향을 받을 수밖에 없다는 문제의식에서 시작한다. II절은 시대적 변화에 따른 지역 안보질서 연구를 살펴보고, 동아시아 지역 안보질서의 특징을 제시한다. III절은 구체적으로 권력구조, 제도, 행위자의 세 요소를 통해 미중

---

1   ASEAN도 미중 경쟁이 장기적으로는 지역의 리스크를 높일 것이기 때문에 대립을 희석하면서도 미중 양국 모두에 관여할 수 있는 형태의 아세안 관점의 인도-태평양 구상(ASEAN Outlook of Indo-Pacific)을 제시했다.

경쟁에 따른 지역 안보질서 변화를 추적한다. 이러한 분석을 바탕으로 IV절은 지역 안보질서 변화 속에서 한일관계를 분석한다. 한국과 일본이 가진 안보질서 인식과 전략은 양국 관계가 협력적으로 발전하는 데 제약이 되었다. 본 연구는 한일관계라는 양자적 차원의 상호작용도 중요하지만 구조적 차원의 변화가 양자 관계에 미치는 영향에 집중하여 그 함의를 도출하고자 한다.

II 지역 안보질서에 대한 논의

1. 시대적 변화에 따른 지역 안보질서 연구

길핀(Gilpin 1983)의 주장과 같이 새로운 질서는 전쟁의 승리에 의해 만들어지는 게 일반적이다. 이는 새로운 질서는 특정 권력에 의해 만들어지고 관리된다는 것을 의미한다. 그러한 관점에서 보면 동아시아 지역의 안보질서는 제2차 세계대전과 일본의 패전, 한국전쟁의 발발, 그리고 샌프란시스코 강화조약의 체결이라는 일련의 사건을 거치며 형성되었다. 여기에서는 냉전, 탈냉전, 그리고 21세기의 시기적 변화에서 어떻게 동아시아 지역 안보질서가 특징지어지는지 검토해보고자 한다.

우선 냉전기 시기이다. 고(Goh 2019)는 냉전기 동아시아 지역 안보질서가 미국이 주도해온 패권적 질서(Hegemonic order)라고 특징지웠다. 고에 따르면 패권적 질서는 크게 세 부분으로 이루어졌다. 첫째, 패권국과 나머지 국가 사이의 가치, 권리, 의무에 대한 공유된 이해를 만들어내기 위한 협상이다. 패권국은 질서를 유지하는 공공재를 제공하거나, 특별한 의무를 수행하는 대신 나머지 국가는 패권이 가진 정당성을 인정해준다. 협상에 따른 패권국의 역할은 조정되거나 새롭게 추가될 수 있기 때문에 그 자체로 역동성을 가지고 있다. 둘째, 위계적 구조에 따라 권력 관계가 존재한다는 것이다. 어떤 국가가 패권적 지위를 차지하는지, 어떤 국가가 특별히 전략적 중요성을 부여받는지 그리고 어떤 사회적 관계로 이들 집단이 서로 연결되는지가 중요한 질문이 된다. 셋째, 경쟁과 협상의 사회적 과정이 존재한다는 것이다. 패권적 질서는 패권국의 의지만으로 만들어지거나 유지되거나 변화하는 게 아니다. 나머지 국가의 동의가 있어야 패권적 질서가 유지되며, 저항할 경우 패권국은 권력 행사에 제한이 생기거나, 규범적인 비난을 받을 수 있다.

알라가파(Alagappa 2003)는 탈냉전기라는 시기적 변화에서 패권적 질서의 특징도 변화했다고 주장한다. 알라가파는 탈냉전 이후 안보질서는 패권, 힘의 균형, 화합, 다자기구, 양자주의, 자조 등과 같은 다양한 경로를 포함하고 있기 때문에 패권적이지 않다고 지적한다. 그는 미국이 스스로 아시아의 안보를 관리할 수 없으며 여러 아시아 국가들과의 협력이 필요하다는 점에서 안보질서를 유지하는 권력이 다극화되는 현상에 주목했다. 미국은 동맹 네트워크, 해외주둔 미군, 확장억제 조치 등을 통해 분쟁을 관리하고 지역 국가 간 관계를 안정화하는 데 중요한 역할을 해왔다. 그러나 미국은 아시아 지역의 모든 안보 사안에 관여할 수도, 하고 싶지도 않을 것이다.

그러한 점에서 근대국가로서 아시아 국가들의 성장과 그들 간의 협력은 지역 안보질서를 유지하는 조건이 된다. 첫째, 아시아 국가 간 협력이 진행되면서 규칙에 기반한 상호작용이 가능한 필요조건이 만들어졌다. 둘째, 상호 생존과 협력을 위한 규범적 체계가 구축되었다. 셋째, 국제경제에 참여하면서 급속한 경제성장을 이루어 궁극적으로 정치적 목적을 달성하는 데 폭력에 기대는 비용을 증가시켰다. 아시아 국가들의 성장은 탈냉전 이후 안보질서를 유지하는 주요한 요인이 된 것이다. 이렇듯 고와 알라가파의 설명은 안보질서를 형성하고 유지하는 권력의 특징과 그 변화를 제시했다.

아차야(Acharya 2014)는 냉전기, 탈냉전기의 시기적 변화에서 동아시아 안보질서를 관찰하고 21세기 변화 가능성에 대한 다양한 전망을 제시했다. 아차야는 냉전의 종식이라는 구조적 요인과 중국의 부상이라는 행위자 요인이 복합적으로 작용하면서 동아시아 안보질서의 미래에 대한 시나리오 탐색이 가능해졌다고 지적한다. 아차야는 냉전기 안보질서가 경제적 국가주의, 안보 양자주의, 정치적 권위주의의 세 요소에 의해 구성되었다면 탈냉전기 안보질서는 이러한 세 요소가 모두 대체되었다고 강조한다. 이 점은 알라가파가 지적한 동아시아 국가들의 성장과도 관련이 있다. 즉, 탈냉전기에 들어서면서 경제적 국가주의는 시장 자유주의와 경제적 상호의존으로 대체되었고, 안보 양자주의는 미국 주도의 양자주의와 공존하는 형태의 다자주의로 대체되었다고 주장한다. 또한, 국내 정치의 다원화가 성장하면서 역내 정치적 권위주의가 민주주의로 대체되었다고 본다.

아차야는 이러한 동아시아의 변화를 반영한 아홉 가지 변수를 고려해서 다섯 가지의 시나리오를 제시했다.[2] 그 중 비관적인 전망으로는 국가 간 경쟁이 심화되나 이를 완화할 수 있는 다자기구나 지역통합이 부재하기 때문에 분쟁으로 번질 수 있다는 것이다. 낙관적인 전망으로는 지역 통합을 통해 경제적 통합, 다자기구, 공통의 규범과 정체성 등이 가능해지면서 전쟁의 공포를 해소할 수 있다는 것이다. 비관적 전망과 낙관적 전망 사이도 여러 시나리오가 존재하겠지만, 중국의 부상이 기존의 안보질서에 어떻게 영향을 미칠지에 따라서 그 결과가 달라진다는 데 있다. 아차야는 이러한 틀을 통해 동아시아 안보질서 연구가 가능하다고 덧붙였다.

2. 동아시아 안보질서의 구성: 권력구조, 제도, 행위자

안보질서(security order), 지역질서(regional order), 지역안보질서 (regional security order) 등과 같이 '질서'라는 개념에 '안보'를 결합한 여러 연구가 있었다. 그러나 안보질서라는 개념을 동아시아라는 지리적 범위에 적용해서 어떤 특징을 갖고, 어떤 제도로 유지 및 발전되며, 어떤 행위자가 존재하는지에 관한 구체적인 연구는 많지 않다(Alagappa 2003). 이는 질서라는 개념 자체가 규정하기 어려운 성격을 가지고 있기 때문이기도 하며, 국가 간 행동을 규제할 수 있는 초국가적 존재가 부재한 무정부 상태에서 질서는 존재

---

2   아차야(Acharya 2014, 169-170)는 주도국가, 지리적 범위, 주요 동인, 권력구조, 경제적 연계, 제도적 구조, 규범과 정체성, 국내정치, 안정에 대한 전망이라는 아홉 가지의 변수를 고려해서 지속되는 미국의 우위, 중국 중심의 패권 및 위계, 공동관리, 공동체, 협의주의라는 다섯 가지 시나리오를 제시했다.

할 수 없다는 이론적 이해도 존재하기 때문이다. 게다가 질서라는 개념이 아닌 레짐, 제도, 기구 등으로도 유사한 연구를 진행할 수 있기 때문에 안보레짐, 안보기구, 안보제도 등이 실증적인 분석대상이 되기 쉽다. 이렇게 안보질서라는 개념이 다양하게 해석될 수 있는 만큼 동아시아 안보질서라고 해서 단일한 모습으로 단정하기 어렵다.[3]

본 연구에서는 동아시아 지역의 안보질서를 권력구조의 특징, 제도, 행위자라는 세 구성요소를 통해 검토해보고자 한다. 기존 연구를 통해 알 수 있듯이 동아시아 안보질서의 시기적 변화를 보여주는 특징이 권력구조에 있기 때문이다. 그렇다면 동아시아 안보질서는 어떤 특징이 있는가, 그러한 특징은 제도적인 기반과 연계되어 있는가, 그리고 안보질서에 참여하는 행위자는 누구이며 어떤 관계에 있는가. 동아시아 안보질서의 역동성을 이해하기 위해 제기할 수 있는 주요한 질문들이다. 그리고 더 중요한 질문은 이러한 동아시아 안보질서가 만들어낸 특징이 여기에 참여하는 행위자와 그 관계에 어떠한 영향을 미치는가이다.

1) 권력구조

동아시아 안보질서의 특징은 권력이 어떻게 구조화되어 있고, 누가 그 권력을 관리하고 있는지에 따라 변화된다. 국제정치의 수준에서 냉전기 권력구조가 미소 양극으로 구분되었다면, 탈냉전기

---

3   신욱희(2021, 31)는 동아시아 지역질서 연구가 동아시아라는 지역의 시기적 변화와 세계의 한 부분으로서 동아시아와 세계의 결합 양상을 함께 관찰할 필요가 있다고 지적한다.

권력구조는 미국의 단극으로 변화되었다. 21세기 이후 권력구조는 미국에 더해 중국, 일본, 러시아, 유럽 등 여러 행위자를 포함하는 다극으로 변화되었다.

이러한 권력구조는 동아시아 지역에도 연계되었다. 냉전기 동아시아에는 자유주의 국제질서가 보편적으로 적용된 상태는 아니었다(Wirth and Jenne 2022). 고(Goh 2019)의 지적과 같이 동아시아 지역에는 상호적이며 조건적인 공약의 교환이 존재했다. 패권국인 미국은 안보 양자주의(security bilateralism)에 기반해 안보질서를 형성하고 이를 유지 및 관리하겠다는 공약을 제공했다. 대신 지역 국가들은 미국과의 비대칭적 권력 차이를 수용했다. 이러한 교환은 공산권 위협의 대응을 최우선 과제로 내세운 패권적 질서에 정당성을 부여했다.

탈냉전기 권력구조가 미국의 단극으로 변화되었지만, 동아시아 지역의 권력구조에는 변화는 없었다. 미국의 안보 양자주의에 기반한 안보질서가 지속되었기 때문이다. 차이점은 안보질서를 유지하는 목표였다. 다시 말해, 시기적 변화는 동아시아의 안보질서를 유지하는 목표를 변화시켰다. 탈냉전 초기 북핵 위기가 발생했고, 북한 핵 문제는 역내 국가들이 해결해야 하는 새로운 위협이 되었다. 미국은 패권적 권력을 유지하면서, 북미 양자 협의 틀을 통한 외교적 방식으로 문제를 해결하고자 했다. 이는 탈냉전기 새로운 위협에 대한 대응도 양자주의의 틀에서 해결이 모색되었다는 사례를 보여준다.

나아가 탈냉전기 미국의 단극 구조는 미국이 국제적 차원에서 새로운 위협에 대응하기보다는 안정을 유지하여 지역 안보질서를 발전시켜 나가도록 하는 요인이 되었다. 북핵 위기는 발생했지만 이는 동아시아 지역 국가들의 집단적인 대응으로 발전되지는 않았다. 즉, 동아시아 지역 국가들은 집단적인 대응을 요구하는 특정 위협을 공유하고 있지 않았기 때문에 미국 주도의 안보 양자주의를 대체하는 새로운 구조는 등장하지 않았다(Cha 2011).

21세기 이후 권력구조의 변화는 동아시아 지역에 보다 밀접하게 연계되기 시작했다. 특히, 미국의 상대적 쇠퇴와 중국의 부상은 동아시아 안보질서가 다극보다는 양극에 가까운 구조로 변화할 가능성을 높였기 때문이다. 김상준의 지적처럼 일본의 경제적 성장과 미국의 상대적 쇠퇴가 연결되었던 1980년대와 유사하게 2000년대 이후 중국의 부상은 미국이 안보 양자주의를 통해 유지해온 패권적 권력에 영향을 미치기에 충분했다(김상준 2013). 그러나 안보질서가 중국이 지배하는 구조로 간다든지, 미국의 상대적 쇠퇴 혹은 축소로 특징지어질 것이라고 단정해서 평가할 수는 없다. 따라서 경쟁적 미중관계에 따른 구조적 변화를 반영하면서 동아시아 안보질서의 권력구조 변화를 파악하는 것은 필요한 작업이다.

2) 제도로서 '바퀴살 체계'

제도는 국가 간 관계에 안정적이고 예측 가능한 패턴을 형성하는 규칙, 아이디어, 관행 등을 포괄하는 집합이다. 동아시아 안보질서가 미국의 패권적 권력에 의한 양자주의로 유지되고 발전될 수 있었던 배경에는 제도적 장치로서 바퀴살 체계가 존재했기 때문이다. 그리고 바퀴살 체계는 시기적 변화에 맞춰 그 형태가 일부 조정되거나 덧붙여지면서 발전해나가고 있다. 이러한 배경에서 차

(Cha 2011)는 단일 제도를 구심점으로 안보질서를 유지해간 유럽 지역과는 다르게 동아시아 지역은 양자, 소다자, 다자 관계가 복합적으로 존재하는 '복합 조각보(complex patchwork)'와 유사하다고 지적했다. 복합 조각보는 특정 문제를 해결하기 위한 기능적 모임의 합계와 같다. 한미동맹, 미일동맹과 같은 양자 군사동맹, 한미일 협력, 오커스(AUKUS) 협정, 쿼드(QUAD)와 같은 소다자협력, 6자 회담 등 다자협력의 조각보는 다양한 국가의 조합으로 다양한 형태의 협력을 가능하게 하여 특정 국가가 특정 이슈에 배제된다는 불안감을 줄일 수 있다. 그리고 그러한 조각보를 엮는 실(thread)로서 바퀴살 체계가 제도적 기반으로 역할을 한다.

미일동맹의 체결은 바퀴살 체계의 시작점과 같다. 미국은 일본과 동맹협정을 체결해서 일본 영토에 미군이 주둔할 수 있는 제도적 기반을 만들었다. 그리고 필리핀, 호주 등에 이어 한국과도 동맹조약을 차례로 맺으면서 동아시아에서 미군 주둔을 확대해나갔다. 이러한 양자 동맹조약으로 형성된 게 바퀴살 체계였다. 동맹조약은 중소국에 미국이 주도하는 패권적 질서를 수용하게 했으며, 그 대가로 미국은 중소국에 질서를 지킨다는 공약을 제공했다. 미국과 동맹조약을 통해 연결된 지역 국가는 미국이 공약에 따라 역내 전쟁 발생을 억제하고 지역을 안정시킬 것으로 신뢰했다. 바퀴살 체계는 미국과 동맹국과의 안보 협력을 중심으로 유지되었기 때문에 동맹국 간 연계는 크지 않았다. 동맹국은 미국과 안보연계가 강화되고 자국의 안보적 필요가 충족될수록, 미국의 다른 동맹국과 협력할 동기는 약해지기 때문이다(Izumikawa 2020).

탈냉전 이후에도 미국 주도의 바퀴살 체계는 지역 안보질서의 핵심적인 기제였다. 워스와 젠느(Wirth and Jenne 2022)는 시기적 변화에도 바퀴살 체계가 유지되었기 때문에 경직된 안보질서는 그 정당성을 잃기 쉬워졌다고 주장한다. 바퀴살 체계가 제대로 작동하기 위해서 미국 행정부가 교체될 때마다 동맹국에 미국의 공약에 대한 재확인(reassurance)이 필요했다. 그러한 공약 재확인의 과정에서 미국과 동맹국 간 위협인식의 공유가 중요해졌다. 미국은 북한 핵·미사일 위협의 존재라든지 21세기 이후 중국의 군사적 영향력 확장 등을 바퀴살 체계가 지속·발전해야 하는 동인으로 여겼다(Wong 2015). 결국 미국은 직면한 혹은 잠재적 위협을 억제하기 위해서 바퀴살 체계를 통한 안보질서에 집중했다(Wirth and Jenne 2022, 9).

3) 행위자

동아시아 안보질서를 설명하기 위해서는 권력의 구조, 제도적 틀과 함께 행위자 요인을 동시에 고려할 필요가 있다. 시기적 변화 속에서도 미국의 패권적 권력을 중심으로 유지되어온 동아시아 안보질서에는 미국이라는 중심적인 행위자가 존재한다. 그리고 바퀴살 체계에 포함되었던 한국, 일본, 호주, 대만 등 동아시아 국가의 입장과 전략의 변화도 동아시아 안보질서에 대한 이해에 추가될 필요가 있다. 나아가 바퀴살 체계에는 포함되지 않았지만 군사력 수준, 경제 규모, 지역에서의 영향력 등을 고려했을 때 중국의 입장과 전략에 대한 이해도 고려할 필요가 있다.

종합하면 동아시아 안보질서에서 고려할 행위자는 두 그룹으로 분류된다. 첫째, 패권적 권력인 미국과 그러한 미국과 경쟁하는 중국이다. 이는 패권적 권력이 존재해야 지역 수준의 안보질서가 유지되는가라는 이론적 논의와도 연결되어 있다(Gilpin 1993). 예를 들어. 냉전기 이후 동아시아 안보질서는 미국이라는 패권적 권력이 안보라는 공공재를 제공해왔기 때문에 동아시아 안보질서가 유지되면서 협력이 가능했다고 설명된다. 그렇다면 미국의 패권적 권력이 쇠락하게 된다면 새로운 패권적 권력이 이를 대체할 것인가, 대체하게 된다면 새로운 패권적 권력은 공공재를 형성할 것인가 등의 질문이 제기된다.

두 번째 그룹은 미중 양국과 상호작용하는 지역 국가들이다. 그들은 미국과 안보 양자주의에 의해 연계되어 있으면서도, 지리적으로 가까운 국가인 중국으로부터 안보 분야에 크게 영향을 받고 있다. 그들은 기존의 안보질서에 참여하면서 그들의 국가이익과 질서를 유지하는 핵심적인 가치에 대한 위협이나 도전을 관리하고 싶어한다. 그들은 위협이나 도전이 초래하는 불안정성을 극복하기 위해 다양한 전략을 고민한다. 강(Kang 2017)은 미중 양국이 경쟁을 늘려나간다고 해도 지역 국가들은 어느 한편을 들기보다는 양쪽 모두와 일정한 관계를 유지하고 싶어한다고 설명한다. 이는 지역 국가들이 획일적으로 하나의 전략을 취하지 않을 것임을 보여준다. 군사적 수단을 통한 경성 균형(hard balancing)에 의지하거나 향후 우세할 것 같은 국가와 제휴하는 편승(bandwagoning)을 지지할 수도 있다. 동시에 비군사적 수단으로 직접적인 대결을 회피하는 연성 균형(soft balancing)을 모색하거나 특정 강대국에 과도하게 의존하지 않고 위험을 관리하는 헤징(hedgding) 전략을 추구할 수도 있다(He 2018).

이러한 관점에서 보면, 동아시아 안보질서가 미중 경쟁과 같은 구조적 변화에 영향을 받으면서도, 이들과 상호작용하는 지역 국가들과의 관계가 복잡하게 영향을 주고받는 과정에 있다는 것을 알 수 있다. 이는 지역 국가들이 미중 경쟁의 구조적 변화가 미국의 양자 안보주의와 바퀴살 체계의 변화에 영향을 미칠 것인가라는 중요한 질문을 던지게 한다. 한국과 일본은 미국과 군사동맹이면서 중국과 지리적으로 근접한 지역 국가라는 점에서 비교분석해 볼 만한 사례이다. 다음 절에서는 미중 경쟁의 구조적 변화를 바라보는 한국과 일본의 입장과 전략을 정리하고, 동아시아 안보질서의 변화가 한일 간 양자 관계에 어떻게 영향을 미치고 있는지 살펴보고자 한다.

III 미중 경쟁에 따른 지역 안보질서 변화

1. 새로운 패권적 권력으로서 중국의 부상

미중관계의 성격에 따라 지역 안보질서의 형태와 내용은 영향을 받게 된다. 그러한 배경에서 냉전 이후 안보질서에 있어 패권적 권력으로 역할을 했던 미국이라는 행위자보다, 새로운 패권적 권력으로서 중국이라는 행위자의 행동에 학술적·정책적 연구가 집중되는 경향을 보였다. 다시 말해 관점과 영역은 다양하겠지만 중국이 현상을 변경하는 국가인지, 그렇다면 기존 안보질서도 변화시킬 것인지, 중국은 미국을 대체해서 새로운 안보질서를 제시할 것인지 등의 질문이 제기되었다. 중국이 새로운 패권적 권력으로 부상할 것인지에 대한 논의는 단순히 중국의 경제적 성장에 따른 국력의 축적에서만 그 근거를 찾는 것이 아니었다. 예를 들어 중국은 2000년부터 8%를 넘는 GDP 성장률을 보였고, 세계금융위기 직전이었던 2007년에는 14.2%라는 고도의 GDP 성장률을 기록했다. 이후 9%대로 주춤하기는 했지만, 2010년대 이후에도 7% 정도의 GDP 성장률을 유지하고 있다. 반면, 미국은 2004년 3.9% GDP 성장률을 보였지만 이후 2%대로 점차 줄었고, 세계금융위기를 지난 2009년에는 -2.6% 성장률을 기록했다. 이후 회복은 했으나 여전히 2%대 GDP 성장률에 정체되어 있다. 미국의 GDP 성장률은 세계 경제성장률과 유사한 형태를 띠고 있던 반면, 중국의 GDP 성장률은 지속해서 세계 경제성장률을 뛰어넘는 수준을 유지했다. GDP 규모에서만 본다면 미국은 중국에 앞서고 있지만 그 격차는 점차 좁아지고 있다.[4]

이렇게 규모가 점차 커지는 중국의 GDP는 군사력에도 반영되고 있다. 중국은 2000년 이후 GDP의 1.7% 정도의 비용을 국방비에 사용하고 있으며, GDP 규모가 커지고 있는 만큼 국방비 규모도 커지고 있다. 2000년에 222억 4천만 달러였던 국방비는 2010년 1,055억 2천만 달러로 증가했고, 2020년 2,523억 달러로 추산되었다. 반면 미국은 2000년 이후 GDP 대비 국방비를 3%에서 지속적으로 늘리면서 2010년에는 4.9%까지 사용했지만 이후 다시 3%대로 그 규모를 줄이고 있다. 미국은 2000년 3,200억 9천

<hr>

4   World Bank Data(data.worldbank.org)에서 제공하는 GDP 추계 자료를 참고했다.

만 달러의 국방비를 사용했고, 2011년까지 증가하는 추세를 보이다가 이후 하향과 상승을 반복하면서 2020년 7,782억 3천억 달러의 국방비를 기록했다. 절대적인 규모에서 여전히 미국의 국방비가 중국의 국방비보다 크지만, GDP 상승에 따른 중국 국방비의 점진적인 상승은 패권적 권력으로 부상할 수 있는 물질적 토대를 제공하고 있다.[5]

이렇게 중국이 경제적·군사적 역량을 축적하면서 부상하는 상황은 지역 안보질서의 권력구조를 변화시키고 있다고 이해되었다. 한편에서 중국은 일대일로 구상을 활용해서 개발도상국에 대한 정치적 영향력을 확대하는 등 경제적 역량을 사용하고 있다. 다른 한편에서 중국은 신형대국관계를 제시하고 공세적인 대외 행보를 보이면서 군사적 역량을 사용하고 있다. 이러한 중국의 행보는 경제력과 군사력이라는 물리적 힘을 갖추면서 기존에 미국이 주도했던 안보질서에 도전할 것이라는 주장으로 이어진다(Schweller and Pu 2011). 2010년에 들어서면서 중국은 GDP 규모에서 일본을 추월하고 세계 2위 경제대국이 되었고, 2012년 11월 중국공산당 제18차 당대회를 통해 5세대 지도부로서 시진핑 당 총서기가 등장했다. 시진핑 시기에 들어서면서 중국은 중화민족의 위대한 부흥을 통해 '중국의 꿈(中國夢)'을 실현시킨다는 비전을 제시했다.[6] 그리고 공산당 창당 100주년인 2021년 전면적 소강사회를 달성하고, 중화인민공화국 건국 100주년인 2049년 현대화된 사회주

5　중국의 국방비 추계는 SIPRI에서 매년 제공하는 SIPRI Yearbook을 참고했다.
6　구체적으로 부와 힘을 증진하여 국가를 재건하고 인민의 복지를 증진하여 세계적 국가로서 중국을 자리매김한다는 의미로 해석할 수 있다(홍건식 2018).

의 국가를 달성한다는 단계적인 목표도 제시했다.

나아가 중국은 규칙기반 질서는 존중하지만, 미국이 주도하는 안보질서에는 동의하지 않는 모습을 보였다. 대표적인 사례가 시진핑 국가주석이 2014년 아시아교류신뢰구축회의에서 "아시아의 안보를 지키고, 아시아의 문제를 스스로 해결하며 아시아 스스로 운영하는 지역 안보아키텍쳐 구축"을 제안한 데 있다. 중국은 미국을 역외 국가로 판단하기 위해 지리적 범위를 강조하는 경향이 강하다. 허와 펑(He and Feng 2008)이 지적하듯 중국은 지역 국가와 역외 국가를 구분하는 것으로 지역 안보질서에서 미국의 역할을 제한하거나 배제함으로써 힘의 균형을 이루고자 했다. 이를 위해 중국 주도의 구상을 제안하기도 하고, ASEAN이 주도하는 지역 다자기구에 적극적으로 참여했다.

이러한 중국의 정책 변화는 그동안 도광양회(韜光養晦)를 내세웠던 중국의 비공식 외교 노선이 종료된다는 점을 시사해주었다 (전성흥 2013). 요약하자면 중국은 점진적으로 축적한 경제적 역량과 군사적 역량을 바탕으로 대외 관계에서 핵심 이익을 강조하면서 새로운 패권으로 영향력을 확대하고 있다. 이러한 중국이 어떤 강대국이 되고, 어떤 패권이 될 것인지 쉽게 전망하기는 어렵지만, 중국의 부상이 가진 경제·군사적 측면을 고려했을 때 지역 안보질서의 권력구조가 변화를 겪을 시점에 처해 있는 것은 분명한 사실이다.

2. 미국의 아시아 재균형과 바퀴살 체계

미국은 이러한 중국의 경제적, 군사적 부상을 그동안 지역 안정의 제공자로서 기능했던 미국의 패권적 권력에 대한 도전으로 인식했다. 미국은 탈냉전 이후에도 국제질서의 원칙과 제도를 유지하는 데 중심축이 되었다. 지역협력, 국제금융과 무역, 핵 비확산, 기후 변화, 인권 등을 다루는 글로벌 거버넌스에 미국의 역할은 필수불가결했다. 그러나 2008년 글로벌 금융위기 이후 미국이 유지해온 패권적 권력에 회의론이 제기되었고, 서구발 경제위기는 중국 등 신흥국가의 새로운 위상과 도전으로 이어졌다. 이러한 점에서 세계금융위기는 국제체제뿐만 아니라 지역 단위에서도 미국의 상대적 역할과 위상이 약화되는 분기점으로 이해되기에 충분했다(김치욱 2013). 게다가 미국은 2000년 이후 중동 지역에 막대한 전쟁 수행 비용을 지불했던 것과 달리, 중국은 동아시아 지역에 군사적 역량을 지불했기 때문에 동아시아 지역에 있어 미중 군사적 격차는 상당히 좁혀지고 있었다(전재성 2017, 15). 이는 미국이 계속해서 지역 안보질서의 중심축으로 역할을 하기 어렵게 되는 중국의 부상이라는 도전을 해결해야만 한다는 것을 의미하기도 했다.

미국은 국가안보전략서(National Security Strategy)를 통해 중국의 부상과 군사적 영향력 확대로 인해 지역 안보질서에서 리더십을 계속 유지하기 어려울 수 있다는 인식을 보여주었다. 예를 들어 오바마 행정부가 2010년에 발간한 국가안보전략서에 따르면 미국은 "중국의 군사적 현대화 프로그램을 관찰할 것이고, 지역 및 국제적 수준에서 미국의 이익과 동맹에 부정적으로 영향을 미치지 않도록 보장할 것이다"라고 언급했다(The White House 2010, 43). 한편, 2015년에 개정한 국가안보전략서에서는 미국은 "안정적이고 평화로우며 번영하는 중국의 부상을 환영하고 중국과 건설적인 관계를 추구한다"라고 말하면서, "중국의 군사적 현대화와 아시아에서 확장하는 영향력을 긴밀하게 관찰할 것이며 중국과의 오해나 오산의 위험을 줄이는 방법을 찾겠다"라고 지적했다. 그리고 "중국과의 경쟁은 있겠지만 대립의 필연성은 거부한다"라고 설명했다(The White House 2015, 24). 시기적으로 다른 두 국가안보전략서를 통해 미국의 대중 정책의 기조가 완전하게 변했다고 볼 수는 없지만, 달라진 중국의 위상과 행태를 반영하는 미국의 인식 변화가 보였다.

그리고 미국은 이러한 도전을 극복하기 위해서 자신의 패권적 권력이 줄어드는 만큼 동맹국의 협력과 지원으로 그러한 간극을 메워야만 하는 처지에 놓이게 되었다. 오바마 행정부는 패권적 권력을 계속하기 위한 방안으로 아시아 재균형(rebalancing) 전략을 제시했다. 아시아 재균형 전략을 주도했던 인물은 커트 캠벨(Kurt Campbell) 당시 미국 국무부 아태 담당 차관보였다. 캠벨은 힐러리 클린턴 당시 국무부 장관이 표현했던 대로 태평양시대(Pacific Century)가 도래한 만큼 아태 지역을 전략과 경제의 중심축으로 지목하고 그 지역에서 미국의 패권적 권력을 보존할 필요가 있다고 주장했다(Campbell 2016).

미국은 중국이 경제력과 군사력에 기반해서 대담하게 전개하는 외교안보 행태에 주도적으로 대응하기 위해서 미국이 주도해온 질서의 운영체계를 쇄신하고자 했다. 우선 경제적, 지역적 차원에서 미국의 다자외교를 발전시키고자 했다. 중국이 5세대 지도부부터 본격으로 동아시아 지역에서 다자외교를 전개했고, 미국은 이를 견제하면서도 직접 대립하기보다는 가능한 분야에서 협력할 수 있는 관여적 태도를 보였다. 미국은 동아시아 정상회의(EAS)나 아세안 확대 국방장관회의(ADMM+)에 참여하고, 샹그릴라 대화에 고위급 관료를 상시 출현시키면서 적극적으로 다자외교를 전개했다. 그러나 중국이 동남아 국가들과의 무역 확대나 경제원조 등을 통한 경제외교를 주도하고, 아시아 인프라 투자은행(AIIB)까지 가동하는 등 미국의 패권적 권력을 약화시키는 노력을 본격적으로 시작했다.[7]

미국이 아시아 재균형을 통해 추구하는 핵심적인 목표는 군사적 차원의 패권적 권력 유지였다. 미국은 그동안 지역 안보질서를 지탱해온 제도인 바퀴살 체계를 양자 구조에서 소다자 구조로 발전시키고자 했다(Campbell 2016). 중국이 미국의 패권적 권력에 도전하거나, 미국이 주도하는 안보 양자주의를 변경시키고자 할 수 있기 때문에, 미국은 군사적으로 중국을 견제하기 위해서는 바퀴살 체계를 대중 전략의 주요한 도구로 활용할 수밖에 없었다(Zhao and Qi 2016). 한편에서 미국은 양자 동맹을 지역 안보를 위한 동맹으로 격상시키는 노력을 했다. 2013년 미국은 한국과 한미동맹 60주년 공동성명을 채택하고 한미동맹이 포괄적 전략동맹으

---

7   아시아 인프라 투자은행(AIIB)은 설립 초기 57개국의 회원국에서 현재 103개 회원국이 활동하는 세계적인 금융기구가 되었다. AIIB는 중국 베이징에 본부를 두고 있으며, 중국은 AIIB 지분의 30%를 차지하면서 운영을 주도하고 있다. 현재 AIIB 총재는 중국 재정부 차관 출신인 진리췬(金立群)이다.

로, 아태 지역의 평화와 안정의 핵심축(linchpin)이라고 규정했다. 미국은 호주와 2012년부터 미 해병대의 순환배치를 실시했고, 필리핀과는 2014년에 방위협력증진협정(EDCA)을 체결했다. 그리고 2015년 일본과 방위협력지침을 개정하고 역내 미군의 활동에 자위대가 지원을 할 수 있도록 제도를 정비했다. 나아가 인도와의 관계를 강화하고, 베트남과의 안보 협력도 진전시켰다.

미국은 이렇게 양자 안보관계를 통해 바퀴살 체계를 강화하면서, 이를 중층적인 안보네트워크로 변화시키고자 했다(Carter 2016). 예를 들어 미국은 일본과 호주의 안보관계를 준동맹 관계로 발전시키도록 환경을 조성해주면서, 2005년부터 시작한 삼자 전략대화(Trilateral Strategic Dialogue)를 지역 내 가장 중요한 소다자 협력관계로 격상시켰다(Satake 2011).[8] 미국은 한미동맹과 미일동맹을 협력적으로 연계하기 위해 한미일 정보공유약정(TISA)을 체결했고, 미국-인도 간 군사훈련인 말라바르(Malabar)에 일본이 참여하면서 미일인 군사적 협력 관계도 진전되었다. 이러한 안보협력은 북대서양조약기구(NATO)와 같은 환대서양 지역의 다자안보 형태로의 변환을 의미하는 게 아니었다. 오히려 양자적 차원에서 개별 국가의 고유한 역할은 유지하면서 형태가 고정되지 않은 소다자 협력을 통해 다수의 다양한 위협에 대응하는 노드 협력(nodal defense)으로 발전하고 있다는 견해도 있다(Simón, Lanoszka and Meijer 2021). 그러나 역내 국가들 간 이해관계의 상이함, 정치사회적 장애 등이 겹치면서 미국이 의도했던 만큼의 '원칙에 입각한

---

8   2014년 11월 미, 일, 호 정상은 G20 정상회담을 계기로 삼자 전략대화의 전략적 가치를 강조하고, 삼자 안보협력을 발전시켜나가는 데 의견을 일치했다.

안보 네트워크(principled security network)'로까지 바퀴살 체계가 발전하지 못하는 한계를 보였다.

3. 트럼피즘(Trumpism)과 지역 국가의 반응

한편에서 중국이 경제적·군사적 역량을 축적해서 패권적 권력을 추구하고, 다른 한편에서 미국이 규칙과 가치에 기반한 지역 질서를 계속하기 위해 새로운 전략을 제시하고, 바퀴살 체계를 변화시키려고 하는 상황은 지역 국가의 대외 정책에 영향에 미치고 있었다. 미중관계의 변화가 국제정치 동학에 근본적인 변화로 이어지게 된다는 배경에서, 지역 국가들이 고려해야 하는 핵심 논점은 미국이 유지해온 패권적 권력의 쇠퇴 여부로 집중되었다. 그리고 앞으로 미국의 패권적 권력이 절대적, 상대적으로 쇠퇴할지 여부는 중국 요인에 더해 트럼피즘이라는 미국 국내정치 요인에 크게 좌우되기 쉬워졌다.

오바마 행정부 이후 미국이 아시아 재균형 전략으로 아시아 동맹국의 전략적 가치를 재평가했지만, 중국의 경제적 영향력의 확대와 중국이 참여하는 다자주의의 확대를 막을 수는 없었다. 미국은 환태평양경제협정(Trans-Pacific Partnership)을 추진했지만 미일 양국의 경제협력이 주된 목적이었기 때문에 지역 경제협력에 있어 미국의 영향력보다는 중국이 포함되는 브릭스(BRICs)와 같은 신흥 강대국의 위상에 주목이 쏠릴 수밖에 없었다. 그리고 트럼프 대통령의 등장과 '트럼피즘'으로 대변되는 미국 우선주의 기조는 지역 국가를 '미지의 영역(uncharted territory)'에 들어서게 했다(Choong 2017). 펨펠(Pempel 2019)은 지역 및 다자간 제도적 공약을 폐기하거나 경시하겠다는 트럼프 대통령의 등장으로 미국은 동아시아 다자간 기구에서 미국의 존재감과 영향력을 급속하게 감소시킬 것이라고 지적했다. 실제로 미국은 TPP 탈퇴를 선언했고, 한국, 일본 등 동맹국에 안보 비용과 책임을 전가하고, 나아가 바퀴살 체계 같은 기존 제도의 역할을 부인하고 약화하는 행보를 보였다. 이는 지역 국가들에게 미국이 지역 안보질서를 계속하기 위해 얼마나 믿을 만큼의 노력을 지속할 것인지에 대한 의구심을 증폭시켰다(Samuels and Wallace 2018).

IV 지역 안보질서 변화 속에서 한일관계

1. 한일관계의 제약[9]

중국이 패권적 권력으로서 새로운 위상을 추구할 가능성이 높아지면서, 미국은 아시아 재균형 전략을 통해 지역 안보질서의 선도적 역할을 계속할 수 있도록 대중 정책을 변화시켜나가는 가운데 국제정치의 동학이 바뀌고 있다. 미국은 그러한 변화에 대응해 동아시아 지역에서 지속적으로 추구해온 바퀴살 체계에 중층적인 소다자협력을 추가하고 있다. 그러나 트럼프의 등장 이후 미국은 바퀴살 체계에 더 많은 책임을 분담하지 않을 것이라는 일방적인 자세

---

9   이에 대한 기술은 조은일(2021a)의 연구를 논문의 형식으로 대폭 수정해서 발전시킨 것이다.

를 보여주면서, 동맹국에게 비용에 따라서는 기존의 안보 공약도 철회할 수 있다는 식의 태도를 노출했다. 이러한 미중관계 및 미국의 입장 변화는 미국이 선도해온 지역 안보질서에 부정적인 효과를 가져올 수밖에 없으며, 특히 미국의 동맹국인 한국과 일본에게 현상 유지를 대체하는 정책대안을 모색하도록 할 가능성을 키웠다 (Heginbotham and Samuels 2021).

미중관계가 협력이 아닌 경쟁에 점차 방점을 두고 전개되면서 지역 안보질서의 변화 가능성은 한일 양국의 대외정책에 핵심적인 고려 요소가 되었다. 2008년 세계금융위기 이후 미국의 쇠퇴와 중국으로의 세력전이 가능성이 높아졌을 때 한국과 일본은 미국과 동맹협력을 진전시켜나가면서 미국이 주도하는 바퀴살 체계를 유지하고 있었다. 그리고 미국이 소다자 협력을 중층적으로 추진하면서 양자 협력 중심의 바퀴살 체계를 다자 형식으로 발전시켜 나가는 과정에서, 미국을 매개로 한 한미일 협력과 한일 양자 차원의 협력도 주요한 정책적 관심을 받게 되었다. 한일 양국은 동아시아의 권력지형이 변화하는 안보 환경에 처해 있으면서 대미관계와 대중관계를 고민해야 했다. 그러한 점에서 한일 간 안보협력 가능성은 자연스럽게 열려 있었다고 보인다.

그러나 지역 안보질서의 변화 속에서 반드시 한일관계가 협력적으로 발전한 것은 아니다(최희식 2013). 미국이 안보질서의 형식을 바퀴살 체계에서 네트워크 체계로 변화시키려는 의도를 보였지만, 바퀴살 체계의 핵심인 한일 양국은 상호가 협력하는 소다자 협력, 즉 네트워크로 발전할 가능성을 보이지 않은 것이다. 오히려 한일 양국은 대미 정책과 대중 정책에 있어 상이한 행태를 보이면서 갈등적인 측면을 드러냈다. 결과적으로 미중 경쟁은 한일 양국이 협력적 의제를 찾는 데 제약으로 기능했고, 향후 극복해야 할 과제를 남겼다.

미중관계에 따른 지역 안보질서의 변화가 한일 안보협력을 제약하게 된 두 가지 요인을 구분해서 볼 수 있다. 첫째, 미국과의 동맹관계에서 한일 양국은 각각의 위협인식을 강조했다. 이는 한미, 미일 협력에 있어 각각 위협인식이 비수렴되는 결과를 가져왔고, 구조적으로 한일 양자협력은 제한하게 되었다.

우선 일본은 동맹국인 미국과 협력관계를 강화하고자 했는데, 그 중점이 중국 문제에 대한 유사한 인식과 가치관의 공유에 있었다. 일본은 2009년 민주당 정부가 들어서면서 대미 의존적 정책 기조를 수정하고 미국과 대등한 동맹관계를 구축할 것을 주장했다(添谷芳秀 2019, 252). 그러나 2010년 센카쿠 열도를 둘러싸고 중국과 분쟁이 일어나면서 민주당의 대미 정책은 오키나와 문제로 지체되었던 동맹협력을 재활성화하는 방향으로 전환되었다. 그리고 2012년 12월 아베 신조 총재가 이끄는 자민당 정부가 들어서면서, 일본은 중국의 영향력을 견제하고 미국의 아시아 관여를 지원하는 전략외교를 추구하기 시작했다(鈴木美勝 2017).

센카쿠 열도 분쟁 이후 일본은 중국을 실재하는 위협으로 인식했다. 그리고 중국의 경제적·군사적 역량이 비축되면서 미일 간 동맹협력은 중국에 집중되었다. 일본 아베 정부는 2013년 12월 처음 발간한 국가안보전략서(国家安全保障戦略)를 통해 '중국의 급속한 부상과 여러 안보 영역에 대한 적극적인 진출'에 대한 우려를 드러냈다. 중국이 동중국해와 남중국해에서 국제질서에 수용되지 않는 자국의 주장을 강조하면서 힘에 의한 현상변경 행태를 보이고 있다고 제시했다. 이와 같은 인식은 국가안보전략서 발간 전인 5월 미일 안보협력위원회(2+2 회의)에서 미일 방위협력지침을 개정하겠다고 밝힌 것과 유사한 맥락에서 이해할 수 있다. 다시 말해 미국이 아태지역으로 중심축을 이동시키면서 동맹국과의 협력을 강화하고자 했다면, 일본은 중국의 공세적 행동에 적극적으로 대응하기 위해 미국과의 협력이 필요했다. 이러한 배경에서 일본은 국가안보의 기축으로 미일동맹을 위치시켰고, 미국의 아태전략에 따른 지역 동맹 네트워크에 일본의 핵심적인 역할을 강조했다. 한편 중국은 미국 주도의 안보질서에 대한 비판을 강화하면서 미일 양국이 지역 안정과 평화의 기초로 동맹관계를 규정하는 데 회의론을 제기했다(Liff 2018, 114).

2015년 4월 미일 양국은 방위협력지침 개정을 발표했다. 평시의 범위에 회색지대(grayzone) 분쟁을 포함시키고, 중국의 센카쿠 열도 영해 침해나 동중국해에서 서태평양으로 진출하는 중국의 해공역 활동 등에 대한 미일 협력 범위를 설정했다. 또한, 평시부터 준유사시까지 미일 양국 간 협의가 가능하도록 '동맹조정 메커니즘(Alliance Coordination Mechanism)'을 설치했다. 2015 방위협력지침은 새롭게 입법된 평화안전법제(平和安全法制)를 반영하여 존립위기사태와 중요영향사태에서 일본 자위대가 주도적으로 역할을 하고 미군이 이를 지원하도록 하는 군사협력을 지향했다.[10]

---

10 2014년 5월 아베 정부는 국회에 평화안전법제 관련 법안을 제출했고, 9월 법안이 성립했다. 평화안전법제는 자위대법 등 10가지 평화안전법제 정비법을 일부 개정하고, 국제평화지원법을 신설한 총 11개의 법안을 일컫는다. 중요영향사태는 그

미일 양국은 국가안보전략을 상호 연계해 방위협력지침에 기반한 동맹협력이 대중전략의 동조화로 이어지도록 했으며, 이는 결과적으로 일본의 안보 역할을 확대하는 것이었다.(남창희 2014; 김성철 2015).

한편 한국은 일본과 유사하게 미국과 동맹협력을 강화하고, 동맹 중심의 안보정책을 중시했다. 북한이 2006년 10월 처음으로 핵실험을 실시한 이후 핵 위협의 수준이 점차 높아졌다. 또한, 천안함 피격, 연평도 포격 등 재래식 도발로 제한적인 교전이 일어나면서 북한의 재래식 위협에 대한 경계심도 커졌다. 이에 따라 한미 간 동맹협력은 북한 위협의 억제와 한반도 안정에 집중되었다. 이명박 정부와 박근혜 정부는 한미동맹이 군사안보 차원을 넘어 정치, 경제, 사회, 문화 등 전 분야로 확대될 필요가 있다고 강조하면서 포괄적 전략동맹을 추구했다. 이 시기에 개최된 한미안보협의회의 공동성명에는 공통적으로 한미 양국은 "21세기 지역 및 범세계적 안보를 위한 협력을 증진하는 등 동맹협력의 범위와 수준이 지속적으로 확대·심화되어야 한다는 공동의 인식을 재확인하였다"라고 기술되어 있다.[11]

그러나 이러한 의도와는 별개로 북한은 계속해서 핵실험을 실시하며 핵능력을 강화하고, 다양한 사거리의 미사일 시험발사를

대로 방치하면 일본에 대한 공격으로 연결될 우려가 있는 상황이며, 존립위기사태는 일본이 직접적인 무력공격을 받지 않더라도 동맹국에 대한 무력공격이 발생되는 상황이다. 이러한 두 가지 상황은 유사와는 다른 준유사 성격의 상황이며, 일본은 집단적 자위권의 해석을 변경하고 평화안전법제 정비법을 일부 개정하여 유연하고 효과적으로 미일 공동 대응이 가능하도록 했다.

11 2009년 '한미동맹을 위한 공동비전'에서 합의되고 2010년 제42차 SCM에서 합의한 '한미 국방협력지침' 이후 지속적으로 반영되는 내용이다.

실시하면서 그 위협의 강도를 점진적으로 높여나갔다. 탈냉전 이후 두 차례의 북핵 위기를 겪고 북한의 핵·재래식 도발이 반복되는 과정에서 한국은 미국과의 군사협력을 통해 한반도의 군사적 긴장을 낮추면서 한반도에서 전쟁의 재발을 억제하는 게 최우선적인 안보 정책의 과제가 되었다.

그러한 배경에서 이명박 정부는 미국과의 안보협력에 더해 미국을 매개로 한 한미일 안보협력도 증진시키고자 했다. 한미일 안보협력의 핵심은 군사 정보를 공유하는 협정, 즉 한일 군사정보공유협정(General Statement Of Military Information Agreement, 이하 지소미아) 체결 여부에 달려 있었다. 이명박 정부는 국내 진보세력의 반발, 비판적 여론의 고조에도 불구하고 지소미아 체결을 추진했지만 결국 실패하고 말았다. 대신, 미국을 매개로 한미일 삼국이 정보를 공유하는 삼자 정보공유 약정(TISA)을 체결하기에 이르렀다. 이러한 우회적 방안으로 한일관계의 갈등을 막고, 느슨한 형태의 안보협력을 제도화했다. 2016년 북한이 네 번째 핵실험을 실시하자, 미국은 한미일 공조를 통한 대북 정책 추진을 내세우면서 한일 안보관계의 회복이 필요하다는 입장을 보였다. 오바마 대통령은 2016년 3월 한미일 정상회의에서 "3자 협력이 강화돼야 동북아의 평화와 안정을 유지할 수 있고 북한의 핵확산과 핵 위협을 억제할 수 있다"고 지적했다. 같은 해 9월 ASEAN 정상회의에서 한일 정상은 지소미아 체결을 논의했고, 11월 지소미아가 체결되기에 이르렀다(조은일 2021b).

한일 지소미아 체결을 둘러싼 일련의 과정은 미국이 주도하는 지역 안보질서를 바퀴살 체계에서 네트워크 체계로 변환시키기 위한 바퀴살 국가들 간의 협력 사례로 볼 수 있다. 당시 미국은 한일 양국이 갈등을 빚고 있는 것을 알면서도 미국과의 동맹국으로서의 전략적 역할을 수행하도록 한일관계를 매개했기 때문이다. 이러한 상황에 변화를 가져온 것은 다름 아닌 트럼프 미국 대통령의 등장 이었다.

트럼프 행정부는 국내 경제 회복을 위해 미국 우선주의를 내세우면서도, 대외적으로 인도-태평양 전략(Indo-Pacific Strategy)을 제안하여 아태 지역을 대체하는 새로운 전략 공간으로 인태 지역의 의미를 강조했다. 2019년 6월 미 국방부가 '인도태평양 전략 보고서(Indo-Pacific Strategic Report)'를, 9월 국무부가 '자유롭고 열린 인도태평양을 향해(A Free and Open Indo-Pacific)'라는 보고서를 차례로 발간했다(U.S. Department of Defense 2019; U.S. Department of State 2019). 이를 통해 미국은 동맹에 대한 책임 분담을 강조하면서도, 미국 주도의 안보질서를 계속하기 위해 지역 네트워크화를 추진하겠다는 목표를 설명했다. 이러한 미국의 인도-태평양 전략은 사실 일본에 의해 제안되고, 미국의 공식 전략서에 반영되면서 그 중요성을 드러내기 시작했다.[12] 따라서 미국이 인도-태평양 전략 하에 안보질서 내 바퀴살 국가들 간의 협력을 중층화하고 지역 네트워크 형태로 발전시키고자 한 배경에는 미일 간 전략적 이해관계의 수렴이 있었다.

---

12 2017년 11월 트럼프 대통령이 방일하여 개최한 미일 정상회담에서 '인도-태평양'이라는 지역 개념이 사용되었고, 이후 동아시아 순방에 오른 트럼프 대통령은 공식 석상에서 '자유롭고 열린 인도-태평양'을 수차례 언급했다. 그리고 같은 해 12월 발간된 국가안보전략서에 아시아태평양을 대체한 인도-태평양 개념이 처음으로 공식 전략서에 사용되었다.

미국의 인도-태평양 전략은 대중국 균형이라는 현실주의 요소와 규칙기반 질서(rule-based order) 유지라는 자유주의 요소가 결합된 형태였다. 그러한 인도-태평양 전략을 실행할 수 있는 안보협력의 틀이 기존의 바퀴살 체계였다. 미국은 이러한 양자적 질서를 확대해서 미일이 중심이 돼서 한국, 호주, 인도와의 3자 및 4자 협력을 진전시키고자 했다.

여기에서 두 번째 한일 안보협력의 제약 요인이 드러나게 되었다. 중국 문제였다. 일본은 중국과의 센카쿠 열도 분쟁 이후 동중국해 지역에 대한 중국의 군사적 영향력을 상쇄시킬 수 있는 방향으로 동맹협력을 추진했다. 중일 영토분쟁은 2010년 9월 중국 어선이 센카쿠 열도 부근에서 조업을 하다가 이를 단속하던 일본 해상보안청의 순시선에 충돌한 사건에서 비롯했다. 2012년 일본은 센카쿠 열도를 국유화했고, 중국은 대일본 무역 보복 조치를 취했다. 그리고 2013년 11월 중국은 동중국해 상공에 방공식별구역(ADIZ)을 설정했다. 이러한 일련의 사건으로 중일 양국은 상호 적대적인 국가주의를 강화했고, 일본은 센카쿠 문제를 주권의 방어로 치환하면서 안보전략의 방향성을 재고하게 되었다(Smith 2014). 이처럼 일본은 중국의 부상과 그에 따른 국제정치의 세력균형 변화 속에서 중국 문제를 국가안보의 직접적이고 구체적인 도전으로 받아들이게 되었다.

한편 한국은 고고도 미사일 방어체계(THAAD, 이하 사드) 배치를 둘러싸고 중국과 갈등이 증폭되었지만, 북한 문제 해결을 위해 중국의 역할을 기대하는 태도를 보였다.[13] 북한 미사일 위협이 고조되면서 한미 간 미사일방어 협력이 논의되었고, 미국은 주한미군 기지에 미사일 전력을 배치하기로 결정했다. 2016년 1월 북한의 4차 핵실험 이후 박근혜 대통령은 사드 배치는 안보 및 국익에 따라 검토한다고 언급했는데, 이에 중국은 외교부를 통해 강도 높게 불만을 제기했다. 같은 해 7월 사드 배치가 공식 발표된 후 중국은 수출 및 관광 분야를 포함한 폭넓은 대한 경제 보복 조치를 시행했다. 사드 배치가 중국의 미사일 정보를 탐지하기 위한, 즉 중국을 억제하기 위한 미국의 노력이기 때문에 한국이 주장하는 대로 사드 배치가 북한 미사일 위협에 대한 방어라고만 생각할 수 없다는 견해도 있다(왕샤오커 2017). 이러한 배경에서 한중 사드 배치를 둘러싼 갈등은 고조되었다.

문재인 정부에서도 사드 배치는 예정대로 추진되면서 중국과의 관계 개선을 모색했다. 2017년 9월 북한이 핵실험과 ICBM 시험발사를 하고, 미국이 최대 압박의 군사적 대응을 시사하면서 한반도에서의 군사적 긴장은 최고조가 되었다. 문재인 정부는 북한 핵 문제를 해결하고 비핵화 협상을 진행하기 위해서 외교적 수단에 집중했다. 이는 지역 안보질서의 변화를 추동하는 미중 경쟁이 이루어지는 속에서도 한국이 한미동맹의 성격을 한반도 내로 설정하고, 한반도에서의 위협을 억제하는 데 안보전략을 제한하도록 하는 결과로 이어졌다.

13 사드는 자국 영토를 향해 날아오는 적의 탄도미사일을 미사일 방어의 종말단계에서 요격하는 무기체계이다. 한국 정부는 사드를 배치하게 되면 그보다 낮은 고도에서 탄도미사일을 요격하는 패트리어트 미사일과 함께 다층 방어가 가능한 체계를 갖출 수 있다고 설명했다. 국방부는 사드 배치를 통해 "북한의 핵과 미사일 위협으로부터 대한민국 전체의 1/2~2/3 범위에 사는 우리 국민의 안전을 더 굳건히 지킬 수 있다"라고 언급했다(대한민국 정책브리핑, "사드 배치 왜 필요할까?," 2016/7/14).

이렇듯 미중관계의 변화에 따른 한일관계의 제약은 크게 두 가지로 정리해볼 수 있다. 첫째, 미국과의 협력과 관련해서 한일 양국이 가진 상이한 기대가 한일 양자 차원의 협력에 장애가 되는 요인이 되었다. 일본은 '자유롭고 열린 인도-태평양' 지역전략을 구체화하면서 중국의 영향력을 견제할 수 있도록 미일 안보협력을 강화했다면, 한국은 북한의 핵능력이 고도화되는 안보 환경에서 한미동맹의 억제력을 유지하면서 안보 역량을 한반도에 집중시켰다. 둘째, 중국에 대한 다른 시각도 양국의 협력을 저해하고 있다. 일본은 센카쿠 열도에 대한 영유권 문제로 중국과 직접적으로 대결하면서 지역 안보질서에서 미국의 패권적 권력을 유지하고자 했다면, 한국은 사드 배치에 따른 중국과 안보 갈등은 존재하지만 한반도 안정을 유지하기 위한 중국의 건설적인 역할과 관여가 필요하다고 본다. 이러한 시각 차이는 미중 경쟁에 따른 지역 안보질서의 변화 속에서 한일 양국 협력이 아닌 미국을 매개로 하는 소다자 협력이 추동되었을 때 부정적인 영향을 미칠 수밖에 없다.

2. 한일관계의 과제

바이든 행정부는 미국의 패권적 능력이 쇠퇴하고 있다는 회의론을 불식하면서, 미국 중심의 바퀴살 체계에 기반한 지역 안보질서를 유지해야 하는 도전에 직면하면서 등장했다. 오바마 행정부 시기 미국의 아시아 재균형 전략을 설계했던 커트 캠벨이 바이든 정부에서 국가안보회의 인도태평양 조정관(Coordinator for Indo-Pacific Affairs)을 담당하게 된 것도 우연은 아니라고 할 수 있다. 캠벨 조정관은 제이크 설리반(Jake Sullivan) 국가안보보좌관과 2019년 『포린 어페어스(*Foreign Affairs*)』에 기고한 에세이를 통해서 "미국은 경쟁자인 중국과 장기간에 걸친 공존을 위해 인도–태평양 지역에서 지속가능한 억제가 중요하다"라고 설명했다(Campbell and Sullivan 2019). 그러면서 트럼프 시기 동맹정책이 지나치게 비용을 강조하면서 중국이 패권적 권력을 획득할 수 있는 '균형을 잃은 (out of balance)' 질서를 만들었다고 비판했다. 그렇기 때문에 미국의 이해와 가치에 부합하는 방향으로 인도–태평양의 균형 복원을 추구하면서, "같은 생각을 가진 동맹들을 대규모 연대나 함대로 꾸려서 중국과 경쟁하고 맞서자"고 할 것임을 강조했다.[14]

이러한 미국의 재관여는 미국의 패권적 지위를 유지하면서 바퀴살 체계를 계속하는 지역 안보질서가 당분간 지속될 것임을 의미한다. 그렇기 때문에 미국은 중국과의 경쟁을 위해 미국 주도의 바퀴살 체계를 네트워크 체계로 전환시키면서, 동맹 간 연계도 강조할 것이다. 이러한 미국의 의지를 실현시키기 위한 동맹국의 동참과 협력은 필요할 수밖에 없다. 하지만 한일 양국이 안보전략의 접점을 모색하기 어려운 상황에서 미중관계의 성격을 어떻게 규정할지에 대한 양국의 전략과 정책의 차이는 복잡하고 유동적이다.

구조적 변화에 따른 한일 협력의 제약은 피하기 어렵지만, 지정학적, 전략적 연계를 감안하면 한국과 일본이 안보협력을 추동할 수 있는 조건이 없는 것은 아니다. 한국의 윤석열 정부와 일본의 기시다 정부 모두 지역 안보질서와 미국의 패권적 권력 유지에

---

14 캠벨은 2021년 1월 미국 싱크탱크 애틀란틱 카운슬(Atlantic Council)과 한국국제교류재단(KF)의 화상 포럼에서 기조연설을 통해 이와 같이 언급했다.

긍정적인 인식을 갖고 있는 만큼 미국을 매개로 한 한일관계 개선에 대해서도 유연한 자세를 취하고 있다. 그러나 한일 양국 모두정치, 경제, 역사 등 여러 의제에 있어 국내정치에 영향을 받는 양면 게임(two-level games)이 빈번하게 벌어지고 있는 만큼, 미국의매개적 역할에도 불구하고 한일 양국이 왜 협력 기제를 강화할 필요가 있는지에 대한 설명이 필요하다. 더구나 중국과의 경제를 완전하게 디커플링하기 어려운 상황에서 미국과 중국 간 경쟁이 심화되더라도 한일 양국이 개별적으로 중국을 상대하기는 대내외적으로 부담이 크다. 일본이 대중 균형 전략을 추구하고, 한국이 대중 편승 전략을 추구한다는 인식과는 다르게 한일 양국의 중국 정책은 상호 전략적으로 조정할 수 있다(Easley 2022). 지역 안보질서의 변화는 한미일 안보협력의 중요성을 강조하지만, 한일관계의개선이 병행되지 않는 한미일 안보협력은 지속가능하지 못할 가능성이 크다.

V 결론

본 연구는 미중 경쟁에 의한 지역 안보질서의 변화가 한일관계에어떠한 영향을 미쳤는지를 검토하는 시론적 성격의 분석을 시도했다. 미국 패권의 쇠퇴가 가지는 지정학적 함의는 동아시아 지역 안보질서의 변화에서 중요하게 다뤄질 필요가 있다. 그렇기 때문에중국의 경제적, 군사적 부상만큼이나 미국의 대아시아 전략과 패권 변화에 대한 지역 국가의 인식이 중요하다. 동아시아 지역 안보질서는 냉전기 이후 미국이 주도해온 양자 안보주의에 기반한 바퀴살 체계가 공고하게 제도화되었다. 그 바탕에 미국은 네트워크 형태의 여러 소다자주의를 추가하면서 안보질서에 영향을 미치고 있다. 한편 중국은 커지는 영향력을 반영할 수 있도록 지역 국가의 대외정책에 영향을 미치고는 있지만 미국이 중심축으로 운영되는 지역 안보질서를 직접적으로 변화시키려는 시도를 하고 있지는 않다. 오히려 미국이 양자적 질서를 소다자 혹은 다자 질서로 확대하는 과정에서 제기되는 다양한 한계와 도전에 의구심을 제기하면서, 경제 규모, 군사력의 크기, 국제정치적 영향력 등을 높여나가는 노력을 계속하고 있다. 그러한 미중관계에 대한 학술적, 정책적 관심은 높았지만, 상대적으로 미중관계의 변화에 직간접적으로 영향을 받는 한일관계에 대한 관심은 상대적으로 미흡했다. 본 연구는 그러한 학술적 공백을 메우기 위한 시도였다.

미중 경쟁이 국제정치의 미래에 미칠 영향은 클 것이다. 동시에 중요한 것은 미중 경쟁의 지역적 맥락과 함의이다. 동아시아 안보질서는 미국을 중심으로 한미동맹과 미일동맹이 때로는 병렬적으로, 때로는 연계되어 작동되어 왔다. 2010년 이후 미일동맹은 대중 위협인식을 공통분모로 강화된 반면, 한미동맹은 북한 문제에 대한 국내 보수-진보 정치 논쟁이 전략적 선택과 정책방향에 영향을 주었다는 점에서 차이가 드러났다. 그 과정에서 한일관계는 제약을 받으며 안보전략의 차이점을 드러내는 방향으로 전개되었다. 이렇게 한일관계가 협력적인 방향이 아닌 갈등적인 방향으로 진행되게 되면 지역 안보질서도 부정적인 영향을 받을 수밖에 없게 된다. 미중 경쟁이 심화되고 그 경쟁의 범위가 확대될수록 한일 양국은 미국이 주도한 기존 안보질서에 협력할지, 중국에 의해 시도될 새로운 안보질서에 동참할지 결정해야 할 압박을 점차 강하게 받게 될 수 있다. 이러한 미중 경쟁을 넘어서는 지역 안보질서를 추동하고 발전시켜 나가기 위해서 한일관계를 협력적으로 진전시켜 나가는 게 중요할 수 있다.

참고문헌

김상준. 2013. "지역과 헤게모니: 미국 헤게모니의 쇠락과 일본의 지역주의 전략 변화를 중심으로."『국제정치논총』53(1).

김성철. 2015.『미일동맹의 강화와 미일방위협력지침의 개정』. 성남: 세종연구소.

김치욱. 2013. "경제위기와 미국 패권의 국내적 기초 변화."『국제정치논총』53(1).

김한권. 2018. "중국 신형국제관계의 본질과 함의."『정책연구시리즈』2018-15. 국립외교원 외교안보연구소.

남창희. 2014. "일본의 해석개헌, 위협인가 자산인가?"『국제정치논총』54(1): 297-329.

신욱희. 2016.『삼각관계의 국제정치: 중국, 일본과 한반도』. 서울: 서울대학교출판부.

_____. 2021. "동아시아 지역질서연구 시론: 보편/특수에서 전체/부분의 관점으로."『국제정치논총』61(4).

왕샤오커. 2017. "사드 문제와 한중관계의 구조적 문제점."『북한학연구』13(2): 137-163.

전성흥. 2013. "조영남 저, 중국의 꿈: 시진핑 리더십과 중국의 미래(서울: 민음사, 2013)."『아시아리뷰』3(2): 223-230.

전재성. 2017. "미국 국방예산 추이와 안보전략." 하영선 편.『미중의 아태질서 건축경쟁』. 서울: 동아시아연구원.

조은일. 2021a. "한일 안보전략의 비동조화와 한미일 협력의 재구축." 최희식 외.『한반도 평화에 대한 일본의 대한국 협력 방안』. 서울: 통일연구원.

_____. 2021b. "미중 전략경쟁시대의 한일 안보관계."『국제지역연구』30(2).

홍건식. 2018. "시진핑의 중국몽과 정체성 정치."『국제정치논총』58(1).

최희식. 2013. "동북아 국제질서의 변동과 한일관계의 새로운 전개."『일본연구논총』37: 5-36.

Acharya, Amitav. 2014. "Power Shift or paradigm shift? China's rise and Asia's emerging security order." *International Studies Quarterly* 58(1): 158-173.

Alagappa, Muthiah ed. 2003. *Asian Security Order: Instumental and Normative Features*. Stanford University Press.

Campbell, Kurt. 2016. *The Pivot: The Future of American Statecraft in Asia*. Twelve.

Campbell, Kurt and Jake Sullivan. 2019. "Competition Without Catastrophe: How America Can both Challenge and Coexist with China." *Foreign Affairs* 98(5): 96-110.

Carter, Ash. 2016. "The Rebalance and Asia-Pacific Security: Building a Principled Security Network." *Foreign Affairs* 95(6): 65-75.

Cha, Victor. 2011. "Complex Patchworks: U.S. Alliances as Part of Asia's

Regional Architecture." *Asia Policy* 11: 27-50.

Choong, William. 2017. "Trump and the Asia-Pacific: Managing Contradictions." *Survival* 59(1): 181-187.

Easley, Lief-Eric. 2022. "Stabilizing Japan-Korea relations: Restraining nationalism, appraising Beijing, reassuring Washington." *The Pacific Review*, ahead-of-print. DOI: 10.1080/09512748.2022.2090594

Gilpin, Robert. 1983. *War and Change in World Politics Revised ed.* Cambridge University Press.

Goh, Evelyn. 2019. "Contesting Hegemonic Order: China in East Asia." *Security Studies* 28(3): 614-644.

He, Kai. 2018. "Role conceptions, order transition and institutional balancing in the Asia-Pacific: A new theoretical framework." *Australian Journal of International Affairs* 72(2): 92-109.

He, Kai and Huiyun Feng. 2008. "If Not Soft Balancing, Then What? Reconsidering Soft Balancing and U.S. Policy Toward China." *Security Studies* 17(2): 363-395.

Heginbotham, Eric and Riachard J. Samuels. 2021. "Vulnerable US Alliances in Northeast Asia: The Nuclear Implications." *The Washington Quarterly* 44(1): 157-175.

Hemmer, Christopher and Peter J. Katzenstein. 2002. "Why is there no NATO in Asia? Collective identity, regionalism and the origins of multilateralism." *International Organization* 56(3): 575-607.

Ikenberry, G. John. 2011. "The Future of the Liberal World Order: Internationalism After America." *Foreign Affairs* 90(3): 56-68.

Izumikawa, Yasuhiro. 2020. "Network Connections and the Emergence of the Hub-and-Spokes Alliance System in East Asia." *International Security* 45(2): 7-50.

Jahn, Beate. 2018. "Liberal internationalism: Historical trajectory and current prospects." *International Affairs* 94(1): 43-61.

Kang, David. 2017. *American Grand Strategy and East Asian Security in the Twenty-First Century*. Cambridge University Press.

Liff, Adam. 2018. "China and the US Alliance System." *The China Quarterly* 233: 137-165.

Mahbubani, Kishore. 2009. *The New Asian Hemisphere: The Irresistible Shift of Global Power to the East*. Public Affairs.

Nye Jr., Joseph. 2015. *Is the American Century Over*. Polity.

Nymalm, Nicola. 2020. *From Japan problem to China threat: Rising powers in US economic discourse*. Palgrave.

Pempel, T.J. 2019. "Regional decoupling: the Asia-Pacific minus the USA?" *The*

Pacific Review 32(2): 256–265.

Samuels, Richard J. and Corey Wallace. 2018. "Introduction: Japan's pivot in Asia." *International Affairs* 94(4): 703–710.

Satake, Tomohiko. 2011. "The origin of trilateralism? The US–Japan–Australia security relations in the 1990s." *International Relations of the Asia-Pacific* 11(1): 87–114.

Schweller, Randall L. and Xiaoyu Pu. 2011. "After Unipolarity: China's Visions of International Order in an Era of U.S. Decline." *International Security* 36(1): 41–72.

Simón, Luis, Alexander Lanoszka and Hugo Meijer. 2021. "Nodal defence: the changing structure of U.S. alliance systems in Europe and East Asia." *Journal of Strategic Studies* 44(3): 360–388.

Smith, Sheila A. 2014. *Intimate Rivals: Japanese Domestic Politics and a Rising China*. Columbia University Press.

The White House. 2010. National Security Strategy. Available from the White House President Barack Obama archive, https://obamawhitehouse. archives.gov

_____. 2015. The 2015 National Security Strategy. Available from the White House President Barack Obama archive, https://obamawhitehouse. archives.gov

U.S. Department of Defense. 2019. Indo-Pacific Strategy Report: Preparedness, Partnership, and Promoting a Networked Region. Available from DOD web page, https://www.defense.gov

U.S. Department of State. 2019. A Free and Open Indo-Pacific: Advancing a Shared Vision. Available from Department of State web page, https:// www.state.gov

Wirth, Christian and Nicole Jenne. 2022. "Filling the void: The Asia-Pacific problem of order and emerging Indo-Pacific regional multilateralism." *Contemporary Security Policy* 43(2): 213–242.

Wong, Audrye. 2015. "Comparing Japanese and South Korean Strategies toward China and the United States: All Politics is Local." *Asian Surve* 55(6): 1241–1269.

Zakaria, Fareed. 2008. *The Post-American World*. W.W. Norton & Company.

Zhao, Suisheng and Xiong Qi. 2016. "Hedging and Geostrategic Balance of East Asian Countries toward China." *Journal of Contemporary China* 25(100): 485–499.

鈴木美勝. 2017. 『日本の戦略外交』. ちくま新書.

添谷芳秀. 2019. 『入門講義 戦後日本外交史』. 慶應義塾大学出版会.

필자 소개

조은일 Cho, Eunil

한국국방연구원 선임연구원
일본 와세다대학 정치경제학부 정치학과 졸업, 연세대학교 정치학 박사

논저 "The Impact of the Nuclear Non-proliferation Regime on Japan's nun-nuclear policy, 1965-1976", "아베 시기 일본의 '자유롭고 열린 인도-태평양' 지역전략"

이메일 eunilcho@gmail.com

제3장

글로벌 무역구조와 한일 무역관계의 진화

Changes in the Global Trade Structure and the Evolution of Korea-Japan Trade Relations

이창민 | 한국외국어대학교 융합일본지역학부

* 이 글은 이창민(2021c) 및 조유진·이창민(2022)의 내용을 가필 수정한 것임.

1965년

한일 국교정상화 이후 양국 간 첨예한 대립과 갈등이 계속되는 가운데 경제협력만큼은 투 트랙이라는 명시적 또는 암묵적인 이해 아래 중단 없이 이어져 왔다. 일본의 자금협력을 기반으로 한국이 본격적인 수출주도 공업화를 시작하면서 수직적 분업관계에 기초한 만성적인 대일 무역적자 구조가 탄생하였다. 그런데 2010년대에 들어서면서 오랫동안 견고했던 이러한 구조에 균열이 생기고, 한일 간 직접 교역 규모도 감소하기 시작했다. 이는 양국의 경제력 차이가 줄어들면서 두 나라를 포함한 GVC가 재편된 결과였다. 그러나 글로벌 무역구조의 변동이 한일 무역관계의 변화를 촉진한 결과, 한일 간 직접 교역 규모는 감소하였지만 양국은 GVC 속에서 이전보다 더욱 강하게 연결될 수 있었다. 전기·전자 산업 무역 네트워크의 중심성 순위를 보면 한일 양국을 모두 포함하는 GVC의 영향력은 오히려 강해졌고 이러한 특징은 GVC의 중심이 중국에서 ASEAN으로 이동하면서 더욱 뚜렷해졌다.

Since the establishment of diplomatic relations between Japan and Korea in 1965, economic cooperation has continued without interruption with the explicit or implicit understanding that two countries followed two-track approaches. With Japan's financial cooperation, Korea began to export-led industrialization and as a result, Korea's trade deficit with Japan has widened. However, this solid structure began to shake in the 2010s and the volume of direct trade between Korea and Japan began to decrease. This is because the economic gap between the two countries has narrowed and global value chain has reorganized. However, the two countries were able to connect stronger than before in the GVC. Looking at the ranking of the centrality of the electrical and electronic industry trade network, as the center of GVC has shifted from China to ASEAN, the influence of GVC including both countries has became stronger and more pronounced.

KEYWORDS 경제협력 Economic Cooperation, 투 트랙 Two-Track, 글로벌 밸류 체인 Global Value Chain, 무역 네트워크 Trade Network, 부가가치 Trade in Value Added

I 서론

한국과 일본은 1965년 국교정상화 이후 발생한 다양한 한일 갈등 이슈 속에서도 기본적으로 경제적 이슈에 관해서는 투 트랙 접근이라는 양국 정부의 명시적·암묵적인 동의가 있었다. 1990년대에 일본군 '위안부' 문제를 비롯한 역사 갈등이 본격적으로 대두되고 이후 독도, 역사 교과서, 야스쿠니 신사 참배 문제 등 갈등의 전선이 확대되는 속에서도 한일 정부, 기업, 경제인 간의 교류와 협력은 중단 없이 지속되어 왔다. 그런데 2012년 8월 이명박 대통령의 독도 방문을 계기로 한일 FTA 협상이 중단되고, 원-엔 통화스와프의 연장이 거절되면서 투 트랙 접근이라는 원칙이 조금씩 흔들리기 시작했다.

그러던 중 2018년에는 한일관계에 있어서 부정적인 의미로 큰 획을 긋는 사건이 연이어 벌어졌다. 한국 정부가 위안부 합의에 따라 설치된 화해치유재단의 해산을 결정했고, 한국 대법원이 일본 기업을 상대로 한 민사소송에서 강제징용 피해자들의 손을 들어주면서 일본 정부가 강력하게 반발하였다. 급기야 2019년 7월 1일 일본 정부는 대법원 판결에 대한 보복적인 성격이 짙은 수출규제조치를 발표하였다. 한국 정부도 이에 맞서 한일 군사정보보호협정(GSOMIA) 파기 카드를 꺼내 들면서 역사 갈등에서 시작된 불이 경제 갈등으로 옮겨붙고 또다시 안보 갈등으로 확산될 위기에 처했다. 국교정상화 이후 55년 가까이 유지되어 온 투 트랙 접근이 완전히 그 기능을 상실하는 순간이었다.

한편, 같은 시기에 글로벌 무역구조에서도 커다란 변화가 감지되었다. 2018년 7월 6일 미국은 340억 달러 규모의 중국 수입품 818종에 25%의 관세를 부과하였는데, 중국도 이에 대한 보복 조치로 중국으로 수입되는 미국산 농산품, 자동차, 수산물 등에 미국과 동일한 340억 달러 규모의 25% 보복관세를 부과하였다. 양국 간 본격적인 무역전쟁이 시작된 것이다. 2001년 중국이 WTO에 가입하면서 기존의 'GATT 체제하의 상품무역 시대'가 막을 내리고 'WTO 체제하의 글로벌 밸류 체인(Global Value Chain, 이하 GVC)무역 시대'가 시작되었는데, (중국이 최종재의 생산 및 수출 거점으로 자리매김할 수 있었던) 이러한 중국 중심의 GVC 무역구조가 2018년 이후 커다란 변곡점을 맞이하게 된 것이다. 거기에 더해 우연히도 같은 시기에 코로나19가 전 세계로 확산되고, 2022년 2월에는 러시아가 우크라이나를 침공하면서 글로벌 공급망의 단절은 각국에서 매우 현실적인 과제로 인식되었고, 경제 안보는 가장 뜨거운 글로벌 화두가 되었다.

흥미로운 것은 'WTO 체제하의 GVC 무역 시대'가 최전성기를 구가한 2010년대(2018년까지)에 들어서, 한일 간의 직접 교역 규모는 오히려 감소하기 시작했다는 것이다. 〈그림 3-1〉에서 보는 바와 같이, 대일 수출과 대일 수입은 2011년을 정점(대일 수출 397억 달러, 대일 수입 683억 달러)으로 감소세로 돌아섰고, 무역수지 적자 규모도 2010년을 정점(361억 달러)으로 감소세로 돌아섰다. 특히 아베노믹스에 의한 엔저 기조가 명확해진 2013년 이후에도 대일 수입액이 감소하고 있다는 사실은 주목할 만하다. 일본산 소재, 부품, 장비에 의존하고 있는 한국의 산업구조를 고려하면, 한국 기업에 있어 수입 비용의 절약을 의미하는 엔저 상황에서도 대일 수

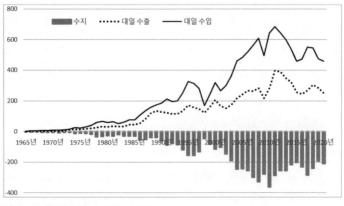

그림 3-1. 대일 무역구조 (단위: 억 달러)

자료: 한국무역협회 「무역통계」에서 작성.

입이 늘지 않았다는 것은 상식적으로도 이해할 수 없기 때문이다. 한일 직접 교역 규모의 감소를 가져온 원인은 무엇일까? 또 이러한 변화는 한일 경제 관계의 축소를 의미하는 것일까?

본 장에서는 글로벌 무역구조의 변동이 한일 무역관계의 변화를 촉진했다는 점에 주목하면서, 이러한 구조적 변화를 가져온 원인에 대해 추론해 본다. 일각에서는 〈그림 3-1〉을 근거로 대일 직접 교역 규모의 감소가, 한일 경제관계가 축소균형으로 수렴하고 있는 증거라고 주장한다. 하지만, 이는 한일 무역관계를 글로벌 무역구조의 부분집합으로서 바라보는 것이 아니라, 독립된 양자관계로만 바라보기 때문에 발생하는 일종의 오해이다. 본 장에서 제시하는 한일 무역관계의 진화에 대한 추론이 타당하다면, 이러한 구조적 변화는 한일 경제관계가 축소되는 것이 아니라 오히려 확대(내지는 결속이 강화)되는 방향으로 진화해 온 증거라는 결론에 도달할 수 있다.

II 한일 경제관계 45년(1965~2010)

1. 정부 중심의 자금·기술협력의 시대

1965년 6월 22일 한일기본조약의 체결로 제2차 세계대전 이후 단절되었던 한일 양국의 국교가 회복됨과 동시에 한국의 대일 수입과 일본의 대한 투자가 활성화되었다.[1] 특히 청구권협정을 통해 일본으로부터 받은 자금(무상원조 3억 달러, 유상 정부차관 2억 달러, 민간 상업차관 3억 달러)은 때마침 시작된 박정희 정권의 제2차 경제개발 5개년 계획(1967~71년)의 중요한 마중물로 활용되었다.[2] 무상원조는 자본재와 원자재를 합친 광공업 부문에 절반 이상(54.8%) 사용되었으며,[3] 유상 정부차관은 광공업(56.9%)과 사회간접자본 건설(41.9%)이라는 두 부문에 거의 전액이 투입되었다. 유무상 자금 5억 달러 중에서 광공업에 대한 투자가 과반 이상

---

1   한일교섭이 한참 진행되고 있던 1960년대 초반 일본 경제는 임금상승으로 인한 고비용 문제에 직면해 있었다. 그즈음 일본 재계는 저비용으로 경공업 제품을 생산할 수 있고, 성장하고 있는 중화학공업 제품을 수출할 수 있는 시장으로 한국을 주목하고, 한일 국교정상화를 강력하게 요구했다

2   제2차 경제개발 5개년 계획의 소요자금 9,800억 원 중 국내 자금은 6,029억 원, 외자가 14억 2,100만 달러였는데, 이 중에서 약 6억 달러를 한일 국교정상화에 의한 자금으로 조달했다. 李佑光(2015, 83)..

3   무상자금의 경우 '기타' 청산계정이 15.3%를 차지하는데, 청산계정이란 1950년 6월의 '한일통상협정' 시에 맺어진 금융협정에 의해 시작된 것으로 한일 양국 간의 무역에 관한 일체의 거래를 일본은행에 설치된 달러 표시의 청산계정에 기록하고, 그 잔액에 대해서만 결제하도록 한 것이다. 1965년 한일협정 당시 한국 측은 4,572만 9,000달러의 부채를 안고 있었는데, 이 금액을 전액 무상자금을 이용해 상환하였다. 광공업 이외 분야로서 농림(12.2%), 수산(9%), 과학기술개발(6.7%), 사회간접자본 및 기타 서비스(2.0%) 등이 있었다. 조성원(2015, 96~97).

(55.6%)을 차지했는데, 대표적으로 포항종합제철(현 POSCO)의 공장 건설이 가장 규모가 큰 투자였다.[4] 또한 막대한 소요자금 때문에 민간자본이 맡기에는 부담이 큰 대형 프로젝트에도 청구권자금이 활용되었는데, 소양강 다목적댐, 철도시설, 경부고속도로 등의 사회간접자본이 청구권자금으로 건설되었다(조성원 2015, 97-98).

총 8억 달러 이상의 청구권자금은 대체로 10년에 걸쳐 균등하게 지급되었는데, 이것이 현금의 형식으로 곧장 한국에 들어온 것은 아니었다. 그 금액에 해당하는 일본의 재화나 용역이 제공됨으로써 청구권자금은 결과적으로 일본 기업의 대한 수출 증가로 이어졌다. 무상원조의 경우 한국의 정부 기관이나 민간업체가 일본의 공급업자와 직접 구매계약을 맺으면, 나중에 일본 정부가 대금을 지불하는 방식이었으며, 유상차관은 일본의 해외경제협력기금이나 일본수출입은행이 한국의 정부 기관이나 민간업체에 엔화 차관을 제공하는 것인데, 이른바 타이드 론(tied loan)이라고 해서 발주처가 일본 기업에 한정되어 있었다. 민간신용은 기계나 플랜트 등을 한국에 수출하는 일본 기업에 대해 일본수출입은행 등이 수입 대금을 대여해 주는 형태로 자금이 제공되었다. 결국, 한국에 제공된 유무상 자금 및 민간신용은 모두 일본 기업의 대한 수출을 촉진하는 촉매제가 되었다고 할 수 있다(아베 마코토 2015, 58).

한편, 한국은 1953년 이후 추진해 왔던 수입소비재의 국산화를 목표로 한 수입대체 공업화 전략을 조기에 종료하고, 한일국교

---

4   포항종합제철의 공장 건설에 전체 광공업 투자액의 43%가 투입되었는데, 이 금액은 전체 자본재 도입액의 38%, 청구권자금 총액의 23.9%를 차지하는 단위사업 기준으로 최대 규모를 기록했다.

가 정상화된 1960년대 중반부터 수출주도 공업화를 본격적으로 가동시켰다. 이 과정에서 의류, 신발과 같은 노동집약적인 공업 제품을 미국에 수출하고, 이러한 공업 제품을 생산하기 위한 소재, 장비 등을 일본에서 수입하는 구조가 자연스레 형성되었다. 이후 55년 이상 한일 경제관계의 일상적인 어젠다로 자리 잡게 되는 제조업에서의 수직적인 분업 관계와 만성적인 대일 무역적자 구조는 수출주도 공업화를 추진하면서 필연적으로 탄생하게 된 셈이다.

제2차 경제개발 5개년 계획(1967~71년)과 제3차 경제개발 5개년 계획(1972~76년)을 거치면서 수출주도 공업화는 안정적으로 한국 경제의 성장을 이끌었다. 1964년 1억 달러였던 수출 규모는 1977년에 100억 달러까지 늘어나 10여 년 만에 100배라고 하는 엄청난 양적 성장을 달성했다. 더 나아가 1970년대 한국 정부는 대일 의존도를 낮추기 위해 본격적으로 중화학공업화를 추진하였다. 그런데 일본으로부터 수입에 의존하던 금속, 화학, 전자, 조선, 자동차를 직접 생산하기 위해서는 아직까지 국내에서 조달이 힘든 소재, 부품, 장비를 또다시 일본으로부터 수입해야 하는 아이러니한 상황에 부딪혔다. 결국, 대일 무역적자를 축소하기 위한 중화학공업화가 대일 무역적자를 더욱 확대시키는 결과를 가져왔다. 한편 국내에 자본축적이 부족했던 한국 정부는 1966년에 외자도입법을 제정하고 외국인 직접투자를 적극적으로 유도했다. 그런데 당시 일본에서는 임금상승과 더불어 1971년에 닉슨 쇼크로 엔화가 큰 폭으로 절상되면서, 패션 산업을 비롯한 노동집약형 중소기업이 국외의 생산거점을 모색하고 있었다. 그 결과 한일 간 국교정상화 이후 1973년 무렵에 처음으로 일본 기업들의 대한 투자 붐이 발생했는데, 이 해의 직접 투자액은 2억 9,432만 달러로 그때까지 최고였던 1972년의 3.8배에 달했다(모모모토 카즈히로 2015, 166).

만성적인 대일 무역역조 개선과 국산화 달성, 그리고 국내 산업의 보호를 위해 한국 정부는 1978년에 '수입선 다변화 제도'라고 하는 사실상 대일 수입을 제한하는 조치를 실시하기도 했다.[5] 그러나 주요 수입제한 품목이 자동차와 가전제품과 같은 소비재 중심이었기 때문에 대일 무역적자의 주요 원인인 중간재와 자본재의 수입은 전혀 감소하지 않았고, 1980년대에도 대일 무역적자는 매년 사상 최고치를 경신하는 등 가공무역 구조의 취약성은 전혀 개선되지 않았다(김도형 2015, 27). 1985년 플라자 합의 이후 달러, 금리, 유가의 동반 하락이라는 3저 호황 속에서 한국 경제는 1986~88년 3년 연속 두 자릿수 성장을 거두었지만, 국제수지 흑자에도 불구하고 대일 무역적자는 오히려 확대일로를 걸었다. 가공무역이라는 형태가 가지고 있던 한계에 더해서, 플라자 합의가 몰고 온 예측하지 못한 상황이 전개되었다. 플라자 합의 이후, 엔고를 고민하던 일본 기업들이 생산비용이 저렴한 한국에 생산거점을 이전하는 형태의 직접투자를 늘려갔는데, 이 과정에서 일본산 소재, 부품, 장비의 수입이 덩달아 늘면서 대일 무역적자가 확대되는 과정이 반복되었다.

한편, 제5차 경제사회발전 5개년 계획(1982~86년)의 수행을

---

5   수입선 다변화 제도는 1986년부터 대상 품목을 지속적으로 축소하기 시작해 1999년에는 전면 폐지하기에 이르렀다. 특히, 1995년 WTO 체제 출범에 따른 자유무역 기조의 강화와 1997년 외환위기 이후 IMF 측의 시장개방 권고안에 따라 폐지 수순을 밟게 되었다.

위한 자금이 필요했던 전두환 정권은 한국이 동북아시아의 안전을 위해 무거운 방위 부담을 짊어지고 있으므로 일본도 역할 분담 차원에서 경제협력을 해야 한다는 소위 '안보경협'을 강력하게 일본에 요구했다. 구체적으로는 차관의 제공과 함께 기술협력을 요구했지만, 기술이전으로 한국 기업이 성장하면 결국 글로벌 시장에서 한일 기업이 라이벌이 될 수 있다는 '부메랑 효과'를 경계한 일본 기업들은 기술이전에 소극적이었다(安部誠 2021, 4). 결과적으로 1983년 1월 나카소네 야스히로(中曾根康弘) 수상의 방한을 계기로 일본 정부는 한국에 대해 공공차관 18.5억 달러, 일본수출입은행에 의한 융자 21.5억 달러 공여를 약속하고, 기술이전에 불안감을 가지고 있는 일본의 대기업을 대신해 중소기업이 중심이 되어 한국 중소기업으로부터 기술연수생을 받아들였다.

2. 민간의 기술협력과 새로운 통화협력의 시작

1990년대에는 일본군 '위안부' 문제를 비롯한 역사 갈등이 본격적으로 대두되는 한편, 한일 경제협력의 화두는 여전히 대일 무역역조의 개선과 기술협력에 포커스가 맞추어져 있었다. 1992년 1월에는 미야자와 기이치(宮澤喜一) 총리와 노태우 대통령의 한일 정상회담이 열리고 두 정상은 한일 무역 불균형의 시정을 위한 구체적 실천 계획에 합의했다. 그리고 그 일환으로 같은 해 9월 한일산업기술협력재단(일본은 일한산업기술협력재단)이 설립되어, 중소기업을 중심으로 한일 기술협력의 기조를 이어가게 되었다. 이즈음 한국에서는 대일 무역수지 적자가 경기변동에 따른 일시적 현상이 아니라 구조적 문제라는 것을 인정하고 일방적인 대일 요구만으로 양국의 경제관계가 정상화될 수 없다는 입장으로 선회했다. 즉 수입선다변화 제도의 단계적 철폐와 일본에 대한 지적재산권 소급보호를 통해 단기적으로는 대일 무역적자가 증가하더라도 장기적으로는 일본 기업의 대한 투자와 기술이전이 촉진될 수 있다는 양국 산업의 보완성을 강조하게 되었다(김도형 2015, 31). 결국, 1990년대에는 대일 무역수지 적자에 대한 부담감을 어느 정도 떨쳐내면서 1980년대에 이어 중소기업 중심의 한일 간 기술협력의 형태를 제도화하게 되었다.

1990년대에는 청구권자금으로 시작된 일본의 일방적인 자금

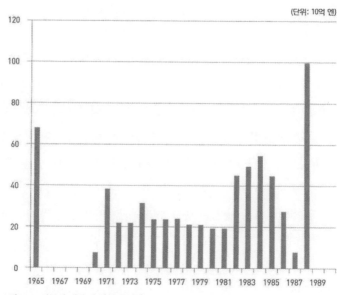

그림 3-2. 일본의 대한 엔 차관 공여액

자료: 아베 마코토(2015, 63).

협력도 중단되었다. 1986~88년까지 두 자릿수 성장을 이룩한 한국은 더 이상 원조대상국이 아니었다. 경제협력개발기구(OECD)의 개발원조위원회(DAC)는 1995년에 원조대상국 리스트에서 한국을 제외하였고, 이듬해인 1996년 한국이 정식으로 OECD에 가입하면서 명실상부 개발도상국 지위에서도 벗어났다. 이와 함께 일본의 일방적인 대한 협력자금 제공도 1990년에 종료되었다. 일본 정부의 대한 협력자금은 청구권자금만이 아니었다. 그것과는 별도로 해외경제협력기금을 통해 엔 차관 공여의 형태로도 제공해 왔는데, 〈그림 3-2〉에서 볼 수 있듯이 1970년부터 1980년까지 청구권자금을 제외하고 엔화 차관은 2,500억 엔에 달했다(아베 마코토 2015, 62). 국교정상화 이후 한일협력을 구성하고 있는 두 가지 축 중에서 자금협력이 종료되면서, 일본의 대한 경제협력의 형태는 민간 중심의 기술협력체제로 정착되었다.

그런데 1997년 한국의 외환위기는 일본의 대한 경제협력의 형태를 다시 한번 크게 변화시킨 계기가 되었다. 1996년 OECD 가입을 위해 김영삼 정권은 수시로 외환시장에 개입하여 다량의 외화를 방출하면서 원화 가치의 고평가를 유지하였고, 금융기관에 대한 부실한 관리·감독, 단기외채 차입에 의존한 기업들 등으로 인해 1997년 가을 한국은 외환보유고의 고갈에 직면했다. 결국, 한국 정부는 IMF에 구제금융을 신청하였는데, IMF 구제금융의 다자적 프레임 속에서 일본 정부는 100억 달러의 2선 지원으로 한국의 외환위기에 도움을 주었다. 사실 100억 달러 규모의 2선 지원은 실질적인 도움보다도 심정적인 성격이 컸지만, 이러한 지원을 통해 한일 경제협력의 역사에서 그동안 존재하지 않았던 통화협력이라는 새로운 형태가 탄생하게 되었다. 일본 정부는 1998년에 발표한 신미야자와(新宮澤) 구상을 통해 외환위기에 처했던 한국을 포함해 아시아 국가들에 대한 지원책을 내놓았는데, 이를 바탕으로 1999년에는 최대 50억 달러의 유동성을 한국에 제공하는 통화스와프를 맺게 되었다.

이후 외환위기를 성공적으로 극복한 한국은 경상수지가 흑자로 전환되면서 대외채무 증가와 외환보유고 고갈의 위험성에서 벗어났다. 그렇지만, 한일 양국 간의 통화협력은 2000년대 들어서 치앙마이 이니셔티브(Chiang Mai Initiative, 이하 CMI) 속에서 더욱 발전하였다. 비록 아시아판 IMF인 아시아통화기금(Asian Monetary Fund) 창설이 미국의 반대 속에 좌절되었지만, 1997년 동아시아 외환위기 이후, 아시아 역내 통화협력의 필요성에 대한 공감대가 형성되었다. 그 결과가 양자적 통화스와프의 네트워크를 통한 실질적인 아시아 통화협력 체제인 CMI의 창설이었다. 물론 CMI 체제하에서 양자 간 통화스와프는 IMF 지원에 대한 연계자금이라는 일정한 한계를 가지고 있었다. 그렇지만 CMI는 한일 통화협력을 포함해 아시아 지역 통화협력을 제도화했다는 데에 큰 의의가 있었다. 이러한 CMI 체제 하에서 2001년에는 20억 달러 규모의 달러-원화 간 일방향(일본에서 한국) 스와프협정이 추가되었고, 그 후 2006년에는 원화와 엔화를 달러로 스와프하는 쌍방향 스와프로 전환되며 스와프 총액이 150억 달러로 증가하였다.

이러한 통화스와프 덕에 한국은 2008년 글로벌 금융위기도 큰 충격 없이 넘길 수 있었다. 한국에서 원화 가치의 급락과 해외자금의 대규모 이탈이 우려되었을 때, 2008년 8월에 미국과 맺었던 300억 달러의 통화스와프가 중요한 역할을 하였다. 글로벌 금융위기에 대한 각국 정부의 대응은 양자 간 통화스와프의 규모를 늘리는 것이었는데, 한국은 2008년 11월 일본과 150억 달러 규모의 추가적 통화스와프를 체결하여 총액 300억 달러의 규모로 양국 간 통화협력을 강화하였고, 12월에는 중국과 260억 달러 규모의 원-위안 통화스와프를 체결했다. 한일 간 원-엔 통화스와프는 이후에도 계속 증가하였다. 2010년 4월에는 기존 통화스와프 중 170억 달러가 종료되었지만, 2011년 10월과 12월에 각각 270억 달러와 300억 달러에 달하는 통화스와프를 추가로 체결하면서 한일 간 통화스와프 규모는 700억 달러에 달했다.

한편, 2000년대에 들어 통화협력과는 별도로 또 하나의 한일 경제협력에 대한 어젠다가 급부상하였다. 1998년 10월 김대중-오부치 공동선언(21세기 신한일 파트너십 공동선언) 및 1999년 3월 '한일 경제협력 Agenda 21'을 통해 한일 FTA 논의가 급물살을 타기 시작했다. 2003년 10월 고이즈미 준이치로(小泉純一郎) 총리와 노무현 대통령의 정상회담에서 한일 FTA를 정식으로 추진하기로 합의했고, 같은 해 12월부터 6차례 협상이 실시되었다. 그러나, 농산물 시장개방 수준 등의 핵심 쟁점에 대한 이견으로 2004년 11월 이후 협상은 중단되었다. 이후, 2008년 4월 이명박 대통령의 방일을 계기로 한일 FTA 협상 재개 환경 조성을 위한 실무협의가 개최되었고, 2010년 5월 한일 정상회담에서 실무협의가 국장급 협의로 격상되어 진행되었지만, 2012년 이후 한일 FTA 협상은 다시 중단되었다.

지금까지 2010년대 이전의 한일 경제관계를 시대순으로 살펴보았다. 1965년 국교정상화 이후 45년 동안 제조업의 수직적 분업 관계와 만성적인 대일 무역적자 구조는 변함없이 유지되어왔다. 이러한 가운데 한일 경제협력의 형태는 조금씩 변화해왔는데, 청구권자금으로 시작된 일본 정부의 대한 자금협력과 기술협력은 1980년대까지 그 기본적인 틀이 유지되었다. 그런데, 1990년대부터 엔 차관이 종료되고 민간 기술협력 중심으로 한일 경제협력의 형태가 변화하였고, 1997년에 한국이 외환위기를 겪으면서 한일 간 통화스와프라는 새로운 형태의 통화협력도 시작되었다. 2008년 글로벌 금융위기 속에서 한국이 별다른 위기를 겪지 않고 지나갈 수 있었던 데에는 원-엔 통화스와프가 방파제 역할을 한 부분도 있다. 1965년 이후 한일 간 경제협력은 자금, 기술, 통화로 그 형태는 바뀌었지만 중단 없이 이어져 왔다.

III 한일 경제관계의 구조적인 변화(2010년대)

1. 수직적 분업 관계와 만성적 대일 무역적자 구조의 균열

1990년대 이후 일본 경제의 정체와 중국 경제의 부상으로 한국의 주요 교역 상대로서 일본의 비중은 지속적으로 감소하고 중국의 비중은 증가해 왔다. 〈표 3-1〉에서 알 수 있듯이, 1990년에 한국의 대세계 수출에서 차지하는 일본과 중국의 비중은 20년 사이에 완전히 뒤바뀌었다. 1992년 한중수교 이후 한국의 대중국 무역흑자가 빠른 속도로 증가하면서 1998년부터 상품수지 및 경상수지

표 3-1. 한국의 주요 상대국별 수출 비율 (단위: %)

	1990년	2000년	2010년	2020년
일본	19.4	11.9	6.0	4.9
EU	13.6	13.6	11.5	10.2
미국	29.8	21.8	10.7	14.5
중국	0.9	10.7	25.1	25.8

자료: 한국무역협회 「무역통계」에서 작성.

가 흑자로 전환되었다. 하지만 그럴수록 대일 수입은 더욱 빠른 속도로 늘어났다. 2000년에 318억 달러였던 대일 수입액은 5년 뒤인 2005년에는 484억 달러, 2010년에는 643억 달러까지 늘어나 10년간 두 배 이상 증가했다. 반면 대일 수출액은 같은 기간 204억 달러, 240억 달러, 281억 달러로 38% 늘어났다. 그 결과 대일 무역수지 적자 규모는 같은 기간 114억 달러에서 361억 달러로 세 배 넘게 증가했다. 한국의 대세계 수출이 늘어나면 늘어날수록 대일본 수입이 함께 늘어나는 소위 가공무역의 한계가 극명하게 드러난 셈이다.

한국의 공업화는 노동집약형 제품에서 자본집약형, 나아가 기술집약형 제품으로 상품은 물론 기술 레벨의 고도화를 달성하면서 일본을 따라잡아 왔다. 이 과정에서 표준화·기계화가 가능한 조립 기술의 완전한 국산화에는 성공했지만, 어려운 핵심기술이라고도 할 수 있는 가공 기술이 체화된 자본재만큼은 여전히 일본으로부터 수입에 의존할 수밖에 없었다(服部民夫 2007). 즉 한국의 조립 대기업의 고급화된 상품이 수출되면 될수록, 국내 부품소재 관련 중소·중견업체의 영세성과 연구개발투자의 부족 때문에 고급 부품소재는 또다시 일본에 의존하게 되었다. 1990년대까지 일본(자본집약형 부품소재)-한국(노동집약형 조립)-미국·유럽·일본에 최종재 수출이라는 3각 무역에서, 2000년대에는 일본(기술집약형 고기능 부품소재)-한국(자본집약형 부품소재)-중국(노동집약형 범용 부품소재)-미국·유럽·일본·한국에 최종재 수출이라는 형태로 동아시아 서플라이 체인이 고도화되었다. 그리고 한중일 동아시아 3국 간의 국제분업 체계 속에서 일본은 대중 적자-대한 흑자, 한국은 대중 흑자-대일 적자라는 구도가 굳어졌다(김도형 2015, 43-44). 한중일 3국 간의 중간재 교역이 확대되면서 한국의 무역수지 흑자 폭은 확대되었지만, 이는 필연적으로 대일 무역수지 적자를 확대시키는 상황으로 이어졌다.

그런데, 2010년대에 들어서면서 새로운 변화가 감지되기 시작하였다. 국교정상화 이후 강화되어 왔던 구조, 즉 제조업을 중심으로 형성된 수직적인 분업 관계와 만성적인 대일 무역적자 구조에 균열이 발생하기 시작한 것이다. 앞서 〈그림 3-1〉에서 확인할 수 있듯이, 대일 수출과 대일 수입은 2011년을 정점으로 감소세로 돌아섰고, 무역수지 적자 규모도 2010년을 정점으로 감소세로 돌아섰다. 이러한 변화를 가져온 원인은 무엇일까? 이에 대해 다음의 세 가지 원인, ① 한국 기업의 국산화 성공, ② 일본 기업의 대한 투자 증가, ③ 한국 기업의 대외투자 증가를 생각해 볼 수 있다(奧田聰 2021). 아래에서 이러한 세 가지 원인에 대해 자세히 살펴보도록 하자.

첫 번째는 한국의 소재·부품·장비 산업(이하 소부장 산업)의 국산화 노력이다. 그동안 한국 정부는 대일 무역적자의 개선과 한국 경제의 체질 개선 차원에서 2001년부터 부품·소재 국산화 정책을 지속적으로 추진해 왔다. 2001년 '부품소재특별법'을 제정하고 10년 한시법으로 '부품소재발전기본계획(MCT-2010)'을 제정하였으며, 2011년에는 동법을 다시 10년간 연장하였다(사공목 2015, 55). 그 결과, 부품·소재 무역수지 흑자는 2001년에 27억 달러로 전 산업 무역수지 흑자의 29.2%에 불과했으나, 2020년에는 946억 달러로 늘어나 전 산업 흑자의 2.1배에 달하게 되었다.[6] 〈그림 3-3〉에서 확인할 수 있듯이, 부품·소재 대일 무역수지 적자 규모도 2010년 이후 꾸준히 줄어들었다. 2001년 105억 달러였던 부

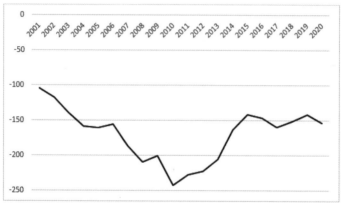

그림 3-3. 부품·소재 산업의 대일 역조 추이 (단위: 억 달러)
자료: 산업통상자원부 「MCT-NET 무역통계」에서 작성.

6   지난 20년간 한국 소부장 산업은 생산 3배, 수출 5배 성장이라는 실적을 거두었지만, 범용품 위주의 추격형 전략과 일부에만 지원이 집중되는 압축 성장으로 핵심 전략품목의 만성적 대외 의존은 개선되지 않았고, 그 결과 부품소재특별법 무용론이 확산되면서 2021년에는 일몰될 예정이었다. 하지만 2019년 7월 수출 규제로 인해 부품소재특별법은 한시법에서 상시법으로 격상되었고 여기에 국가의 정책역량을 총동원하는 방향으로 반전이 일어났다. 김양희(2021, 33).

품·소재 대일 적자는 2010년 243억 달러까지 늘어났으나 이후 축소되기 시작하여 2020년에는 적자 규모가 154억 달러까지 줄어들었다.[7] 이와 함께 대일본 부품·소재 수입의존도도 꾸준히 하락하였는데, 2001년 28.1%에 달하던 대일본 수입의존도는 2020년에 16.0%까지 하락했다.

두 번째는 일본 기업들의 대한 투자가 증가했기 때문이다. 〈그림 3-4〉에서 확인할 수 있듯이 1965년 한일 국교정상화 이후 지금까지 다섯 차례에 걸쳐 일본 기업들의 대한 직접투자 붐이 있었다. 그런데, 2000년대 이전의 세 차례의 대한 투자 붐은 2010년 이후 발생한 대일 역조 개선과는 큰 상관관계가 없다. 앞서 살펴보았듯이 첫 번째 붐은 1973년경이었는데, 인건비 상승과 일손 부족 문제를 피해 한국에 진출한 일본의 패션 산업을 중심으로 대한 직접투자 붐이 발생했다. 두 번째는 1980년대 말인데, 1988년 서울올림픽 특수를 노린 호텔 투자 및 1985년 플라자 합의 이후 엔고를 피해 생산시설의 이전을 검토하던 기업들에 의해 두 번째 대한 투자 붐이 발생했다. 세 번째는 1990년대 말인데 아시아 통화위기 속에서 경영 악화에 빠진 한국의 합작파트너 기업을 지원하기 위한 투자, 즉 상대 기업의 지분을 인수하는 경우가 많아지면서 일본 기업의 대한 투자가 증가했다.

한편, 2000년대 이후 발생한 두 번의 대한 투자 붐, 즉 〈그림

---

7   부품·소재 대일 무역수지 적자 규모는 2015년 142억 달러까지 감소한 이후 현재까지 사실상 횡보 상태를 유지하고 있다. 구체적으로는 2016년 146억 달러, 2017년 160억 달러, 2018년 151억 달러, 2019년 142억, 2020년 154억 달러 무역수지 적자를 기록했다.

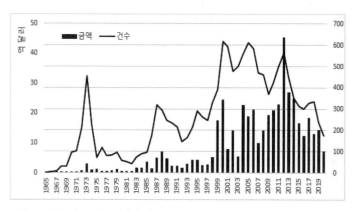

그림 3-4. 일본의 대한 직접투자 추이

자료: 산업통상자원부 「외국인투자통계」에서 작성.

3-4〉에서 보면, 2000년대 중반, 2010년대 초반에 해당하는 투자 붐은 이전의 투자 붐과는 그 성격이 많이 다르다. 이 시기 일본 기업들의 대한 투자야말로 수직적 분업 관계와 만성적인 대일 무역 적자 구조에 균열을 가하는 역할을 하였다. 2000년대 이후 한국의 반도체, 평판디스플레이(Flat Panel Display, 이하 FPD) 기업들이 일본 기업들을 압도하기 시작하면서, 반도체나 FPD와 관련한 부품, 소재, 제조장치의 판매시장도 일본에서 한국으로 옮겨가기 시작했다. 그 결과, 일본의 서플라이어들(부품, 소재, 제조장치 기업들)은 우량고객이 되어버린 한국의 대기업을 쫓아 앞다투어 한국에 진출하기 시작했다.

뒤에서 다시 한번 살펴보겠지만 2019년 일본의 대한국 수출 규제 대상이 된 3품목(불화수소, 포토레지스트, 불화폴리이미드) 역시, 2000~10년대에 적극적으로 한국에 진출한 일본 기업들이 많이 있다. 예컨대, FPD 생산에 필요한 포토레지스트의 경우, 일본 기업 5개사가 세계시장의 90%를 점하고 있는데, 그중에서 스미토모

(住友) 화학, JSR, 도쿄오카(東京応化) 공업이 한국에 생산시설을 보유하고 있다.[8] 불화수소의 경우에는 한일기업 간의 기술제휴를 통해 한국에 설립한 합작회사가 다수 있다. 일본의 스텔라케미파(ステラケミファ)와 한국의 솔브레인이 설립한 훽트, 그리고 모리타(森田) 화학과 ENF 테크놀로지가 설립한 팸 테크놀로지 등이 대표적이다. 결국, 최근 20년 사이에 증가한 일본 기업의 대한 투자는 대일 수입을 대체하는 효과를 발휘했고, 그런 의미에서 2010년 이후 감소세로 돌아선 대일 무역수지 적자를 설명하는 주요한 원인으로 꼽을 수 있다(吉岡英美 2021, 44-47).

세 번째는 한국 기업의 ASEAN 진출과 함께, 현지 생산거점에 의한 대일 수입의 증가를 꼽을 수 있다. 10%를 상회하던 중국의 경제성장률이 최근 10년간 6~7%대를 유지하고, 지속적인 임금상승, 외국 자본에 대한 정부의 견제 등 기업환경이 악화하자 한국 기업은 중국을 대체할 베트남, 인도네시아와 같은 ASEAN 지역에 주목하기 시작했다. 특히 삼성전자, LG전자 등 전자 기업의 베트남 진출은 괄목할 만한 성장을 이루었다.[9] 일본 기업이 자동차, 기계 산업을 중심으로 태국, 인도네시아에 생산거점을 두고 관련 산업의 서플라이 체인을 구축하고 있다면, 한국 기업은 전자산업을 중심으로 베트남에 생산거점을 확장해가고 있다고 볼 수 있다. 그 결과, 한국의 대기업이 진출한 동남아시아의 현지 생산거점으

---

8   FPD용 레지스트는 상대적으로 수입 대체가 많이 진행된 반면, 최첨단 반도체용 레지스트나 상류부문에 위치하는 원료에서는 여전히 대일 수입에 의존하는 경우도 많다. 吉岡英美(2021, 46).
9   최근 한국 전자기업의 베트남 진출에 관해서는 李佑光(2015) 참조.

로 한국은 물론 일본의 서플라이어 기업(중소 소재·부품업체)의 진출이 늘어나고 있다. 또 한국으로부터 소재, 부품의 수입이 증가하는 것은 물론, 대일 수입에 의존하던 소재, 부품 중 일부는 생산시설이 동남아시아로 이전됨에 따라 일본→한국이라는 수입 루트가 일본→ASEAN으로 변경되기도 하였다. 결국, 한국 대기업의 동남아시아 진출에 따른 현지 생산거점의 증가는 소재, 부품을 중심으로 한국의 대일 수입 감소로 이어졌다.

지금까지 살펴본 바와 같이, ① 한국 기업의 국산화 성공, ② 일본 기업의 대한 투자 증가, ③ 한국 기업의 대외투자 증가는 중간재, 자본재가 중심인 대일 수입을 축소시키는 효과가 있었다. 그 결과, 국교정상화 이후 45년 동안 유지되었던 제조업의 수직적인 분업 관계와 만성적인 대일 무역적자 구조도 흔들리기 시작했다. 그 배경에는 다음의 두 가지 근본적인 변화에 있었다. 첫 번째는 한일 간의 경제력 격차가 축소되었다는 점이다. 구매력평가지수(PPP) 기준 1인당 GDP나 제조업 경쟁력 순위 등 몇몇 지표에서 한국이 일본을 역전하는 상황이 발생했다.[10] 제조업을 중심으로 한국의 대기업들과 일본의 중견·중소기업들의 관계는 과거의 한일 간 수직분업 구조와 비교할 때 협상력(bargaining power) 측면에서 많은 차이가 있었다. 일부 부품, 소재는 한국 기업들이 국산화에 성공하면서 더이상 일본에서 수입하지 않게 되었고, 기술집

10 OECD에 따르면 PPP 기준 한국의 1인당 GDP는 2017년 기준 4만 1,001달러, 일본은 4만 827달러로 집계됐다. 유엔산업개발기구(UNIDO)에 따르면 세계 제조업 경쟁력 지수(CIP)의 경우, 2014년에 처음 한국이 일본을 역전했고(한국 4위, 일본 5위), 2020년에는 미국마저 제치고, 독일, 중국에 이어 세계 3위에 랭크되었다.

약형 고기능의 부품, 소재에 한하여 대일 수입의 필요성은 여전했지만, 일본의 부품, 소재 업체들에게 있어서 한국의 제조 대기업은 반드시 확보해야 할 우량고객이기도 했다. 그 때문에 일본의 부품, 소재 업체들이 한국에 생산시설을 옮기거나, 한일 기업이 협력하는 형태로 제3국에 생산거점을 이전하기도 하였다. 한일 기업들의 해외투자 확대는 자연스럽게 한국의 대일 수입을 대체하는 효과가 있었다.

두 번째 변화는 GVC 무역의 재편이다. 2001년 중국의 WTO 가입으로 전통적인 상품무역의 시대가 막을 내리고 본격적인 GVC 무역의 시대가 열렸다. 사실 GVC 자체는 1990년대부터 동아시아와 동유럽을 중심으로 형성되기 시작하였지만, 중국의 WTO 가입으로 중국 중심의 국제분업이 본격화되었다. 그리고 이러한 국제분업의 체계 속에서 일본과 한국은 중국을 생산과 수출의 거점으로 삼아 직접투자 규모를 늘려나갔다. 그러던 중 2010년대에 들어서 중국의 비즈니스 환경 악화 및 경제안전보장 이슈 등으로 중국 GVC가 ASEAN GVC로 재편되기 시작했다.[11] 일본은 2011년 이후

11 일본의 차이나 플러스 원(China Plus One)은 대표적인 경제안전보장과 관련한 GVC 재편 이슈이다. 2010년 일본의 센카쿠 열도 국유화에 맞선 중국은 그에 대한 보복 조치로 대일 희토류 수출을 금지했다. 전자제품, IT산업, 스마트폰 산업 등에 필수 원료인 희토류의 90%를 중국에서 수입하던 일본은 중국의 수출규제 조치로 인해 막대한 타격을 입었다. WTO에 중국을 제소하는 한편, 수입처 다변화로 중국의존도를 55%까지 낮춘 결과 희토류 가격이 하락해 2015년에는 중국의 수출규제 철폐를 이끌어 내었지만, 5년 동안의 피해는 고스란히 일본 기업이 감당해야 했다. 결국, 이를 계기로 일본 기업들의 탈중국화가 본격화되었다. 2016년 브렉시트와 미국 트럼프 대통령의 당선으로 세계적으로 보호무역 기조가 강화되는 속에서 2018~19년 미중 간 관세전쟁이 발발해 아직까지 중국에서 철수하지 못한 일본 기업들이 또다시 타격을 입게 되었다. 거기에 더해 2020년에는 코

상품수지 적자가 고착화되고 경상수지 흑자는 이른바 해외에서 벌어들이는 1차 소득수지를 통한 수익이 대부분이었는데, 이는 일본 기업들이 동남아시아를 필두로 적극적으로 해외에 진출해 현지 생산거점을 늘려나갔기 때문이다(이창민 2021a, 119-120). 일본과 비교할 때 한국은 여전히 상품수지 흑자가 경상수지 흑자를 견인하고 있지만, 해외 직접투자 역시 매년 늘어났는데,[12] 특히 2010년대에는 ASEAN 투자가 중국 투자를 상회해 매년 사상 최고치를 경신했다.[13] 생산·수출 거점을 둘러싼 일본과 한국의 GVC 무역 재편 속에서 한일 양국만의 경제관계는 예전에 비해 그 의미가 크게 축소될 수밖에 없었다.

2. 한일 복합갈등의 시대

제조업을 기반으로 형성된 한일 간 수직적 분업 관계와 그 결과 발생한 대일 무역수지 적자의 고착화는 한일 경제력 격차의 축소와 GVC 무역의 재편이라는 구조적인 변화 속에서 조금씩 허물어져 갔다. 변화하는 글로벌 환경 속에서 한일 간 경제협력의 가능성은

로나19의 충격으로 중국 중심 GVC의 단절이 발생하는 등, 기업으로 하여금 앞으로도 중국 중심 GVC의 취약성은 반복될 수 있다는 위기의식을 고조시켰다. 이러한 상황을 겪으면서 일본 정부는 2021년 생산거점의 국내회귀(reshoring)에 2,200억 엔, 중국 GVC를 대체할 ASEAN GVC 구축에 235억 엔을 서둘러 지원하기로 했다.

12 코로나19의 영향으로 해외 직접투자가 일시적으로 감소하기 직전 통계인 2019년에는 13,558건 844억 달러에 달했다(수출입은행 「해외직접투자통계연보」 신고 기준).

13 2013년을 제외하고 2010년부터 ASEAN 투자는 매년 중국 투자를 상회하였고, 2018년에는 72억 달러로 사상 최고치를 기록하였다.

오히려 확장될 가능성이 있어 보였지만, 한일 경제 관계만을 따로 떼어놓고 보면 축소균형으로 수렴하는 듯한 인상이 강해졌다. 여기에 더해 2012년 8월 이명박 대통령이 헌정 사상 처음 독도를 방문한 것을 계기로, 양국 간의 정치적 마찰이 심화되면서 한일 경제협력에 관한 논의가 중단되기도 하였다. 대표적으로 2012년 이후 한일 FTA 협상이 중단되었는데, 표면적으로는 한국의 대일 역조 심화에 대한 우려와 일본의 농산물 개방에 대한 거부감이 FTA 협상 중단의 이유로 알려져 있지만, 당시 악화된 양국 간의 관계도 일정 부분 영향을 미쳤다는 것을 부인하기는 어렵다.

1997년 동아시아 외환위기 이후 확대되어 온 한일 간 통화스와프도 2012년 이후 연장 합의에 이르지 못했다. 〈표 3-2〉에서 확인할 수 있듯이, 2012년 10월 300억 달러의 통화스와프 종료를 시작으로 만기에 도달한 협정들이 연장되지 않으면서 2015년 2월 마지막 100억 달러의 통화스와프 협정이 종료되었다. 금융, 외환 시장이 안정되어 있어 통화스와프의 필요성이 크지 않았다는 측면도 있지만, 자동적으로 연장되는 통화스와프 협정을 굳이 종료했다는 것 자체가 정치적 고려가 반영되어 있음을 시사한다. 이후, 2015년 12월 위안부 문제에 대한 한일 양국 간의 합의 이후 다방면에 걸친 관계개선의 무드가 경제 분야에도 파급되면서, 2016년 8월에 한일 통화스와프 협정을 재개하는 논의에 착수하였으나, 부산의 일본 영사관 앞 소녀상 설치 문제로 또다시 2017년 이후 중단되는 등 정치 논리가 경제 논리를 압도하는 형국이 지속되었다.[14]

14   한일 통화스와프가 중단되고 나서, 한일 통화스와프의 경제적 이익이 생각보다 크지 않다는 주장이 제기되었다. 무엇보다도 일본의 경제력이 예전만 같지 않고,

표 3-2. 한일 간 원-엔 통화스와프

구분	일시	협상·체결 내역	잔액(인출한도)
통화 협력의 시기	1999. 6.	50억 달러 체결	50억 달러
	2001. 5.	20억 달러 체결	70억 달러
	2006. 2.	80억 달러 체결	150억 달러
	2008. 11.	150억 달러 체결	300억 달러
	2010. 4.	170억 달러 종료	130억 달러
	2011. 10.	270억 달러 체결	400억 달러
	2011. 12.	300억 달러 체결	700억 달러
갈등의 시기	2012. 10.	300억 달러 종료	400억 달러
	2012. 11.	270억 달러 종료	130억 달러
	2013. 7.	30억 달러 종료	100억 달러
	2015. 2.	100억 달러 종료	0
	2016. 8.	통화스와프 재개 논의	0
	2017. 1.	통화스와프 협상 중단	0

자료: 필자 작성.

2018년 이후 한일관계는 더욱 악화되었다. 사상 초유의 탄핵 정국 속에서 탄생한 문재인 정권은 위안부 합의의 따라 설치된 화해치유재단을 해산했다. 또 한국 대법원이 일본 기업을 상대로 한 민사소송에서 강제징용 피해자들의 손을 들어주자 일본 정부는 강력하게 반발하였다. 양국 간의 팽팽한 긴장감이 흐르던 가운데 2019년 7월 1일 일본 정부는 전격적으로 반도체 관련 3개 품목에

한일 통화스와프를 맺고 있을 때도 실제로 통화스와프를 사용한 일이 없으며, 세계 경제가 달러 중심으로 돌아가기 때문에 한일 간 통화스와프는 큰 실익이 없다는 것이다. 그러나 통화스와프는 외환위기를 대비하는 보험의 성격이 강하며 통화스와프를 맺고 있다는 사실만으로도 일종의 보증 효과를 발휘할 수 있다. 또한 통화스와프가 많아지면 외환보유액을 줄일 수 있어 기회비용도 줄어들며, 중국처럼 외환 시장이 통제된 국가보다는 국제금융시장에서의 영향력이 큰 일본과의 국제금융 협력체계를 강화할 수 있다는 점에서 한일 통화스와프는 여전히 매력적이라고 할 수 있다.

대한 수출규제조치를 발표하고 화이트리스트에서 한국을 배제하겠다고 예고하였다. 당시 세코 히로시게(世耕弘成) 경제산업대신이 밝힌 대한국 수출규제의 이유는 다음과 같다.

경위 ① 한국의 캐치올 규제가 불충분했고, 그동안 부적절한 사안이 다수 발생했음에도 불구하고 최근 몇 년간 한일 간 충분한 의견 교환이 이루어지지 못하고 있다.

경위 ② 최근 들어 이번에 수출을 규제한 품목(첨단소재 3품목)과 관련해서 한국의 수출관리에 부적절한 사안이 발생했다.

경위 ③ 더군다나 올해(2019년) 들어 지금까지 양국이 쌓아온 우호협력관계를 뒤흔드는 사건이 연이어 발생했고, 강제동원 문제(원문은 旧朝鮮半島出身労働者問題)는 G20 정상회의 때까지도 만족스러운 해결책이 제시되지 않는 등 한일 양국 간의 신뢰관계는 심각하게 훼손되었다.

경위 ④ 수출관리제도는 국제적인 신뢰관계를 토대로 구축되는 것이므로, 경위 ①~③으로 판단한 결과, 한국과의 신뢰관계를 바탕으로 수출관리를 해나가는 것이 더이상 곤란해졌다고 판단해서, 이후 엄격하게 제도를 운용하기로 한다.

일본의 수출규제 발표 후 우리 정부는 상호주의에 입각해서 한국의 화이트국가 리스트에서 일본을 배제하고, GSOMIA의 연장 중지를 선언하였으며, 첨단소재 3개 품목의 수출규제를 WTO에 제소하는 등 강경하게 대응했다. 그러나 이후 초반의 강경 모드는 조금씩 누그러진 모습으로 변해갔다. 2019년 11월 22일 조건부로 GSOMIA를 연장하고, WTO 제소를 잠정 정지하였으며, 이후 제7차(2019.12.16)와 제8차(2020.3.10) 한일 수출관리 정책대화를 개최하였다. 이후 한국 정부는 대외무역법을 개정하고 조직을 개편하여, 일본 정부가 주장하는 수출규제의 사유(① 한일 정책대화의 중단, ② 재래식 무기에 대한 캐치올 규제 미흡, ③ 수출관리 조직과 인력의 불충분)를 모두 해소하였고, 2020년 5월 말까지 수출규제에 대한 입장을 회신해줄 것을 일본 측에게 요구하였다.[15] 그러나, 일본 정부가 특별한 회신 없이 규제 입장을 고수함에 따라,[16] 한국 정부는 조건부로 유예했던 WTO 제소 절차를 재개해,[17] 2020년 6월 29일 WTO 분쟁해결기구의 1심에 해당하는 패널 설치를 요구하기에 이르렀다.[18]

　한일관계는 장기 저강도의 복합갈등 시대에 들어섰다.[19] 일본 기업의 강제동원에 대한 한국 대법원의 배상 판결 처리를 둘러싼 역사 갈등이 일본의 대한 수출규제를 촉발했고, 이에 대해 한국은 일본 상품 보이콧과 GSOMIA 종료 선언으로 맞섰다. 일본 기업의

15　한국은 수출관리정책대화를 통해 소통하려는 노력을 지속하였으며, 기존의 무역안보과를 3개과 30명 규모로 확대 개편하고 전략물자 안보 업무를 담당하는 '무역안보정책관'을 신설했다. 또한 대외무역법을 개정하여 곧바로 시행(2020.6.19)하였다.

16　일본 정부는 한국 정부가 행한 조치의 실효성에 대해 시간을 두고 확인해야 할 필요가 있다는 입장을 현재도 견지하고 있다.

17　일본의 수출규제 이후 한국 정부는 일본을 WTO에 제소했으나(2019년 9월), 이후 한일 간 '정상적인 대화'를 전제로 WTO 분쟁해결 절차를 일시적으로 보류하였다(2019년 11월).

18　향후 1심(패널심)과 2심(상소심)을 모두 거칠 경우 약 3년이 소요될 것으로 예상된다.

19　장기 저강도 복합갈등에 대해서는 남기정(2021) 참조.

자산 매각과 현금화는 현재도 진행 중이며, 위안부 합의를 둘러싼 갈등, 후쿠시마 오염수 처리 문제 등 양국 간에 산처럼 쌓인 현안들은 좀처럼 해결될 기미가 보이지 않는다. 위태롭게 유지되어 오던 대일 투 트랙 접근도 문재인 정부에서 완전히 그 기능을 상실했다.

IV 전기·전자 산업 무역 네트워크로 본 한일 무역관계의 진화

1. 데이터와 방법론

앞서 〈그림 3-1〉을 설명하면서, ① 한국 기업의 국산화 성공, ② 일본 기업의 대한 투자 증가, ③ 한국 기업의 대외투자 증가가, 중간재·자본재가 중심인 대일 수입을 축소시키는 효과가 있었다고 설명했다. 이 중에서도 ③ 한국 기업의 대외투자 증가는 한국 기업의 ASEAN 진출로 구체화되었다고 볼 수 있다. 한국 기업의 ASEAN 지역 생산거점이 늘어나면서 일본→한국이라는 수입 루트가 일본→ASEAN으로 변경되었고, 그 결과 소재, 부품을 중심으로 한국의 대일 수입은 감소하기 시작했다. ASEAN 진출을 촉진하기 위한 우리의 전략이 신남방 정책이라면, 일본에는 차이나 플러스 원(China Plus One) 전략이 있다. 일본의 차이나 플러스 원 전략은 경제안보와 관련한 대표적인 GVC 재편 이슈인데, 반복되는 중국 중심 GVC의 취약성을 극복하기 위해 중국을 대체하는 ASEAN GVC의 구축이 핵심 과제이다. 생산·수출 거점을 둘러싼 한국과 일본의 GVC 무역 재편 속에서, 앞서 살펴본 바와 같이 한일 양국만의 직접적인 교역 규모가 축소되는 것은 어찌 보면 당연한 귀결이라고도 할 수 있다.

그런데, 지금까지 많은 연구자들이 이러한 설명을 별다른 이견 없이 받아들였음에도 불구하고, GVC 무역 재편의 실체가 명확히 규명되었다고 보기는 어렵다(安部誠 2021, 10; 百本和弘 2021, 153-158; 이창민 2021c, 374). 그 이유는 첫 번째, 데이터의 한계 때문이다. 무엇보다 국경을 넘나들 때마다 재화와 용역의 거래 총량으로 계산하는 전통적인 무역의 측정 방식은 (GVC에 따른 수직적인 전문화가 진전된 지금 상황에서) 중간재의 중복계산 문제를 피할 수 없다. 예를 들어, 중국에서 생산·수출되는 아이폰은 총량 기준으로 보면 100% 중국의 실적으로 계산되지만, 부가가치 기준으로 보면 디자인, 소프트웨어를 담당하는 미국(12.2%), 중간재를 생산하는 대만, 독일, 한국(84.3%), 조립을 담당하는 중국(3.5%) 등으로 분해될 수 있다(김석민 2017, 26). 중국 중심 GVC 구조에서는 세계무역 네트워크에서 중국의 지위가 과대평가될 우려가 있다는 뜻이다.

마찬가지로 〈그림 3-1〉과 같이 한일 간 직접교역 규모가 감소했다 하더라도 이는 거래 총량을 계산한 결과이기 때문에, 부가가치 기준으로 본 한일 간 무역 규모는 그보다 더 클 수도 있다. 일본에서 한국으로 직접 수출되던 중간재가, 생산거점의 이동으로 베트남이나 태국을 포함한 GVC 무역으로 확대되었다면, 총량 기준으로 볼 때 한일 간 무역 규모는 축소되더라도 GVC상에서 부가가치가 축소되었다고 말하기는 어렵다. 그러나 이러한 설명을 뒷받침할 수 있는 데이터가 마땅치 않아서 지금까지는 주로 사례분석(case studies) 기법이 이용되어 왔다. 즉, 제3국을 경유해 한국과 일본의 기업들이 상호 연결되는 다양한 사례를 소개함으로써 GVC의 실체를 파악하고자 했던 것이다.

두 번째, 그럼에도 불구하고 사례분석으로는 구체적인 GVC의 실체를 파악하는 것이 쉽지 않다는 한계가 있다. 다양한 사례분석을 통해서 특정 제품, 특정 기업이 관련된 GVC의 일부 모습을 추론해 볼 수는 있지만, 전체적인 GVC의 실체를 파악하기는 쉽지 않다. 예컨대, 포스코가 생산한 강판이 태국의 일본 자동차 생산기업에 납품되는 사례만으로는 철강이나 자동차와 같은 산업 차원의 GVC나 한국과 일본과 같은 일국 차원의 GVC를 파악하는 데에는 한계를 지닌다. 이 절에서는 위에 언급된 두 가지 한계를 극복하기 위해 OECD의 TiVA(Trade in Value Added) 자료를 사용해, SNA(Social Network Analysis) 기법으로 글로벌 무역구조의 변동 속에서 한일 무역관계가 어떻게 진화해 왔는지 파악해 보려고 한다.

TiVA 자료는 국제산업연관표를 바탕으로 작성되며 EU나 OECD 등 다양한 국제기관에서 발행하고 있다. 이 절에서는 EU 집행위원회에서 발행한 WIOD를 벤치마킹해 OECD-WTO가 협업하여 작성한 OECD-TiVA 자료를 활용했다. OECD-TiVA는 ICIO 국제산업연관표를 기준으로 작성되었으며, 부가가치 기준 무역 데이터 중 가장 많은 산업과 국가, 최신 자료를 보유하고 있기 때문에 해당 데이터를 활용하는 것이 가장 밀도 있는 분석이 가능하다. 또한 GVC를 가시화하기 위해 SNA를 활용했는데, 이는 글로벌 생산 네트워크에 따른 세계무역의 복잡한 관계와 역동성을 이해하는 데 네트워크 접근 방법이 유용하기 때문이다. 네트워크 방법론을 적용하여 국제무역을 다룬 연구들은 주로 국가를 하나의 노드(node)로 보고 무역의 공간구조를 밝히거나 특정 상품의 교역에 있어 해당 국가의 위상을 분석하고 있다(현기순·이준엽 2016, 679-680; Serrano, Boguñá, and Vespignani 2007, 111-124; De Benedictis and Tajoli 2011, 1417-1454; Zhou, Wu, and Xu 2016, 9-21). 또한 산업 간 흐름에 네트워크 분석 방법론을 활용한 연구들도 이루어지고 있다(McNerney et al. 2013, 6427-6441; Contreras and Fagiolo 2014; Cerina et al. 2015, 1-21; Maluck and Donner 2015, 1-24).

이 절에서는 전기·전자 산업을 선택하여 SNA 분석을 실시하였다. 전기·전자 산업은 한국의 경제성장을 이끈 주력 산업이며, 반도체 등 소재·부품의 한일 교역에 있어서도 가장 높은 비중을 차지하는 산업이다. 분석 시점은 중국의 WTO 가입으로 GVC 무역 시대가 본격적으로 막을 올린 2001년부터, 미국과 중국의 관세 전쟁 발발(그리고 그 이후 코로나19의 확산과 러시아의 우크라이나 침공으로 이어지는 기간까지)로 글로벌 무역구조가 새로운 변화 국면에 접어든 2018년까지이다. 또한 한일 간 직접교역 규모가 감소하기 시작하는 2010년도 분석 대상에 추가하였다. 다만 미중 간 패권 경쟁이 뚜렷해진 2018년 이후의 분석이 반드시 필요하지만, 현재로서는 부가가치 데이터가 공개되고 있지 않기 때문에 아쉽지만 향후 연구과제로 남겨둘 수밖에 없다.

2. 분석 결과

먼저 부가가치 데이터를 바탕으로 연결정도 중심성(Degree Centrality, 이하 DC)과 아이겐벡터 중심성(Eigenvector Centrality, 이하 EC)을 계산하였다. DC는 부가가치 교역액으로 연결되어 있는 국가들의 연결 정도를 반영하기 때문에, 어떤 국가들이 네트워크의 중심에 위치하며, 얼마만큼 영향력을 미치고 있는지를 파악할 수 있다. DC의 확장 개념인 EC는 특정 노드의 중심성은 물론 특정 노드와 연결되는 다른 노드들의 중심성까지 가중치를 부여해 계산한다(곽기영 2014, 212). 쉽게 말해, DC와 EC의 점수(순위)가 높으면 높을수록, 전기·전자 산업의 GVC에서 해당 국가가 중심적인 역할을 담당하고 있다는 것으로 해석할 수 있다. 〈표 3-3〉은 해외 부가가치의 공급 및 수요로 살펴본 EC와 DC의 국제 순위이다.[20] DC 안에서도 외향은 한 국가가 상대 국가의 총수출을 위해 공급한 부가가치를 의미하며, 내향은 한 국가의 총수출을 위해 상대 국가로부터 유입된 부가가치를 의미한다. 다시 말해, 외향은 GVC 안에서 부가가치를 공급한다는 뜻이고, 내향은 GVC 안에서 부가가치를 수요한다는 뜻이다.

중국이 WTO에 가입하고 본격적인 GVC 무역의 시대가 시작된 2001년은 부가가치의 공급과 수요 양쪽 모두에서 중국의 영향력이 지금처럼 크지 않았던 반면, 상대적으로 미국과 일본의 영

---

20   해외 부가가치란 총수출에 포함되어 있는 부가가치 중에서 국내 부가가치를 제외하고 남은 부가가치의 원천이 해외에 있다는 것을 의미한다. 정준호·조형제 (2016, 494-509).

표 3-3. 부가가치 공급 및 수요 네트워크 중심성 분석

2001년	EC		DC			
		점수	외향	점수	내향	점수
1	USA	0.52	USA	363.57	MEX	188.34
2	**JPN**	0.41	**JPN**	321.01	TWN	166.41
3	MEX	0.36	DEU	127.01	USA	142.75
4	TWN	0.33	**KOR**	103.48	MYS	142.12
5	CHN	0.27	TWN	97.75	CHN	131.95
6	**KOR**	0.25	CHN	93.82	SGP	105.61
7	MYS	0.23	FRA	64.23	**KOR**	95.87
8	SGP	0.18	GBR	62.13	THA	88.02
9	THA	0.15	ITA	42.22	DEU	68.47
10	DEU	0.13	SGP	37.33	IRL	66.00
2010년	EC		DC			
1	CHN	0.56	**JPN**	625.53	CHN	796.05
2	**KOR**	0.41	CHN	557.73	TWN	455.85
3	**JPN**	0.39	USA	522.44	MEX	362.28
4	TWN	0.39	**KOR**	407.68	**KOR**	344.02
5	USA	0.28	DEU	282.13	MYS	247.16
6	MEX	0.20	TWN	223.72	DEU	166.11
7	MYS	0.16	SGP	100.08	THA	158.52
8	DEU	0.14	ROW	90.03	HUN	133.83
9	THA	0.12	FRA	79.81	SGP	120.72
10	SGP	0.11	MYS	74.79	**JPN**	112.27
2018년	EC		DC			
1	CHN	0.63	CHN	906.96	CHN	1,318.93
2	**KOR**	0.49	**KOR**	696.11	TWN	459.41
3	TWN	0.36	**JPN**	554.11	MEX	440.60
4	**JPN**	0.29	USA	548.43	**KOR**	416.42
5	USA	0.21	TWN	365.17	MYS	251.12
6	MEX	0.18	DEU	358.40	DEU	211.44
7	DEU	0.13	ROW	100.66	THA	182.86
8	MYS	0.12	FRA	96.69	VNM	173.78
9	VNM	0.10	SGP	93.11	SGP	168.47
10	THA	0.10	MYS	88.92	**JPN**	141.33

자료: OECD TiVA 2021 자료를 바탕으로 필자 작성.

주: 해외 부가가치 원천 중 제조업(D10T33:Manufacturing)을 중심으로 계산.

향력이 컸다. 특히 일본은 외향의 연결 정도(2위)가 강하고, 내향의 연결 정도는 상대적으로 약해서(10위권 밖), 전기·전자 산업 무역 네트워크에서 일방적인 공급자 역할을 하고 있었다. 한국의 EC는 세계 6위 정도였는데, 내향의 순위(7위)보다 외향의 순위(4위)가 높긴 했지만, 일본과 달리 부가가치의 공급자이면서 동시에 수요자이기도 했다.

한국의 대일 무역 의존도가 감소하기 시작하는 2010년에는 EC 순위의 한일 역전이 일어났다. GVC상의 중심 국가가 일본에서 한국으로 옮겨가고 있다는 뜻으로 해석할 수 있다. 또한 중국이 EC 순위 1위로 올라서고, 미국은 5위로 하락하였다. 중국을 중심으로 한국, 일본, 대만으로 연결되는 중국 중심 GVC가 구축되었다는 것을 알 수 있다. DC 순위에서는 일본이 여전히 외향의 연결 정도(1위)가 강해 부가가치 공급자의 역할을 하고 있는 가운데, 한국은 내향의 연결 정도가 7위에서 4위로 상승하였다. GVC 내에서 한국의 중심성이 강해졌지만, 고급 부품 및 소재에 있어서는 여전히 일본에 의존하고 있는 상황이 반영되어 있다고 할 수 있다.[21]

2018년에는 EC, DC 모두 중국이 압도적인 위치를 차지하고 있는 것을 알 수 있다. 특히 내향의 연결 정도(점수)가 2위 대만과 큰 차이를 보여, 중국의 공장에서 생산된 제품 속에 전 세계 부가가치가 다 녹아들어 있음을 잘 말해주고 있다. 한국은 중국에 이어 EC에서 2위를 유지하고 있으며, 특히 외향 순위에서 일본을 제치

---

21   일본은 한국에게 가장 많은 해외 부가가치를 공급하는 국가(5,362백만 달러, 9.7%)였고, 두 번째로 많은 해외 부가가치를 공급하는 국가는 중국(5,013백만 달러, 9.0%)이었다.

고 중국 다음으로 전 세계에 가장 많은 부가가치를 공급하고 있는 나라로 올라섰다. 반도체 산업을 중심으로 급성장한 한국의 전기·전자 산업이 전 세계 GVC에서 중심적인 역할을 담당하고 있음을 엿볼 수 있다. 반면 일본은 EC에서 4위 및 외향(3위) 순위가 조금씩 하락하고 있어서, 포괄적인 의미에서 한일 간 경제력이 역전되고 있다는 사실을 다시 한번 확인할 수 있다.

그러나 부가가치 무역 네트워크의 중심성 순위에서 한국이 일본을 앞섰다고 해서 한국이 일본을 극복했다거나, 더 이상 한국이 일본에 의존할 필요가 없어졌다는 식으로 해석하는 것은 곤란하다. 오히려 EC, DC의 순위가 높은 국가들 사이에는 강한 연결성이 존재하기 때문에, 한국과 일본은 물론 더 나아가 상위권에 함께 포진해 있는 중국, 미국, 대만과는 다양한 경로의 글로벌 가치 사슬을 공유하고 있다는 뜻으로 해석해야 한다. 최근 10년간 한일 간 직접교역 규모는 감소해 왔지만, GVC 안에서의 연결 정도는 더욱 강화되어 왔다는 사실은 다음에 설명하는 응집그룹(Clique) 분석을 통해서도 확인할 수 있다.

응집그룹 분석은 전체 네트워크 내에서 강한 연결 관계를 가지고 있는 결속 집단을 추출하는 분석 기법으로, 글로벌 무역 네트워크 속에서 상호의존도가 높은 국가들을 하나의 그룹으로 묶을 수 있다. 즉, 추출된 각각의 그룹들은 하나의 GVC로 해석할 수 있다. 사용된 데이터는 전기·전자 산업에서 국가별 수출 총량에 포함된 국내 부가가치를 활용했으며, 편의를 위해 전 세계 교역액의 5% 이상, 5개국 이상 연결된 집단만 추출하였다. 결과는 〈표 3-4〉와 〈표 3-5〉에 정리되어 있는데, 응집지수(Cohesion Index)[22]가

높을수록 해당 그룹에 속해 있는 노드들의 응집도가 매우 높다고 해석한다. 다시 말해, 순위가 높은 그룹일수록 연결 정도가 강한 GVC로 해석할 수 있다.

2001년의 응집그룹(이하로 GVC로 표현)을 추출한 〈표 3-4〉의 경우, 상위 16개의 GVC에 미국과 일본이 모두 포함되어 있다는 것을 확인할 수 있다. 미국과 일본, 두 국가가 전 세계 전기·전자산업 GVC에서 압도적인 위치를 차지하고 있다는 것을 알 수 있으며, 이는 앞서 살펴본 중심성 분석의 결과와도 일치한다. 한국이

표 3-4. 부가가치(DVA) 기준 상위 5% 무역 네트워크 응집그룹 (2001년)

RANK	CLIQUES	COHESION INDEX
1	미국, **일본**, 독일, 프랑스, 이탈리아, 영국, 중국, **한국**, 대만, 기타	5.327
2	미국, **일본**, 독일, 프랑스, 이탈리아, 영국, 중국, 스웨덴, 기타	5.168
3	미국, **일본**, 독일, 프랑스, 이탈리아, 영국, 중국, **한국**, 스페인	4.971
4	미국, **일본**, 독일, 프랑스, 이탈리아, 영국, 스위스, 기타	4.968
5	미국, **일본**, 캐나다, **한국**, 멕시코, 중국, 대만	4.941
6	미국, **일본**, 태국, **한국**, 중국, 싱가포르, 대만	4.941
7	미국, **일본**, 독일, 싱가포르, 중국, 말레이시아, **한국**, 대만	4.72
8	미국, **일본**, 독일, 멕시코, **한국**, 중국, 대만, 기타	4.495
9	미국, **일본**, 독일, 프랑스, 이탈리아, 영국, 아일랜드	4.421
10	미국, **일본**, 독일, 핀란드, 스웨덴, 영국, 중국	4.421
11	미국, **일본**, 독일, 프랑스, 말레이시아, **한국**, 중국, 대만	4.411
12	미국, **일본**, 호주, **한국**, 중국, 대만	4.159
13	미국, **일본**, 독일, 네덜란드, 이탈리아, 영국	3.978
14	미국, **일본**, 독일, 네덜란드, 벨기에	3.974
15	미국, **일본**, 독일, 프랑스, 벨기에	3.563
16	미국, **일본**, 독일, 브라질, **한국**	3.523

자료: OECD TiVA 2021 자료를 바탕으로 필자 작성.

22 응집지수(Cohesion Index)는 그룹 내 링크 밀도를 그룹 외 링크 밀도로 나눈 값을 의미한다. Bock and Husain(1950, 149).

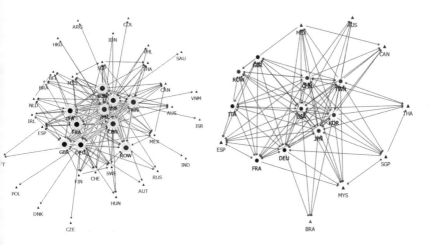

그림 3-5. 부가가치(DVA) 기준 상위 5% 무역 네트워크 중심국과 주변 (2001년)

자료: OECD TiVA 2021 자료를 바탕으로 Netminer 4.5로 작성.

주: 왼쪽은 〈표 3-4〉의 RANK 1그룹을 네트워크로 표현한 것이며, 오른쪽은 한국을 중심으로 재구성한 에고
네트워크(Ego Network)이다.

포함된 GVC는 음영으로 표시하였는데, 같은 그룹에는 미국과 일본은 물론 중국, 대만, 그리고 유럽 국가들이 함께 포진되어 있다. 한편, 〈그림 3-5〉의 왼쪽은 〈표 3-4〉에서 RANK 1의 그룹을 네트워크로 표현한 것이고, 오른쪽은 그 중에서도 한국을 중심으로 한 네트워크만을 따로 묶어낸 것이다. 여기서 확인할 수 있듯이, 한국은 미국과 일본을 중심으로 형성된 네트워크 속에서 중국, 대만 등과 밀접하게 GVC로 연결되어 있으며, 유럽 국가들과도 직간접적으로 GVC로 연결되어 있다는 것을 확인할 수 있다.

2018년의 응집그룹을 추출한 〈표 3-5〉의 경우, 상위 20개의 GVC에 중국과 미국이 모두 포함되어 있다. 미국의 영향력이 여전한 가운데, 일본의 영향력이 감소하고 그 대신 중국의 영향력이 확대되어 왔다는 것을 확인할 수 있다. 한국이 포함된 GVC 속에는

표 3-5. 부가가치(DVA) 기준 상위 5% 무역 네트워크 응집그룹 (2018년)

RANK	CLIQUES	COHESION INDEX
1	중국, 미국, 일본, 한국, 홍콩, 대만, 말레이시아, 싱가포르	5.187
2	중국, 미국, 일본, 한국, 대만, 말레이시아, 싱가포르, 태국	5.075
3	중국, 미국, 독일, 일본, 한국, 대만, 말레이시아, 태국, 멕시코	4.833
4	중국, 미국, 독일, 프랑스, 이탈리아, 스위스, 기타	4.421
5	중국, 미국, 일본, 한국, 대만, 싱가포르, 필리핀	4.421
6	중국, 미국, 일본, 한국, 대만, 필리핀, 멕시코	4.375
7	중국, 독일, 스페인, 프랑스, 이탈리아	4.306
8	중국, 미국, 독일, 일본, 한국, 대만, 멕시코, 기타	4
9	중국, 미국, 독일, 일본, 프랑스, 스위스, 기타	3.925
10	중국, 미국, 일본, 한국, 싱가포르, 인도	3.853
11	중국, 미국, 독일, 일본, 한국, 캐나다, 멕시코	3.717
12	중국, 미국, 독일, 일본, 한국, 인도, 기타	3.621
13	중국, 미국, 독일, 일본, 한국, 스위스, 기타	3.59
14	중국, 미국, 독일, 일본, 네덜란드, 영국	3.553
15	중국, 미국, 독일, 일본, 프랑스, 영국	3.486
16	중국, 미국, 독일, 아일랜드, 영국	3.444
17	중국, 미국, 일본, 한국, 인도네시아	3.37
18	중국, 미국, 일본, 한국, 베트남	3.37
19	중국, 미국, 독일, 이탈리아, 네덜란드	3.298
20	중국, 미국, 독일, 러시아, 기타	3.229

자료: OECD TiVA 2021 자료를 바탕으로 필자 작성.

주: 표의 간결성을 위해 Cohesion Index가 3 이하일 경우 생략했다.

중국과 미국은 물론, 일본, 대만, 그리고 ASEAN 국가들이 많이 포진해 있다는 점이 주목할 만하다. 〈그림 3-6〉의 왼쪽은 〈표 3-5〉에서 RANK 1의 그룹을 네트워크로 표현한 것이고, 오른쪽은 그 중에서도 한국을 중심으로 한 네트워크만을 따로 묶어낸 것이다. 여기서 확인할 수 있듯이, 한국은 중국, 미국, 그리고 일본을 중심으로 형성된 네트워크 속에서 홍콩, 대만은 물론 말레이시아, 싱가포르, 태국, 필리핀, 베트남 등 ASEAN 국가들과도 GVC로 연결되어

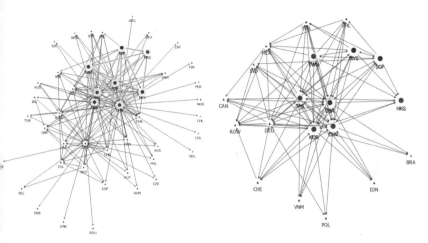

그림 3-6. 부가가치(DVA) 기준 상위 5% 무역 네트워크 중심국과 주변 (2018년)

자료: OECD TiVA 2021 자료를 바탕으로 Netminer 4.5로 작성.

주: 왼쪽은 〈표 3-5〉의 RANK 1그룹을 네트워크로 표현한 것이며, 오른쪽은 한국을 중심으로 재구성한 에고 네트워크(Ego Network)이다.

있다는 것을 알 수 있다.

2001년과 비교해보면, ① 한국과 일본이 포함된 GVC의 전체적인 순위가 상승하였으며, ② 중국의 영향력이 확대되었고, ③ ASEAN 중심 GVC가 새롭게 구축되었다는 것을 알 수 있다. 특히 전 세계에서 가장 영향력이 큰 GVC 안에 한일 양국을 포함해 ASEAN 국가들이 상당수 포진해 있다는 사실은 한국의 신남방 정책 및 일본의 차이나 플러스 원 전략과도 무관하지 않다. 중요한 것은 2001년에 비해 한일을 포함하는 GVC의 영향력이 더욱 확대되었다는 것이다. 이는 한국과 일본의 직접교역 규모가 감소하는 속에서도, 한국과 일본이 제3국(예컨대, ASEAN)을 포함하는 GVC 속에서는 더욱 강하게 연결되어 왔다는 것을 보여준다.

V 결론

1965년 국교정상화를 기점으로 제공되기 시작한 일본의 엔 차관은 한국의 경제개발에 중요한 마중물로 활용되었고, 동시에 일본 기업의 대한 수출과 대한 투자를 유발하는 연결고리로서도 기능했다. 이렇게 시작된 한국의 수출주도 공업화는 이후 55년 이상 한일 경제관계의 일상적인 어젠다로 자리잡게 되는 수직적인 분업 관계와 만성적인 대일 무역적자 구조를 탄생시켰다. 청구권자금으로 시작된 일본 정부의 대한 자금협력과 기술협력은 적어도 1980년대까지는 큰 틀에서 변함없이 유지되었다. 이후, 1990년대부터는 엔 차관이 종료되고 민간 기술협력 중심으로 한일 경제협력의 형태가 변화하였고, 1997년에는 한국이 외환위기를 겪으면서 통화스와프라는 새로운 형태의 통화협력도 시작되었다. 2008년 글로벌 금융위기 속에서 한국이 큰 위기 없이 넘어갈 수 있었던 데에는 이러한 원-엔 통화스와프의 역할도 컸다. 결론적으로 1965년 이후 45년 동안 한일 경제협력은 자금, 기술, 통화 등으로 협력의 형태가 시대에 따라 변해가면서도 중단 없이 이어져 왔다.

그런데, 2010년대에 들어서면서 견고해 보이던 수직적인 분업 관계와 만성적인 대일 무역적자 구조에 균열이 생기기 시작했다. 한국 기업의 국산화 성공, 일본 기업의 대한 투자 증가, 한국 기업의 대외투자 증가라고 하는 세 가지 원인이 이러한 변화를 촉진했다. 그리고 이러한 세 가지 원인 뒤에는 더 본질적인 두 가지 구조적 변화가 있었다. 첫 번째는 한일 경제력 격차의 축소이고, 두 번째는 한일을 포함한 GVC 무역의 재편이었다. 그 결과 한국과 일본 두 나라만의 경제관계는 예전처럼 큰 의미를 갖기가 어려워졌고, 자연히 두 나라의 경제관계는 축소균형으로 수렴하는 것처럼 보였다. 거기에 더해 한일 양국은 투 트랙 접근이 어려운 장기 저강도의 복합갈등 시대에 들어섰으며, 앞으로는 한일 경제협력의 공간이 아예 존재하지 않을지도 모른다는 예상을 하는 사람들도 많아졌다.

그러나 글로벌 무역구조의 변동이 한일 무역관계의 변화를 촉진한 결과, 한일 직접교역 규모는 감소하였지만 한일 양국은 (ASEAN과 같은 제3국을 포함한) GVC 속에서 이전보다 더욱 강하게 연결될 수 있었다. 전기·전자 산업 무역 네트워크의 중심성 순위를 보면, 2010년대에 들어 한국의 순위가 일본을 앞지르기 시작했지만, 이는 양국 간에 상호의존성이 약화되었다는 것을 뜻하지는 않았다. 한일 양국을 모두 포함하는 GVC의 영향력은 오히려 강해졌고, 이러한 특징은 GVC의 중심이 중국에서 ASEAN으로 이동하면서 더욱 뚜렷해졌다. 결국 글로벌 공급망의 재편과 함께 한국과 일본이 ASEAN을 연결고리로 하는 협력관계를 강화한 것이 한일 간 직접교역 규모의 감소를 가져온 원인이라고 할 수 있다.

참고문헌

곽기영. 2014. 『소셜 네트워크분석』. 청람.

김도형. 2015. "한국 경제발전과 한일 경제관계의 전개." 김도형·아베 마코토 외.
『한일관계사 1965-2015 II 경제』. 역사공간.

김석민. 2017. "동북아지역 국가의 부가가치무역 구조 시각화 분석."『한국동북아논총』
84.

김양희. 2021. "일본의 수출규제 강화에 대응한 한국의 '탈일본화'에 관한 시론적
고찰."『일본비평』24.

남기정. 2021. "문재인 정부의 대일 외교와 한일 관계의 대전환: '장기 저강도 복합
경쟁'의 한일 관계로."『동향과전망』112.

모모모토 카즈히로. 2015. "일본 기업의 대한직접투자." 김도형·아베 마코토 외.
『한일관계사 1965-2015 II 경제』. 역사공간.

사공목. 2015. "한일 산업협력 패턴의 변화와 향후 과제: 한일 국교정상화 50주년의
평가." KIET『산업경제』6월호.

아베 마코토. 2015. "일본의 대한 경제협력: 일방적 원조에서 상호협력을 향해."
김도형·아베 마코토 외.『한일관계사 1965-2015 II 경제』.역사공간.

_____. 2021. "한일경제관계의 과거·현재·미래: 철강산업을 중심으로."『일본비평』
24.

여인만. 2021. "한일 자동차산업의 협력과 경쟁."『일본비평』24.

이창민. 2021a. 『아베노믹스와 저온호황』. 제이앤씨.

_____. 2021b. "한일 경제관계 개선 방안: 수출규제 해법."『대전환 시대의 한일관계』.
제이앤씨.

_____. 2021c. "한일 경제협력의 새로운 가능성에 대한 고찰."『일어일문학연구』119.

정준호·조형제. 2016. "OECD 부가가치 기준 교역자료를 이용한 자동차산업 글로벌
생산 네트워크의 특성 분석."『한국 경제지리학회지』.

조유진·이창민. 2022. "네트워크 분석을 통한 한일 무역관계 고찰 – 전기·전자 산업을
중심으로."『인문사회21』13(5).

조성원. 2015. "대일청구권자금과 한국 경제개발." 김도형·아베 마코토 외.
『한일관계사 1965-2015 II 경제』. 역사공간.

현기순·이준엽. 2016. "세계무역 네트워크와 주요국 산업의 역할: 부가가치 교역
자료를 이용한 사회연결망 분석 기법을 중심으로."『한국 경제지리학회지』19(4).

安部誠. 2021. "日韓経済関係の過去と現在." 安部誠 編.『日韓経済関係の新たな展開』.
アジア経済研究所.

奥田聡. 2021. "変わりつつある日韓経済関係-韓国側から見た貿易分析を中心に." 安部誠
編.『日韓経済関係の新たな展開』. アジア経済研究所.

服部民夫. 2007. "貿易関係より見る韓国機械産業の競争力-対日・対中を中心として."

奥田聡 編.『韓国主要産業の競争力』調査研究報告書. アジア経済研究所.

吉岡英美. 2021. "IT産業における日韓関係の展開−
半導体・FDP向け部材・製造装置に着目して."安部誠 編.
『日韓経済関係の新たな展開』. アジア経済研究所.

李佑光. 2015. "変化するアジアと韓日経済関係の今後."『RIM　環太平洋ビジネス情報』
15(60).

百本和弘. 2021. "日本の対韓直接投資の推移と現状−2010年代の韓国進出事例と在韓日系
企業の第三国進出を中心に."安部誠 編.『日韓経済関係の 新たな展開』.
アジア経済研究所.

Bock, R. D. and S. Z. Husain. 1950. "An Adaptation of Holzinger's
B-Coefficients for the Analysis of Sociometric Data." *Sociometry* 13(2).

Cerina, Federica et al. 2015. "World Input-Output Network." *PLoS ONE* 10(7).

Contreras, M.G.A. and G. Fagiolo. 2014. "Propagation of economic shocks in
input-output networks: A cross-country analysis." *Phys Rev* 90.

De Benedictis, L. and L. Tajoli. 2011. "The world trade network." *The World
Economy* 34(8).

Maluck, J. and Reik V. Donner. 2015. "A Network of Networks Perspective on
Global Trade." *PLoS ONE* 10(7).

McNerney, James et al. 2013. "Network structure of inter-industry flows."
Physica A 392.

Serrano, M.A., M. Boguna, and A. Vespignani. 2007. "Patterns of dominant
flows in the world trade web." *Journal of Economic Interactions and
Coordination* 2.

Zhou, M., G. Wu, and H. Xu. 2016. "Structure and formation of top networks in
international trade, 2001-2010." *Social Network* 44.

필자 소개

이창민 Lee Chang-Min

한국외국어대학교 융합일본지역학부 교수
도쿄대학교 경제학 박사

논저 『지금 다시, 일본 정독』, 『주저앉는 일본, 부활하는 일본』(공저), 『복합 대전환기 새로운 한일 파트너십을 찾아서』(공저)

이메일 changminlee@hufs.ac.kr

제4장

한일 반도체산업 경제안보정책에 관한 연구
― 쿠퍼의 다차원정책분석 모델을 활용한 비교분석

A Study on the Economic Security Policy of Korea-Japan
Semiconductor Industry: Comparative analysis using Cooper's
four dimensional policy analysis model

송정현 | 동국대학교 일본학과

*   이 글은 『일본문화연구』 84(2022, 105-127)에 실린 필자의 논문을 기반으로 작
    성되었음.

세계 각국은

자국의 안보를 확보하기 위해 경제적 수단을 활용하고 있으며, 특히 반도체 산업과 관련된 경제안보정책의 중요성이 증대되고 있다. 이에 본 연구는 쿠퍼의 다차원정책분석 모델을 활용하여 한국과 일본의 반도체산업 경제안보정책을 비교분석한 이후 한국에의 시사점을 도출하였다. 연구 결과, 한일 양국의 반도체 산업 경제안보정책의 도입 배경과 목적은 유사하였으나, 목적을 이루기 위해 수행한 정책의 방향성은 상이했다. 이는 한일 양국이 글로벌 반도체 공급망 내에서 강점을 가진 분야의 차이에서 비롯되었을 것으로 추측된다. 하지만 2019년 일본의 대한 반도체 소재 수출규제와 이에 대한 한국의 대응과정을 분석한 결과 한일 양국은 반도체 공급망 내에서 강한 상호의존성을 가지고 있는 것으로 드러났다. 따라서 한일 양국의 상호이익을 위해 양국 관계를 개선할 필요가 있다. 또한 타국의 경제안보정책에 한국의 반도체산업이 피해를 입지 않도록 선제적 대응책을 마련할 필요가 있다.

The importance of economic security policies, especially related to the semiconductor industry, is increasing. This study drew implications for Korea after comparing and analyzing the economic security policies of the semiconductor industry in Korea and Japan using Cooper's 4-dimensional policy analysis model. As a result of the study, purpose of the introduction of the semiconductor industry economic security policies between Korea and Japan were similar, but the direction of the policies implemented to achieve the purpose was different. This is presumed to have originated from differences in areas where Korea and Japan have strengths within the global semiconductor supply chain. However, it was found that Korea and Japan have a strong interdependence within the semiconductor supply chain. Therefore, it is necessary to improve bilateral relations for the mutual benefit of Korea and Japan. In addition, it is necessary to prepare preemptive countermeasures to prevent the Korean semiconductor industry from being damaged by other countries' economic security policies.

KEYWORDS 경제안보정책 Econonic Security Policy, 글로벌 반도체 공급망 Global Semiconductor Supply Chain, 반도체 정책 Semiconductor Policy, 쿠퍼의 다차원 정책분석 모델 Cooper's Four Dimensional Policy Analysis Model, 한일 비교분석 Korea-Japan Comparative Analysis

I 서론

2021년 4월 28일, 미국의 바이든 대통령은 취임 100일을 하루 앞
둔 의회 연설에서 "미국이 반도체, 배터리, 바이오 기술 등 첨단기
술 분야에서 미래 기술을 지배해야 한다."고 발언하였다. 이러한
목표를 위하여 2조 3천억 달러의 인프라 투자 및 1조 8천억 달러
의 복지지출안을 포함하여 총 4조 1천억 달러의 재정 구상을 발표
하였다. 또한 2022년 바이든 대통령이 한국을 방문하여 처음으로
방문한 곳이 삼성 반도체 공장이며, 그곳에서 반도체를 비롯한 첨
단기술 제품의 중요성이 날로 커지고 있으며, 한미 간 기술동맹을
통해 경제와 군사 안보를 더욱 강화해 나갈 것을 천명하였다.

이처럼 경제와 안보는 불가분의 관계로 거론되며 국가를 넘
어 세계 전체에서 가장 중요한 화두로 거론되고 있다. 특히 반도체
기술의 경우 스마트폰, 컴퓨터 등 일상적인 제품부터 광학 레이더,
미사일 등 군사 제품까지 활용되고 있다. 첨단기술 제품의 활용 범
위가 다양해짐에 따라 원자재 공급 및 제품 생산, 즉 산업 차원에
서도 자국의 반도체 공급망을 유지하고 첨단기술을 토대로 신제품
을 생산하는 것은 단순히 경제적 번영의 목적을 넘어 국가의 안보
능력을 좌우하는 사안이 되고 있는 것이다.

그렇다면 한국의 경제안보 현황은 어떠할까. 경제안보정책 도
입의 시급성이 증대되고 있음에도 불구하고 아직 경제안보에 대한
한국의 정책적 움직임은 여타 국가에 비하여 미흡한 실정이다. 미
국, 유럽, 중국 등은 2010년도 중반부터 경제안보정책 관련 법안
및 예산안을 통과시켰으며, 일본의 경우도 2년 내 시행을 목표로

2022년 5월 「경제시책을 일체적으로 강구함으로써 안전보장 확보의 추진에 관한 법률안(経済施策を一体的に講ずることによる安全保障の確保の推進に関する法律案)」(이하 경제안보추진법안)을 통과시켰다. 그렇기에 한국 경제안보정책의 조속한 전략 수립과 시행을 위해서는 타국의 경제안보정책의 현황과 시행 시 예상 결과를 파악하고 한국에의 파급효과를 예측하여 향후 경제안보정책을 수립하기 위한 연구를 시행할 필요가 있다.

이에 본 연구에서는 반도체산업을 위주로 일본 및 한국의 경제안보정책을 비교분석하여 한일 반도체산업 정책의 현황과 향후 과제에 대하여 고찰하고자 한다. 본 연구는 쿠퍼의 다차원정책분석 모델을 활용하여 한일 경제안보정책을 규범적 차원(Normative dimension), 구조적 차원(Structural dimension), 구성적 차원(Constitutive dimension), 기술적 차원(Technical dimension)으로 비교분석하고자 한다. 그리고 이를 바탕으로 향후 한국 경제안보정책에의 시사점을 도출하고자 한다.

II 선행연구 분석

1. 경제안보정책의 등장 배경

경제안보정책(Economic Security Policy)이란 국가 및 공공안전을 보장하기 위한 경제적 조치를 말한다. 첨단기술 및 산업의 발전에 따라 경제와 안보의 경계가 불분명해지면서 경제안보정책의 중요성은 점차 증대하고 있다. 특히 안보의 경우 미·중의 패권 경쟁 중 발생한 상호의존성의 '무기화'로 인하여 군사적 안보에 주로 집중되었던 국가안보의 영역은 점차 경제 영역을 비롯하여 식량, 환경, 사회적 요인 등 새로운 영역으로 확대되고 있다(이효영 2022, 5).

경제안보정책이 주목받게 된 것은 첨단기술·산업의 특수한 성격 때문이다. 우선 기술 차원의 경우, 기술 발전으로 인해 민간기술과 군사기술의 경계가 모호해졌다는 특성이 있다. 소위 Dual-use 기술'이라 불리는 민·군 혼용기술은 기술의 고도화 정도에 따라 그 영역이 확대될 가능성이 산재하고 있으며(National Research Council 2004, 18), 민간기술이 군사기술에 사용되는 Spin-on 현상이나, 군사기술이 민간기술에 활용되는 Spin-off 현상이 빈번하게 일어나고 있다(Lee and Sohn 2017; Schmid 2018; Acosta et al. 2019).

또한 자국우선주의의 심화로 인한 공급망 불안정 리스크의 확대 역시 경제안보정책 수립에 영향을 주었다. 특정국에 대한 과도한 수입의존도가 자국의 경제안보에 영향을 끼칠 수 있기 때문이다. 한국의 경우 2019년의 일본의 대한(對韓) 반도체 소재 수출규제 사건이나, 2021년의 요소수 대란 등을 예시로 들 수 있다.

특히 반도체의 경우 휴대폰, 컴퓨터 등의 민간제품부터 레이더, 미사일 등의 방산제품까지 폭넓게 활용되고 있어 각국의 경제안보정책은 반도체 공급망의 확보 및 안정화를 목표로 하는 정책을 포함하고 있다. 반도체 공급망의 확보 및 안정화를 위해서 세계

---

1   2004년 미국 국립연구위원회(NRC)는 '군축과 군축의 언어에서 이중 사용은 군사 목적에도 사용할 수 있는 민간용 기술'로 정의하였다.

각국은 막대한 예산을 투입하여 반도체 기술개발, 글로벌 반도체 기업의 국내 유치와 국내 반도체 기업의 리쇼어링(Reshoring) 등을 추진하고 있다.

표 4-1. 각 국가의 반도체·디지털 산업에 관한 정책의 지원 사례

미국	연구개발 투자, 설비투자 등 520억 달러(약 5.7조 엔)를 반도체산업에 투자(상원에서 심의 중). (2021. 5)
유럽	반도체를 포함한 디지털 분야에 향후 2~3년간 1350억 유로(약 18조 엔) 이상을 투자. (2021. 3)
중국	중앙정부는 2014년부터 기금을 설치해 반도체 관련 기술에 총 5조 엔이 넘는 대규모 투자를 실시. 또한, 지방정부로 합계 5조 엔을 넘는 반도체산업을 위한 기금이 존재. (합계 10조 엔 초과)
대만	대만으로의 투자 회귀를 촉진하는 보조금 등의 우대책에 시동을 걸고 하이테크 분야를 중심으로 누계로 2.7조 엔의 투자 신청을 수리. (2019. 1)

자료: 経済産業省(2021, 6)의 표를 참고해 작성.

2. 일본의 경제안보정책 현황

일본 정부가 경제안보정책에 관해 본격적인 움직임을 보인 것은 2019년 대한(對韓) 소재 수출규제부터였다. 2019년 7월 아베 신조(安倍晋三) 내각은 국가안보를 이유로 불화수소, 플루오린 폴리이미드, 포토레지스트 3개 품목에 대한 수출제재를 시행하였다. 2020년 4월에는 내각관방 국가안전보장국(NSS) 내 경제반을 설립했으며(日本経済新聞 2020.4.1.), 당시 자민당 정조회원이었던 현 일본 총리 기시다 후미오(岸田文雄)는 2020년 6월 '신국제질서창조전략본부(新国際秩序創造戦略本部)'를 설치하여 경제안보정책의 수립을 제언하였다. 2021년 10월에는 '경제안전보장담당 내각부 특명

담당대신(이하 경제안보담당상)'직을 신설하고 경제안보 관료를 100명 이상 증원시켰다(內閣府 2021.10.5.).

초대 경제안보담당상 고바야시 타가유키(小林鷹之)는 경제안보정책의 추진 경위에 대해 2021년 10월 15일 기자회견에서 "경제와 안보가 융합"하여 "경제적인 수단을 활용하여 (국가의) 영향력을 행사하고자 하는 움직임이 증가"하고 있으며, "경제안보라는 새로운 정책 분야를 국가가 진행해야 한다."고 밝혔다. 이날 기자회견에서 드러난 일본 경제안보정책의 주요 배경으로는 미중 갈등의 심화, 사회구조의 디지털화, 코로나 팬데믹 기간에 드러난 공급망의 취약성 등이 있었다. 또한 세계적인 반도체 공급 부족 현상과 1980년대에 비해 크게 축소된 일본 반도체산업의 현황을 언급하며 일본 반도체산업의 부활을 위한 노력이 필요하다고 밝혔다(內閣府 2021.10.5.). 이후 기시다 내각은 '새로운 자본주의 실현회의(新しい資本主義実現会議)'를 통해 경제안보정책의 수립을 위한 지속적인 논의를 거듭하였고, 2022년 5월 18일 반도체 공급망 안정성 확보, 사이버 보안 등의 경제안보 관련 내용을 총체적으로 담고 있는 「경제안전보장추진법안」(2022)을 수립하였다.

〈표 4-2〉는 「경제안전보장추진법안」(2022)의 주요 목표와 배경을 정리한 표이다. 「경제안전보장추진법안」은 상기의 목적을 바탕으로 수립된 '중요 물자의 안정적인 공급·확보에 관한 제도', '기간 인프라 기능의 안정적인 제공·확보에 관한 제도', '첨단·중요기술 개발 지원에 관한 제도', '특허출원의 비공개에 관한 제도'의 4가지 제도로 구성되었다.

우선 '중요 물자의 안정적인 공급·확보에 관한 제도'의 경우,

산업기반의 디지털화 및 기술 고도화로 인해 반도체, 의약품 등의 중요 물자와 이를 생산하기 위해 필요한 원자재의 공급의 차질이 생길 상황을 대비하였다. 특히 공급망 강화의 경우, 민간 차원의 대응이 어려울 시 국가 차원의 대응이 발생할 수 있음을 시사하고 있다. '기간 인프라 기능의 안정적인 제공·확보의 관한 제도'의 경우, IT화, 고도화된 사회에서 사이버 공격에 위협에 대응하기 위해 만들어졌다. 주요 내용으로는 중요 설비의 도입 및 유지 관리 등의 위탁에 대해 사전 심사제도가 있다. '첨단·중요기술 개발 지원에 관한 제도'의 경우, 국가, 국민 공격수단의 고도화·다각화에 따른 각국의 첨단기술 연구개발 심화를 배경으로 수립되었다. 이에 국민생활, 경제활동의 안정의 관점에서 중요한 첨단기술에 관해서는 국가와 국민이 협업할 수 있도록 하는 제도적 틀을 구축한 것이다. 첨단·중요 기술의 구체적인 예로는 우주·해양·양자·AI·바이오 등이 있으며, 제도에 영향을 크게 받는 업종 및 사업자로는 특정 중요 기술에 관한 연구개발을 실시하는 기업, 연구기관 및 조사기

표 4-2. 「경제안전보장법추진법안」(2022)의 목표와 배경

목표	배경
I. 중요 물자와 원자재의 공급망 강화	–산업기반의 디지털화·핍박 시 영향의 심각화 –신흥국의 성장, 글로벌 가치사슬 심화로 인한 중요물자의 공급 핍박 시 일본의 공급확보 능력의 상대적 저하
II. 기간 인프라 기능의 안전성·신뢰성 확보	–인프라의 IT화, 복잡화에 의한 사이버 공격 등에 의한 위협·영향의 표면화
III. 관민이 첨단·중요기술을 육성·지원하는 구조	–국가, 국민 공격수단의 고도화·다각화에 따른 각국의 첨단기술 연구개발 과열
IV. 특허출원의 비공개화 등을 통한 민감한 발명의 유출 방지	–각국의 안전보장상의 기밀정보에 관한 유출 방지 대책 강화 움직임

자료: 內閣官房(2022, 1)의 내용을 토대로 필자 작성.

관 등이 있다. '특허출원의 비공개에 관한 제도'는 공개되었을 때 국민의 안전을 해칠 우려가 큰 기술이 유출되는 것을 막기 위한 제도로 출원 공개의 유보, 정보 보전 조치를 강구하는 제도의 두 가지가 있다.

3. 한국의 경제안보정책 현황

2022년 현재 한국의 주요 경제안보정책으로는 「국가첨단전략산업 경쟁력 강화·보호에 관한 법률」, 「국가연구개발혁신법 일부개정법률」, 「방위산업기술 보호법 일부개정법률」, 「방위산업기술 보호법일부개정법률(안)」, 「국가정보원법 일부개정법률(안)」 등의 기술유출 방지 관련 정책과 『소재·부품·장비 경쟁력 강화대책』(2019), 『소재·부품·장비 2.0 전략』(2020) 등의 공급망 안정화 관련 정책이 있다(포스트코로나경제연구포럼 2022, 16). 특히 일본의 반도체 소재 수출제재의 대응책으로 수립된 『소재·부품·장비 경쟁력 강화대책』, 『소재·부품·장비 2.0 전략』의 경우 반도체를 포함한 첨단산업 관련 공급망 확대 및 연구개발 촉진, 생산능력 강화 등의 내용을 담고 있다.

〈표 4-3〉은 『소재·부품·장비 경쟁력 강화대책』과 『소재·부품·장비 2.0 전략』의 추진전략을 정리한 표이다. 『소재·부품·장비 경쟁력 강화대책』의 경우 일본의 대한 수출제재 직후 수립되었으며 수출제재 품목에 대한 대일 수입의존도를 낮추고자 하였다. 이를 위해 100大 핵심 전략품목의 선정 및 분류(단기 20종류, 중장기 80종류)를 통해 R&D 및 수입국 다변화가 필요한 품목의 우선순

표 4-3. 『소재·부품·장비 경쟁력 강화대책』, 『소재·부품·장비 2.0 전략』의 추진전략

『소재·부품·장비 경쟁력 강화대책』(2019)	『소재·부품·장비 2.0 전략』(2020)
1. 100대 품목 조기 공급안정성 확보 (1) 20대 품목 공급안정화 대책: 1년내 공급 안정화 (2) 80대 품목 공급안정화 대책: 5년내 공급 안정화	1. 글로벌 시장을 선도하는 소부장 강국 도약 (1) 미래시장 선도를 위한 소부장 개발·생산 역량 확충 (2) 글로벌 공급망 참여 확대 (3) 흔들림 없는 공급망 안정성 강화
2. 소재·부품·장비 산업 전반의 경쟁력 강화 (1) 수요-공급기업 및 수요기업 간 건강한 협력 모델 구축 (2) 기업 맞춤형 실증·양산 Test-bed 확충 (3) 민간의 생산과 투자에 대한 전방위적 지원 (4) 글로벌 수준의 소재·부품·장비 전문기업 육성	2. 첨단산업 유치 및 유턴을 통한 세계적 클러스터화 (1) 세계적 클러스터 조성 (2) 첨단 R&D 기능 등 지식의 On-Shoring 강화 (3) 맞춤형 투자유치 인센티브 제공-전략적 유턴 지원 확대 (4) 투자협력을 위한 컨센서스 플랫폼 (Sector Deal) 가동
3. 강력한 추진체제를 통한 전방위적 지원	3. 범부처·민관 총력 지원체계 지속 가동 (1) 범부처 민관 총력 지원체계 지속 가동

자료: 관계부처(2019, 9); 관계부처(2020, 10).

위를 정했으며, 2,732억 원의 추경을 시행하였다. 이외에도 예타 (예비타당성조사) 면제 및 예타제도 개선, R&D 방식의 다각화, 글로벌 소재·부품·장비기업의 M&A 지원, 「화학물질관리법」, 「화학물질의 등록 및 평가 등에 관한 법률」, 「산업안전보건법」의 규제 완화 등을 시행하였다.

『소재·부품·장비 2.0 전략』의 경우 상기의 핵심품목을 100개에서 338+로 확대하였다. 또한 일본에 이어 중국에 대한 높은 수입의존도 해소를 위해 신남방·신북방 국가와의 FTA를 통한 수입국 다변화 전략을 구성하였다. 또한 국방 분야와 관련성이 높은 기술에 관해 국방 R&D 연계투자, 첨단산업 투자유치 및 리쇼어링 지원 등의 정책이 추가되었다.

『소재·부품·장비 경쟁력 강화대책』과 『소재·부품·장비 2.0

전략』모두 공급망 안정화의 필요성을 인지하고 있으며, 반도체산업에 관해서는 부처 간 연계를 통해 반도체 소재 수입 다변화 및 첨단반도체 R&D를 위한 정책을 구성하였다는 점이 공통점이었다. 2022년 윤석열 정부의 경우 대선 공약부터 경제안보를 강조하고, 경제안보 컨트롤 타워 '신흥안보위원회'의 설치를 공표한 만큼 경제안보 관련 정책들이 추가적으로 발표될 것으로 예상된다.

III 연구모델

본 연구는 Cooper 등(Cooper et al. 2004)의 다차원정책분석 모델을 적용하여 한일 경제안보정책을 분석하고자 한다. Cooper 등의 다차원정책분석 모델은 비판이론, 체제이론, 포스트모더니즘 등의 여러 이론 및 다양한 관점을 밑바탕으로 규범적 차원(Normative dimension), 구조적 차원(Structural dimension), 구성적 차원(Constitutive dimension), 기술적 차원(Technical Dimension)으로 구성되어 있다.

Cooper의 다차원정책분석 모델은 교육, 도시정책 등 여러 분야의 정책분석에 활용되고 있다(정훈 2010; 손경재 2009; 정우성·송정현 2020; 최나리 외 2017 등). Cooper의 다차원정책분석 모델을 활용하는 이유는 이 분석틀이 다양한 이론적 배경을 활용할 수 있다는 특성 때문이다. 이를 통해 정책의 도입 배경 및 목적, 정책의 이해관계자 및 이해관계자 간의 상호관계, 정책의 영향 등을 종합적으로 이해할 수 있다는 특징을 가진다. 이러한 특징은 정량화된 정책분석뿐만 아니라 정책의 가치, 의미 등까지 논의를 확대할 수 있다는 장점을 제공한다.

표 4-4. 다차원적 정책분석의 접근법과 관심 영역

	정책에 대한 접근	주요 관심 영역
규범적 차원	이데올로기적 관점, 포스트모더니즘 관점	정책이 추구하는 가치, 목적, 신념 등
구조적 차원	신제도주의적 관점	정책의 역사적 배경 정책의 도입·시행 구조, 체제 정책을 지원하는 과정 등
구성적 차원	이익집단이론적 관점	정책의 영향을 주고받는 이해관계 집단들의 영향력 정책의 영향력이 행사되는 과정 등
기술적 차원	체제이론 관점	정책의 투입, 과정, 환류 등 시스템적 과정 정책 시행의 결과 등

자료: Cooper et al. (2004)의 다차원적 정책분석 모델을 참조로 필자 직접 작성.

먼저, 규범적 차원은 정책을 추구하기 위해 이용되는 가치, 목적, 신념과 같은 이데올로기적 관점과 포스트모더니즘 관점에서 정책을 분석한다. 본 연구에서는 한일 경제안보정책의 비전과 목표, 경제안보정책의 도입 배경에 대해 분석하고자 한다. 둘째, 구조적 차원은 조직과 제도를 포함하는 구조, 체제, 정책을 지원하는 과정 등을 분석한다. 본 연구에서는 경제안보정책의 도입 과정, 근거 법률, 예산 등을 분석하고자 한다. 셋째, 구성적 차원은 정책의 수요자와 공급자 등 정책의 영향을 주고받는 이해관계 집단들의 상호관계를 분석한다. 본 연구에서는 한일 경제안보정책의 이해관계자와 상호관계에 대해 분석하고자 한다. 마지막으로, 기술적 차원은 정책의 투입, 과정 그리고 환류 과정을 분석한다. 본 연구에서는 일본의 대한(對韓) 반도체 소재 수출규제에 대한 한일의 상호

작용 및 결과에 대해 분석하고자 한다.

표 4-5. 다차원적 정책분석을 위한 경제안전보장정책의 분석 대상

	분석 주제	분석 대상
규범적 차원	경제안전보장정책에 반영된 가치와 이데 올로기	한일 경제안보정책의 비전과 목표, 도입 배경
구조적 차원	기존의 제도적 요인이 경제안보정책의 형 성과 집행에 미친 영향	한일 경제안보정책의 도입 과정, 근거법 률, 예산
구성적 차원	경제안보정책의 도입·운영·성과와 관련 된 실질적인 이해관계자와 상호관계	한일 경제안보정책의 이해관계자와 상호 관계
기술적 차원	경제안보정책의 집행과 평가	일본의 대한 수출규제와 한일 상호작용 및 결과

　　본 연구를 수행하기 위해 한국의 경우「국가첨단전략산업 경쟁력 강화·보호에 관한 법률」(2022 개정), 『소재·부품·장비 경쟁력 강화대책』(2019), 『소재·부품·장비 2.0 전략』(2020) 등의 문헌과 관련 보고서 및 뉴스 기사 등을, 일본의 경우「경제안전보장추진법안」(2022), 『반도체·디지털 산업전략(半導体·デジタル産業戦略)』(2021), 『경제안전보장확보를 위하여(経済安全保障の確保に向けて)』(2021) 등의 문헌과 관련 보고서 및 뉴스기사 등을 중점적으로 조사하였다.

표 4-6. 본 연구의 연구 문헌

	연구 문헌
한국	『국가첨단전략산업 경쟁력 강화·보호에 관한 법률』(2022 개정) 『소재·부품·장비 경쟁력 강화대책』(2019) 『소재·부품·장비 2.0 전략』(2020) 등
일본	『경제안전보장추진법안(経済安全保障推進法案)』(2022) 『반도체·디지털 산업전략(半導体·デジタル産業戦略)』(경제산업성 2021) 『경제안전보장확보를 위하여(経済安全保障の確保に向けて)』(공안조사청 2021) 등

IV 연구 결과

1. 규범적 차원

표 4-7. 한일 경제안보정책 비교분석 결과 – ① 규범적 차원

	한국	일본
공통점	• 미·중 패권 경쟁의 심화로 인한 자유무역주의의 후퇴 • 자국우선주의와 이익블록화의 심화 • 글로벌 반도체 공급망 불안 리스크의 확대 • 미국 주도의 글로벌 중심망 개편	
차이점	• 신자유주의 및 자유무역주의	• 자국우선주의 및 보호무역주의

한일의 경제안전보장정책을 규범적 차원에서 분석하기 위해서는 우선 경제안보정책이 등장한 배경과 목적에 대해 파악할 필요가 있다. 도입 배경의 경우 한국과 일본은 미·중의 패권 경쟁의 심화와 그로 인한 자유무역주의 후퇴 및 글로벌 공급망 불안 리스크 확대, 자국우선주의와 이익블록화의 심화라는 두 가지 공통점을 가지고 있다.

우선 트럼프 행정부 이후 본격화된 미국의 중국 견제 기조는 바이든 행정부에서도 이어지고 있다. 바이든 행정부는 NCS(국가안보회의) 아시아국을 중국 중심으로 확대·개편하였으며, IPEF 등의 경제협정을 통해 다자주의적 협력체계를 구축하여 중국을 포위·압박하고 있다. 또한 바이든 대통령은 2021년 4월 14일 백악관 회의서 반도체 웨이퍼를 들고 "내가 여기 있는 것은 우리가 어떻게 미국 내 반도체산업을 강화할 것인지 말하기 위한 것", "우리 경쟁력은 (회의에 참석한) 당신들이 어디에 어떻게 투자하느냐에 달렸

다", "내가 들고 있는 칩, 이 웨이퍼를 비롯해 배터리, 광대역 통신은 모두 인프라" 등의 발언을 하며 기술패권시대의 반도체의 중요성을 강조하고 글로벌 반도체 공급망의 개편을 예고하였다(조선일보 2021.4.14.).

이러한 시류 속에서 한국과 일본은 공통적으로 글로벌 공급망 안정화를 추구하고, 반도체 공급망 내에서의 우위를 차지하기 위해 기술 이노베이션이 필요하며, 이를 위해서는 민·관의 협업이 필수적이라고 인지하고 있었다는 점, 반도체산업에 보조금 지원 정책을 시행했다는 점이 비슷했다. 하지만 글로벌 공급망의 안정화를 추구하는 방식은 상이했다.

우선 일본의 경제안보정책의 경우 보호무역주의 및 자국우선주의의 이데올로기가 한국에 비해 강하게 작용되었다. 이는 일본 정부가 '전략적 불가결성'을 강조하였다는 데에서 유추할 수 있다. 전략적 불가결성이란 일본 싱크탱크 PHP(Peace & Happiness through Prosperity) 종합연구소가 제시한 개념으로 다른 나라에서 대체가 불가한 기술을 보유함으로써 국제 경쟁력을 확보하여, 일본과의 협력 시 인센티브가 부여됨을 알리고, 외부의 위협으로부터 대응할 수 있는 역량을 제고하는 것을 말한다(村山裕三 2020).

반면 한국의 경제안보정책의 경우 일본에 비해 신자유주의 및 자유무역주의 이데올로기가 강하게 반영되어 있다. 가령 일본의 대한 반도체 수출규제 당시 한국은 반도체 소재 생산 국산화 및 수입국 다각화를 통한 반도체 공급망 안정화에 집중하는 전략을 택했다. 대표적으로는 2019년의 『소재·부품·장비 경쟁력 강화 대책』이 있다.

결론적으로 한일 양국의 경제안보정책의 도입 배경 및 목적은 비슷하였으나 각국이 비교우위를 가지고 있는 반도체산업 분야의 차이로 인해 정책 세부 내용의 차이가 발생하였다고 볼 수 있다.

2. 구조적 차원

한일 경제안보정책의 구조적 차원을 분석하기 위해서는 경제안보정책과 관련된 조직 및 제도를 검토할 필요가 있다. 한일 양국 모두 다양한 정부 부처가 관여하였다는 점은 공통적이었으나, 구성 정책 및 컨트롤 타워의 유무에서는 큰 차이를 보였다.

우선 일본의 경우, 2020년 4월 아베 총리가 경제안전보장의 사령탑으로 국가안전보장국(NSS) 경제반을 설치하였으며, 공안조사청의 「경제안전보장확보를 위하여(経済安全保障の確保に向けて)」(2021)에서는 국가의 기술보안이 안보 문제로 이어질 수 있으며, 이에 대한 대책 수립을 촉구하였다. 또한 자민당 정조회원이었던 기시다 의원은 2020년 6월 정조회 산하에 '신국제질서창조전략본부'를 설치하고, 같은 해 12월 정기국회에서 내각에 「경제안전보장일괄추진법」 제정을 촉구하였다. 2021년 기시다 내각이 출범한 이후로 일본은 본격적으로 조직 및 제도를 정비하기 시작했다. 기시다 내각은 경제안보담당상을 신설하고, 경제안보정책의 강화를 위해 중앙성청의 정원을 100명 이상 증가시켰으며, 경제안보와 관여된 부서로는 재무성, 경제산업성, 총무성, 문부과학성, 총무성, 금융청 등이 있다. 특히 반도체의 경우 '첨단 반도체 제조 기술의 공동 개발 및 파운드리의 국내 입지 확보', '디지털 투자의 가속

및 첨단 로직 반도체 설계 강화', '반도체 기술의 그린 혁신 촉진', '일본 국내 반도체산업의 포트폴리오와 탄력성 강인화' 등의 내용을 담은 경제산업성의 『반도체·디지털 산업전략』(2021) 등의 문건을 통해 반도체 생산 및 공급능력이 국가 경제안보의 핵심임을 인지하고 이에 대한 지원정책과 민·관 협력 대책을 구성하고 있다. 2022년 『경제안전보장추진법안』이 국회 본회의를 통과한 것도 이러한 제도적 노력의 결과라고 할 수 있다.

표 4-8. 한일 경제안보정책 비교분석 결과 – ② 구조적 차원

	한국	일본
공통점	• 경제안보정책 수립·시행에 다양한 정부 부처가 관여 –한국: 과기정통부, 기획재정부, 산업통상자원부 등 –일본: 공안조사청, 국가안전보장국, 경제산업성, 문부과학성 등 • 첨단반도체 R&D 및 생산 관련 정책 도입 –한국: 『소재·부품·장비 2.0 전략』, 첨단투자지구 지정(2021.09.06. 시행) 등 –일본: 전(前)공정 미세가공 기술개발 프로젝트, 후(後)공정 3D화 프로세스 기술개발 프로젝트 등	
차이점	• 경제안보 전담 컨트롤 타워 부재 –신흥안보위원회 구성 중 • 반도체 소재 관련 정책에 집중 –반도체 소재 수입국 다변화(수입 인허가 기준완화 등) –소재·부품·장비 국산화 추진(국내기업–외투기업 투자수요 매칭 지원, 공장 건설·가동을 위한 원스톱 인·허가 서비스 제공 등)	• 경제안보 전담 컨트롤 타워 존재 –국가안전보장국(NSS) 경제반 • 반도체 생산 관련 정책에 집중 –TSMC의 반도체 생산 공장 국내 유치 • 기술보안 관련 정책 강화 –『외환법』 내 외국인 투자 제재 등 • 첨단반도체 기술 개발을 위한 타국 간 협력 시행 –미일 반도체 컨소시움 등

반면 한국의 경우 2019년 일본의 대한 반도체 소재 수출규제로 인해 반도체 공급망 불안 리스크에 대해 인지하고 이에 대처하는 모습을 보였다. 대표적으로는 과기정통부, 기획재정부, 산업통상자원부, 중소벤처기업부, 특허청이 공동 발표한 『소재·부품·

장비 경쟁력 강화 대책』(2019)이 있다. 이는 2001년도 『소재·부품·장비 산업 경쟁력 강화를 위한 특별조치』에 기반을 둔 것으로, 2001년 법 제정 이후 20년간 동 정책에 힘입어 소부장 산업이 생산 3배 증가, 수출 5배 증가 등 외형적인 성장은 했으나 범용품 위주의 추격형 전략과 일부에만 지원이 집중되는 압축 성장으로 인해 핵심 전략품목의 만성적 대외의존이 이어지자 폐기하려던 것이었다. 하지만 일본의 2019년 대한 반도체 소재 수출규제 이후 20년 만에 전면 개편하였다. 또한 수출규제 이후 무역안보를 전담하는 '무역안보정책관' 신설을 주요 내용으로 하는 「산업통상자원부와 그 소속기관 직제 일부 개정령안」을 2020년 4월 28일 국무회의에서 의결하고 5월 6일부터 시행하였다(김양희 2019, 13).

또한 윤석열 정부에 이르러서는 외교부 산하에 '경제안보센터'를 신설하고, 경제안보 컨트롤 타워인 '신흥안보위원회' 및 '반도체산업지원특별위원회' 설립을 공표하였다. 이는 한국의 경제안보에 대한 관심도가 증가하였다는 점에서는 긍정적이나 아직도 신흥안보위원회에 관해 구체적인 발표가 이루어지지 않았다는 점, 신흥안보위원회의 다부처 간 업무 분담에 대한 가이드라인이 구축되지 않았다는 점에서 일본에 비해 상대적으로 조직·제도적으로 미흡하다고 평가할 수 있다.

3. 구성적 차원

한일 경제안보정책을 구성적 차원에서 분석하기 위해 한일 경제안보정책의 이해당사자를 한일 양국으로 설정하고, 이들의 역할 및 상호관계에 대해 검토하였다.

우선 일본의 『경제안전보장추진법안』(2022)은 '중요 물자의 안정적인 공급·확보에 관한 제도', '기간 인프라 기능의 안정적인 제공·확보에 관한 제도', '첨단·중요기술 개발 지원에 관한 제도', '특허출원의 비공개에 관한 제도'의 4가지 제도를 통과시켰고, 이 중 상대적으로 한국에 큰 영향을 끼칠 수 있는 있는 것은 '중요 물자의 안정적인 공급·확보에 관한 제도'와 '특허출원의 비공개에 관한 제도'이다.

'중요 물자의 안정적인 공급·확보에 관한 제도'의 경우, 산업 기반의 디지털화 및 기술 고도화로 인해 반도체, 의약품 등의 중요 물자와 이를 생산하기 위해 필요한 원자재의 공급의 차질이 생길 상황을 대비하였다. 특히 공급망 강화의 경우, 민간 차원의 대응이 어려울 시 국가 차원의 대응이 발생할 수 있음을 시사하고 있다. 주요 내용은 크게 ① 대상이 되는 물자(반도체, 희토류를 포함한 미네랄, 대용량 배터리, 의약품 등)의 지정, ② 대상 물자의 안정 공급 계획을 실행하는 민간 사업자에의 공적 지원, ③ 국가에 의한 안정 공급 확보 조치 등이며, 이에 영향을 크게 받는 업종 및 사업자로는 중요 물자의 공급자 및 수급자, 금융기관이 있다.

'중요 물자의 안정적인 공급·확보에 관한 제도'의 경우, 기시다 총리는 2021년 12월 15일 "공공 및 민간 부문을 합쳐 1.4조 엔 이상의 투자를 할 것"이라고 발표하였으며(日本経済新聞 2021.12.15.), 일본 정부는 2021년 11월 24일 2021년도 추경안에 첨단 반도체 생산기업을 지원하는 기금 재원으로 6,000억 엔을 할당할 것으로 발표, 대만 TSMC가 구마모토현에 짓는 신공장에 약

표 4-9. 한일 경제안보정책 비교분석 결과 – ③ 구성적 차원

	한국	일본
공통점	• 첨단 반도체산업 관련 지원 확대 -한국: 'k-반도체 전략'(2020)(반도체 연구개발 최대 50%, 시설투자 최대 20% 법인세 경감, 1조 원 이상의 반도체 특별 자금 확대) -일본: 전(前)공정 미세가공 기술개발 프로젝트, 포스트 5G 기금 조성, 2030년까지 국내 반도체산업에 68억 달러 규모의 지원(2021.11) • 첨단기술 개발을 위한 민·관 협력 확대 -한국: 지식재산 기반 R&D(IP-R&D) 전략지원 사업(특허청) 예산 확대 -일본: 후(後)공정 3D화 프로세스 기술개발 프로젝트(대만 TSMC와 일본 반도체 20개 기업이 공동 연구개발, 일본 정부가 사업비 390억 엔 중 절반을 보조)	
차이점	• 반도체 기업 리쇼어링 지원 • 반도체 소재 수입 다변화 • 소재·부품·장비 기업 육성에 집중	• 글로벌 반도체 파운드리 기업 유치 -구마모토현 TSMC 공장 설립 보조금 지원 • 첨단산업기술(첨단반도체 포함) 유출 방지를 위한 제도 시행

4,000억 엔을 출연하고 나머지 약 2,000억 엔은 미국 마이크론테크놀로지와 키옥시아홀딩스 등을 후보로 공장 신증설 비용을 일부 지원하였다(日本経済新聞 2021.11.24.). '중요 물자의 안정적인 공급·확보에 관한 제도'가 한국에 미치는 영향은 다음과 같다. 우선 일본의 자체적 반도체 수급 능력 확보 및 수출입 과정의 복잡화로 인해 한국의 대일 반도체 수출량이 감소할 것으로 예상된다. 또한 일본 구마모토현에 공장을 설립한 글로벌 반도체 기업 TSMC는 한국의 대표적 반도체 기업인 삼성전자와 반도체 파운드리 시장에서 경쟁하고 있는 기업이다. TSMC가 반도체 소재에 강점을 가지고 있는 일본과 시너지를 일으킬 경우 한국 기업의 반도체산업 내에서의 경쟁력이 감소할 수 있다.

'특허출원의 비공개에 관한 제도'의 경우 특허출원 공개 및 국가 간 협력 연구 제한되는 국가를 명시하고 있지 않다. 이로 인해

추후 한일 반도체 생산 및 기술개발 협력이 제한될 가능성이 있다.

한국의 경우 미·중을 두 축으로 글로벌 반도체 공급망이 재편되는 과정에서 일본의 무역제재를 계기로 반도체 공급망 관련 대책이 강화되었다. 우선 「소재·부품·장비 경쟁력 강화 대책」(2019)은 3대 품목(불화수소, 레지스트, 플루오린폴리이미드) 및 100대 핵심 전략품목의 조기 공급 안정화 및 소부장 산업 전반의 경쟁력 강화를 목표로 ① 100대 품목[2]의 조기 공급 안정성 확보. ② 소부장 산업 전반의 경쟁력을 강화, ③ 대통령 직속 소부장 경쟁력강화위원회 설치의 세 가지 세부 목표를 제시하였다. 또한 2020년 7월 발표된 『소재·부품·장비 2.0 전략』은 대일본 핵심품목 위주였던 기존 소부장 정책에 미국, 유럽, 중국, 인도 아세안 등의 글로벌 차원의 핵심 품목을 더해 공급망 관리 정책 대상 품목을 338개 이상으로 확대하였다. 소부장 2.0에는 차세대 전략 기술을 확보하기 위해 2022년까지 5조 원 이상의 R&D 투자를 투입하며, 특히 반도체·바이오·미래차의 '빅3' 산업에는 2조 원 이상을 투자할 계획을 세웠다.

하지만 한국은 일본에 비해 상대적으로 간접적인 투자지원을 늘리고 있다는 점에서 차이가 있었다. 한국은 반도체 인력 육성 지원(대학원 정원 확대), 리쇼어링 및 첨단산업 기업에 대한 세제 혜택 등에 중점을 두고 있었던 반면, 일본은 기금 조성 및 타국 기업 유치 등 좀 더 적극적인 형태의 개입을 하고 있다. 기존 민간 차원의

---

2   3개 품목(불화수소, 레지스트, 플루오린 폴리이미드)을 포함한 20대 품목의 공급 안정화는 1년 내 달성, 특히 3개 품목의 경우 신속한 대체 수입국 확보를 지원, 나머지 80대 품목은 핵심 품목의 R&D 투자를 5년간 지원하기로 하였다.

반도체산업 육성에서 정부가 개입하는 형태로 정책이 변화하고 있는 것은 공통점이지만 양국이 반도체산업 내 가지고 있는 강점의 차이로 인해 한국은 공급망 안정화 및 초격차 유지를, 일본은 쇠퇴한 자국의 반도체산업 부활 및 타국 간 협력을 통한 첨단 반도체 개발에 집중하고 있다는 것이 주요 차이점으로 볼 수 있다.

4. 기술적 차원

기술적 차원은 정책의 투입, 과정, 환류 등 시스템 과정과 정책영향과 결과 등을 분석한다. 본 연구에서는 기술적 차원의 분석을 위해 일본의 대한 반도체 소재 수출규제에 대한 한일 양국의 대응 과정과 결과를 분석하고자 한다.

우선 일본의 경우 한국에 대한 수출규제를 통해 자국의 경제 안보를 수호하고자 하였다. (수출규제 원인으로 최초로 언급된 것은 강제징용에 대한 한국 대법원의 판결(2018년 10월)이었으나, 이후 일본 정부의 입장이 계속하여 바뀌었다.) 일본 정부는 7월 12일 한·일 실무급 양자협의에서 한국의 화이트리스트 제외 이유에 대해, 우리나라가 재래식 무기에 캐치올(Catch-All) 규제를 도입하지 않았다는 이유를 댔다(경향신문 2019.7.14.). 한국은 이에 반발하여 2019년 8월 5일『소재·부품·장비 경쟁력 강화대책』을 발표하여 반도체 소재의 대일 의존도를 낮추기 위한 정책적 움직임을 보였다. 또한 8월 12일 일본을 백색국가에서 제외, 8월 22일 한·일 군사정보보호협정(GSOMIA) 종료, 9월 11일 WTO에 일본을 제소하는 등의 추가 조치를 단행하였다.

표 4-10. 한일 경제안보정책 비교분석 결과 – ④ 기술적 차원

	한국	일본
공통점	• 상대국을 화이트리스트에서 배제 • 한일 갈등이 정치, 경제, 사회문화로 확대 및 심화 　-공통: 한일 군사정보보호협정(GSOMIA) 종료 　-한국: 일본의 무역제재로 인해 일본 제품 불매운동 발발, WTO에 일본 제소 　-일본: 강제동원 관련 대법원 판결에 불복하여 무역제재 시행 • 상대국에 대한 높은 의존도로 인해 수출입 재개 　-한국: 반도체 소재·장비 관련 수입 재개 　-일본: 일본 기업 수출 난항으로 인한 대한 수출 재개	
차이점	• 상대국에 대한 수입의존도 감축 시도 　-소재 수입국 다변화	• 경제 이외의 문제를 경제적 수단으로 해결하려 시도 　-안보상의 이유로 대한 수출 제재 시행

하지만 결론적으로 반도체 공급망 관련해서는 한일 양국 모두 이득을 얻었다고 보기는 힘들다. 우선 일본의 경우 수출제재를 통해 실질적으로 한국 반도체산업에 타격을 주지 못했다. 수출규제의 핵심 품목이었던 불화수소, 레지스트, 플루오린 폴리이미드의 경우 수출규제를 시작한 지 3개월이 채 되지 않아 다시 수출이 재개되었으며(김양희 2019), 수출규제를 피하기 위한 일본 기업들이 한국 내 법인을 세우고 협업을 하는 현상이 발생하였다. 한국 역시 일본이 수출제재를 가한 3대 반도체 소재(불화수소, 레지스트, 플루오린폴리이미드)에 대해 한국은 소부장 정책을 통해 소재·부품·장비의 국산화를 추구하였지만, 2021년 일본에서 수입한 100대 품목의 수입액(395억 달러)은 무역분쟁 이전인 2018년(381억 달러)보다 오히려 증가하였다(조선일보 2022.2.5.). 또한 2019년 일본의 수출규제 품목 3종 중 하나였던 '포토레지스트'는 일본 수입의존도가 2018년 93.2%에서 2021년 79.5%로 감소하였으며 이를 한국 정부는 '일본 의존도를 줄인 성과'라고 발표하였으나(산업통상자

원부 2021.7.1.), 실상은 일본 JSR의 벨기에 공장에서 제조된 제품을 수입한 것으로, 수입국만 바뀌었을 뿐 일본 제품에 대한 의존도가 높다는 사실은 변하지 않았다(日本經濟新聞 2021.7.2.). 불화수소 역시 솔브레인, 이엔에프테크놀로지 등 일부 국내 기업이 국산화에 성공하였고 제조 기술력을 확보해 양산까지 했지만(파이낸셜뉴스 2022.2.7.), 원료 수급 및 제조에 이르기까지 일본 화학회사와 협업한 결과였다(조선일보 2022.2.5.). 결과적으로 일본의 수출규제와 한국의 대응 과정을 통해 한일 양국은 반도체산업 내에서 가지고 있는 상호의존성을 다시 확인하게 되었다.

V 결론

첨단기술의 발전, 국제 분쟁의 격화 등으로 인해 경제안보의 중요성이 증대되고 있다. 특히 반도체는 민간제품과 방산제품 모두에 활용되는, 경제안보의 Key Technology라고 할 수 있다. 세계 각국은 글로벌 반도체 공급망 안정화 및 첨단반도체 생산능력 육성을 위해 다양한 경제안보정책을 수립하고 있다. 이러한 시류 속에서 한반도도 지속가능한 국가 번영을 위해 한국형 경제안보정책을 수립·시행할 필요성이 있다. 이를 위해서는 한국뿐만 아니라 한국에 영향을 끼칠 수 있는 국가의 반도체산업 경제안보정책에 관해 연구할 필요가 있다. 따라서 본 연구는 한일 반도체산업 경제안보정책 관련 문헌을 조사하고 조사결과를 쿠퍼의 다차원정책분석 모델을 활용해 비교분석하였다.

연구 결과는 다음과 같았다. 우선 규범적 차원의 경우, 미·중 패권 경쟁의 심화로 인한 자유무역주의의 후퇴, 자국우선주의와 이익블록화의 심화가 한일 경제안보정책의 공통적인 도입 배경으로 드러났다. 미국 오바마 행정부부터 시작된 대중(對中) 견제 기조는 현 바이든 행정부까지 이어졌으며, 특히 바이든 행정부가 추진하는 반도체 글로벌 공급망 개편은 한일 양국이 자국의 반도체산업 정책의 방향성을 수정하는 계기가 되었다. 하지만 한국의 반도체산업 경제안보정책은 신자유주의 및 자유무역주의를 바탕으로 구성되었지만, 일본의 반도체산업 경제안보정책은 상대적으로 자국우선주의 및 보호무역주의의 성격이 강했다.

구조적 차원의 경우, 한일 모두 경제안보정책 수립에 다양한 정부 부처가 관여하였다는 공통점이 있다. 한국의 경우 과학기술정보통신부, 기획재정부, 산업통상자원부 등이 일본의 경우 공안조사청, 국가안전보장국, 경제산업성, 문부과학성 등이 반도체산업 경제안보정책에 관여하였다. 하지만 경제안보 전담 컨트롤 타워의 유무 및 반도체산업 경제안보정책의 성격에서 차이가 드러났다. 한국의 경우 2022년 6월 30일 현재까지도 경제안보 전담 컨트롤 타워가 수립되지 않았으며, 주로 반도체 공급망 안정화를 위한 정책에 집중하는 모습을 보였다. 반면 일본의 경우 2020년 국가안전보장국 내 경제반을 설치하여 경제안보 전담 컨트롤 타워를 구성하였으며, 반도체 공급망 안정화를 위한 정책뿐만 아니라 특허공개 유보, 외자규제 강화 등 기술보안 관련 정책도 체계적으로 구성되어 있었다.

구성적 차원의 경우, 첨단반도체기술 관련 투자 확대와 첨단기술 개발을 위한 민관 협력이 확대되고 있다는 공통점이 있었다. 하지만 한국이 소재 수입 다변화 및 소부장 기업 육성에 집중했다면 일본은 글로벌 파운드리 공장을 직접 국내에 유치하였다. 추가로 일본의 경우 첨단기술 개발뿐만 아니라 유출 방지를 위해 특허 공개 유보·금지 등을 시행하고 있다. 이는 한일이 글로벌 반도체 산업 내에서 강점을 보이는 분야의 차이로 인해 발생했을 것으로 예상된다.

기술적 차원의 경우 '경제안보'를 표면적 이유로 시행되었던 일본의 대한(對韓) 반도체 소재 수출규제와 한국의 대응 과정 및 결과를 분석하였다. 우선 한일 모두 상대국을 화이트리스트에서 배제하였으며, 한일 갈등이 정치, 경제, 사회문화 등의 전 범위로 확대·심화되었다는 공통점이 있다. 하지만 결과적으로 일본은 자국 기업의 피해 및 WTO 제소 리스크로 인해 대한 수출규제를 유지하지 못했으며, 한국 역시 반도체 소재·부품·장비의 완전한 자립화에는 실패하였다.

연구 결과는 한국 반도체산업 경제안보정책에서 다음의 함의를 갖는다. 첫째, 반도체산업 내에서의 한국과 일본의 높은 상호의존성을 인지하고 반도체 공급망에 차질이 생기지 않도록 양국 관계를 개선하고, 첨단 반도체 생산을 위한 분업체제를 구성할 필요가 있다. 한국은 반도체 생산 부문에 강점을 가지고 있고, 일본은 소재·부품·장비에 강점을 가지고 있다. 또한 한일이 강점을 가지고 있는 분야는 단기간의 연구개발로 상대국의 수준을 따라잡을 수 없다. 따라서 한일 양국은 자국의 열위 분야를 보완하기 위해 집중하기보다는 협력을 통해 각국의 강점을 살릴 필요가 있다.

둘째, 타국의 경제안보정책에 한국의 반도체산업이 피해를 입지 않을 방안을 강구해야 한다. 한국은 일본의 수출제재로 인해 한 차례 반도체산업에 피해를 받은 적이 있다. 안보를 이유로 반도체 관련 소재·부품·장비가 국내로 유입되지 못할 가능성이 있음을 인지하고, 이를 사전에 방지하기 위한 대응 마련이 필요하다.

참고문헌

논문 및 보고서

관계부처. 2019. 「소재·부품·장비 경쟁력 강화대책」.

_____. 2020. 「소재·부품·장비 2.0 전략」.

김규판. 2021. "일본의 경제안전보장전략 추진 현황과 시사점." 『KIEP 오늘의 세계경제』 21(20). KIEP.

김양희. 2019. "일본의 대한 수출규제 1년의 평가와 전망." 『정책연구시리즈』 22.

사공목. 2022. "일본의 경제안보법 제정 경위와 함의." 『KIET 산업 경제』. KIET.

서승원. 2011. "21세기 동아시아 지정학과 한일 안보협력-수렴되는 중견국의 외교안보적 선택-." 『일본연구』 15: 379-401.

손경재. 2009. "Cooper의 다차원 정책분석 모형을 활용한 초등방과후학교 운영에 미치는 요인 탐색." 건국대학교대학원 박사학위논문.

이효정. 2022. "경제안보의 개념과 최근 동향 평가." 『IFANS 주요국제문제분석』 8.

정용현. 2005. "방위산업의 시장구조 결정요인이 기술혁신과 시장지배에 미치는 영향." 『한국방위산업학회지』 12(2): 81-108.

정우성·송정현. 2020. "한일 지역특구제도 비교: 한국 규제특구제도와 일본의 국가전략특구를 중심으로." 『일본근대학연구』 69: 303-330.

정훈. 2010. "Cooper 등의 교육정책 분석 및 모형에 관한 연구." 『국가정책연구』 24(4): 147-164.

포스트코로나경제연구포럼. 2022. "포스트 코로나 시대 통상환경 변화와 경제안보 전략은?" 대한민국국회.

内閣官房. 2022. 「経済安全保障推進法案の概要」.

經濟産業省. 2021. 「半導体·デジタル産業戦略」.

公安調査庁. 2021. 「経済安全保障の確保に向けて」.

村山裕三. 2020. 「日本の技術経済安全保障政策―米中覇権競争の中の「戦略的不可欠性」を求めて」. PHP総研特別レポート.

Acosta, Manuel, D. Coronado, E. Ferrándiz, M. Rosario Marín, and Pedro J. Moreno. 2020. "Civil-Military Patents and Technological Knowledge Flows Into the Leading Defense Firms." *Armed Forces & Society* 46(3): 454-474.

Baldwin, D. A. 2020. *Economic statecraft: New edition*. Princeton University Press.

Cooper, B. S., L. D. Fusarelli, and E. V. Randall. 2004. *Better policies, better schools: theories and applications*. New York: Pearson. Pub. Co.

Forge, J. 2010. "A note on the definition of 'dual use'." *Science and Engineering Ethics* 16(1): 111-118.

Lee, B. K. and S. Y. Sohn. 2017. "Exploring the effect of dual use on the value of military technology patents based on the renewal decision." *Scientometrics* 112(3): 1203-1227.

National Research Council. 2004. "Biotechnology research in an age of terrorism."

Schmid, J. 2018. "The determinants of military technology innovation and diffusion." Doctoral dissertation, Georgia Institute of Technology.

기사

"글로벌 소부장 강국 도약"…정부 '소부장 2.0 전략' 발표. 2021. ND. 〈https://news. kbs.co.kr/news/view.do?ncd=4490500〉. KBS News. (검색일: 2022.06.24.)

남지원. 2019. '에칭가스' 이어 '캐치올' 거론…이번에도 근거 못 내놓은 일본. 〈https:// www.khan.co.kr/economy/industry-trade/article/201907141955001〉. 경향신문. (검색: 2022.06.20.)

러 불화수소 들여왔더라면 어쩔 뻔… 전화위복 된 수입 불발 [러시아 제재 후폭풍 국내경제 유탄]. 2022. ND. 〈https://www.fnnews.com/news/20220227 1927127159〉. 파이낸셜뉴스. (검색일: 2022.06.24.)

박건형. 2021. 웨이퍼 든 바이든, 반도체 패권 선언. 〈https://www.chosun.com/ economy/tech_it/2021/04/14/WDSJKYIMLVDLBFZF2QS7WATMFE/〉. 조선일보. (검색일: 2022.06.24.)

임경업. 2022. '소부장 독립선언' 2년, 일본 의존 더 심해졌다. 〈https://www.chosun. com/economy/industry-company/2022/02/05/SB6TA2TS4ZFY3AUPCNKM 4O7ATI/?utm_source=naver&utm_medium=referral&utm_campaign=nav er-news〉. 조선일보. (검색일: 2022.06.24.)

Chad P. Bown. 2020. How the United States marched the semiconductor industry into its trade war with China. 〈https://www.piie.com/publica tions/working-papers/how-united-states-marched-semiconductor- industry-its-trade-war-china〉. PIIE. (검색일: 2022.06.09.)

Remarks by President Biden at a Virtual CEO Summit on Semiconductor and Supply Chain Resilience. 2021. ND. 〈https://www.whitehouse.gov/ briefing-room/speeches-remarks/2021/04/12/remarks-by-president- biden-at-a-virtual-ceo-summit-on-semiconductor-and-supply-chain- resilience/〉. (검색일: 2022.06.09.)

経済施策を一体的に講ずることによる安全保障の確保の推進に関する法律(経済安全保障推 進法). 2022. ND. 〈https://www.cao.go.jp/keizai_anzen_hosho/index.html〉. 内閣府. (검색일: 2022.06.24.)

木内登英. 2021. 深刻な半導体不足の悪影響は国民生活にも. 〈https://www.nri.com/ jp/knowledge/blog/lst/2021/fis/kiuchi/0813〉. NRI. (검색일: 2022.06.10.)

先端半導体生産に6000億円　補正予算案. 2021. ND. 〈https://www.nikkei.com/
　　article/DGKKZO77816950T21C21A1PE8000/〉. 日本經濟新聞. (검색일:
　　2022.06.10.)

小林内閣府特命担当大臣記者会見要旨 令和3年10月5日. 2021. ND. 〈https://www.cao.
　　go.jp/minister/2110_t_kobayashi/kaiken/20211005kaiken.html〉. 内閣府.
　　(검색일: 2022.06.24.)

首相「官民で1.4兆円超す投資」 国内の半導体製造支援. 2021. ND. 〈https://www.
　　nikkei.com/article/DGXZQOUA14CCN0U1A211C2000000/〉. 日本經濟新聞.
　　(검색일: 2022.06.10.)

韓国、対日依存減を強調　輸出管理厳格化から2年. 2021. ND. 〈https://www.nikkei.
　　com/article/DGXZQOGM025TB0S1A700C2000000/〉. 日本經濟新聞.
　　(검색일: 2022.06.15.)

필자 소개

송정현 Song Jung Hyun

동국대학교 일본학과 조교수
일본 고베대학교 경제학 박사

논저 "일본 자동차부품 기업의 기술 이노베이션과 경영전략-고이토제작소(小糸製作所)를 대상으로 한 사례연구-", "이코노믹 가드닝과 지역경제 활성화 방안-미국 및 일본 오사카부(大阪府)를 대상으로 한 사례연구-", "아베정권의 엔화 약세에 의한 무역수지 변화", "한일 자동차산업의 기술특허가 기업성과에 미치는 영향에 관한 연구"

이메일 arkenciel@gmail.com

제5장

일반국제정치학으로 보는 일본군 '위안부' 문제의 리드레스 운동

Revisiting the Redress Movement Related to the Issue of the Japanese Military 'Comfort Women' as a general IR Phenomenon

이민정 | 서울대학교 정치외교학부

본고는 한일 역사 문제가 양국을 넘어선 국제적 수준의 구조변동과 연계하는 지점을 파악하려는 서론적 성격의 글이다. 최근 한일 역사 문제를 둘러싼 정치적, 사회적 행위를 일반적인 사회과학의 연구 사례로 포착하고, 이를 분석하는 경험적 연구가 다수 축적되고 있다. 본고는 이러한 학술적 노력의 연장선 속에서 한일 역사 문제 중에서도 가장 국제적으로 활발한 활동과 논의를 보이는 일본군 '위안부' 문제에 주목한다. 그리고 기존에 한국어권에서 발표된 연구 성과를 분석적으로 서술하여 추후 한일 역사 문제를 경험적으로 연구하는 데 필요한 학문적 재료를 제공하는 것에 목표를 둔다. 이에 더하여 본고는 "일본군 '위안부' 문제를 둘러싼 리드레스 운동은 1990년대 초반에 어떻게 국제적 공간으로 전개되었는가"라는 질문을 중심으로 운동이 구성되는 현상 속에서 국제 체제 수준의 구조적 변동이 행위자와 연계되는 지점을 드러내고자 한다. 이를 통해 1991년 이후 일본군 '위안부' 문제에 관한 리드레스 운동이 그 양상을 달리하는 데 있어 행위자-구조 문제라는 이론적 시각이 유의미함을 강조하고자 한다. 이러한 예비적 시도는 앞서 소개한 학술적 자원을 추후 연구에서 활용할 수 있도록 단서를 제공한다. 결과적으로 '운동'과 '제도'의 경계라는 학문적 접근 속에서 일본군 '위안부' 문제의 리드레스 운동이 갖는 일반적인 국제정치학적 유의미함에 주목하고, 한일 역사 문제와 글로벌한 구조변동의 접점을 일면 포착할 수 있음을 주장한다.

This essay is an introductory writing to understand a linkage between history problems of Korea-Japan relations and global structural changes at the international level beyond the bilateral relationship. Recent studies related to history problems of Korea and Japan have captured these issues as social and political phenomena and rigorously conducted empirical studies for academic generalization. This essay follows such previous footsteps and focuses on the issue of the Japanese military 'comfort women,' which has generated the most diverse and active movements in the international arena. The purpose of the writing is to provide necessary academic materials for organizing future empirical studies related to the history problems by analyzing existing scholarship in South Korea. In addition to the literature analysis, this essay presents a detailed description of the redress movement related to the Japanese military 'comfort women' issue during the early 1990s. It emphasizes that the theoretical perspective of agent-structure problem provides a useful tool to understand structural conditions and opportunities for civil organizations to construct their ways of activities since 1991, and such preliminary research on the topic leaves some crumbs for the future studies. The core argument lies on the academic reassurance of investigating the Japanese military 'comfort women' issue as a general IR (International Relations as an academic discipline) phenomenon, and the possibility of capturing one aspect of the linkage between history problems and global structural changes.

KEYWORDS 일본군 '위안부' Japanese military 'comfort women', 리드레스 운동 redress movement, 사회운동 social movement, 역사 문제 history problem, 한일 관계 Korea-Japan relations, 행위자-구조 문제 agent-structure problem

I 서론

한일관계를 둘러싼 쟁점은 대부분 양자관계 속에서 논의가 이루어
졌다. 이는 한일관계에 관한 연구가 지역연구를 중심으로 이루어
져 온 점과 한국과 일본에서 발생하는 다수의 국제정치적 현상들
이 국제관계 전반으로 보았을 때 상당히 '예외적인' 사례들을 구
성하기 때문이다. 그리고 이러한 한일관계의 '예외성'은 두 국가의
역사적 맥락에 그 원인이 있다는 주장이 상당 부분 인정되어왔다.
이러한 흐름 속에서 한일 역사 문제는 특히 한일관계의 역사적 특
수성과 밀접한 관계를 맺는 쟁점으로서 국제적 수준의 흐름과 분
리된 채 국가 또는 국민의 정체성, 인식, 역사관, 감정과 같은 관념
적, 감정적 변수 또는 국내의 정치·사회적 맥락 속에서 설명되어
왔으며, 특히 문제의 원인 또는 해결의 시비(是非)를 중심으로 논의
되었다. 그러나 한일 역사 문제는 국제정치적 현상이 갖는 보편성
과 특수성, 동질성과 이질성이라는 양면적 성질을 함께 드러냄으
로써 오히려 "일반국제정치학"에 가까운 연구를 가능하게 한다.[1]

　　본고는 한일 역사 문제가 양국을 넘어선 국제 수준의 구조변
동과 연계하는 지점을 파악하려는 서론적 성격의 글이다. 그리고
지금까지의 연구 과정에서 한일 역사 문제에 관한 내용 대부분이
역사 문제의 특수성에 주목하거나 국가 간 협력 또는 관계 회복을
위한 문제해결 방안, 또는 개인의 피해보상, 인권회복 등을 위한

1　"일반국제정치학"이라는 표현은 동주 이용희가 서구중심적인 국제정치학의 근원
　을 학문적으로 검토하고, 민족국가라는 실천적 주체에 관한 고민을 담아 저술했
　던 『일반국제정치학(상)』에서 차용했다(이용희 2013; 옥창준 2017).

당위적 목표의 실현 방안과 같이 목표지향적이고 방법론적인 '운동으로서의 연구'를 중심으로 이루어져 있음을 조명하는 지점에서 출발한다. 그러나 최근 한일 역사 문제 또는 문제를 둘러싼 정치적, 사회적 행위를 일반적인 사회과학의 연구 사례로 포착하고, 이를 분석하는 경험적 연구가 다수 축적되면서 '운동'과 '제도'의 경계가 역동적으로 움직이고 있다. 본고는 이러한 학술적 노력의 연장선 속에서 한일 역사 문제 중에서도 가장 국제적으로 활발한 활동과 논의를 보이는 일본군'위안부' 문제에 먼저 주목한다. 그리고 우선 한국어권에서 발표된 기존 연구 성과의 특성을 분석하고 서술하여 추후 한일 역사 문제를 경험적으로 연구하는 데 필요한 기초적인 학문적 재료를 제공하는 데 목표를 둔다. 결과적으로 한일 역사 문제, 특히 일본군'위안부' 문제에 관한 기존 연구를 '운동'과 '제도'의 경계에 있는 학술 활동으로 포착함으로써 해당 문제를 일반적인 국제정치학적 현상으로 바라보는 학술적 시도가 갖는 중요성과 의의를 충분히 제고하고, 해당 사례를 연구하는 데 필요한 학문적 시각을 검토한다.

본고는 기존 문헌 분석에 더하여 "일본군'위안부' 문제를 둘러싼 리드레스 운동은 1990년대 초반에 어떻게 국제적 공간으로 전개되었는가"라는 질문을 중심으로 운동의 양상이 변화하는 현상 속에서 행위자와 국제 수준의 구조적 변동이 연계되는 지점을 일면 서술하고자 한다. 그리하여 결과적으로 일본군'위안부' 문제가 강제노동 문제와 함께 강제동원 문제로서 한일관계 속에서 통합적으로 다루어지다가 1991년 이후 시민단체의 국제연대, 국제기구 활동을 계기로 운동의 양상을 달리하였고, 이에 행위자-구조 문제라는 이론적 시각이 현상을 이해하는 데 유용함을 정리하고자 한다. 이는 하나의 예비적 시도이며 기존 연구에 관한 분석을 통해 확인한 학술적 자원을 추후 경험적 연구에서 활용할 수 있도록 시작점을 제공하는 데 그 목적을 둔다.

따라서 본고는 크게 세 부분으로 구성되어 있다. 첫째로 일본군'위안부' 문제의 리드레스 운동이 일반적인 국제정치학적 현상으로서 갖는 의미와 중요성을 다시 살펴본다. 둘째로 기존 문헌에 관한 검토를 통해 '운동으로서의 연구'로 시작된 일본군'위안부' 문제 연구 성과의 특성을 정리하고, 분석수준에 따라 한일 역사 문제와 연계하는 국내외적 요인을 정리하여 서술한다. 그리하여 일본군'위안부' 문제에 관한 연구는 상당 수준의 실천적 함의를 갖고 문제해결적인 접근을 시도하고 있으며, '문제'가 '현실화'한 후 약 30년의 세월이 흐름에 따라 최근에는 "일본군'위안부' 문제"라는 현상이 하나의 정치·사회적 연구 현상으로서 어떻게 나타나는지 분석하는 '제도권'의 노력이 지속하고 있음을 소개한다. 마지막으로 세 번째 부분에서는 일본군'위안부' 문제를 둘러싼 1990년대 초반 사회운동의 전개 과정을 기술적(descriptive)으로 서술하여 앞서 소개된 국내외적 요인이 어떻게 리드레스 운동과 연계하며 전개되는지 그 양상을 드러낸다. 결과적으로 '운동'과 '제도'의 경계라는 학문적 접근 속에서 일본군'위안부' 문제의 리드레스 운동이 행위자-구조 문제로서 갖는 일반적인 국제정치학적 유의미함에 주목하는 것이 한일 역사 문제와 글로벌한 구조변동의 접점을 일면 포착할 수 있게 한다는 점을 강조한다.

II 연구 현상 다시 보기

일본군‘위안부’ 문제는 국가에 의한 중대한 인권침해이자 전쟁 중 여성에 대한 성폭력 문제로서 국제적인 인정을 받았다(이민정 2018, 57-58).[2] 그리고 문제해결을 위한 시민사회의 활동은 한일관계라는 기존의 영역을 넘어서며 초국가적(transnational)으로 전개되고 있다(Min 2021, 19). 사회운동은 본래 국가라는 경계선 안쪽에서 가장 활발하게 관찰되지만, 일본군‘위안부’ 문제를 둘러싼 리드레스(redress) 운동은 특히 국가 간 관할권을 초월하여 중복적, 동시다발적으로 진행되는 법정 소송, 국제기구 관련 활동, 시민단체 간 국제연대 활동 등으로 분화, 변화하며 지금까지도 국제적 공간에서도 다양한 형태로 확인되고 있다. 본고는 일본군‘위안부’ 문제 자체가 갖는 국제성과 역동성, 그리고 현재성이라는 세 가지 성질이 국제정치적 현상으로서 해당 문제를 둘러싼 리드레스 운동의 특이성을 설명함과 동시에 보편성에 기반을 둔 학술적 논의를 가능하게 한다는 점을 지적한다. 이에 따라 제2절에서는 일본군‘위안부’ 문제 그리고 문제를 둘러싼 리드레스 운동이 어떠한 국제정

---

2   일본군‘위안부’ 문제를 "국가에 의한 중대한 인권침해" 사례로 보는 것은 테오 반 보벤(Theo van Boven) 특별조사관이 유엔 인권위원회의 결정에 따라 작성한 『중대한 인권침해의 희생자에 대한 배상(E/CN.4/Sub.2/1993/8)』에서 출발한 것으로 본다. 해당 보고서는 국가 주도의 인권침해에 대한 국가배상 문제를 다루면서 피해자 개인이 국가를 대상으로 배상 및 보상을 청구할 권리를 명시하고 있다. 그중 일본군‘위안부’ 문제에 해당하는 노예 · 노예유사관행은 중대한 인권침해에 해당하는 것으로 이해할 수 있다. 이에 더하여 일본군‘위안부’ 문제가 본격적으로 유엔 보고서에서 논의되기 시작한 1990년대 후반부터 해당 문제는 "전시하(戰時下) 여성에 대한 성폭력 및 성노예에 관한 여성 인권의 문제"로 규정되었다.

치적 현상이며, 왜 중요한 현상인지 개괄하고, 일본군'위안부' 문제에 관한 현상이 갖는 국제정치학적 중요성과 의의를 제고한다.

1. 왜 일본군'위안부' 문제인가?

본고는 한일관계와 세계 수준의 구조적 변동을 함께 포착하는 책의 목적과 함께한다. 그리하여 한일관계의 논점 중 하나인 한일 역사 문제에서 특히 일본군'위안부' 문제는 하나의 외교적 쟁점이기 이전에 국내외적 구조적 조건이 국가 및 비국가 행위자를 제약하고 다시 행위자가 구조에 영향을 미치는 '행위자-구조 문제(agent-structure problem)'라는 국제정치적 현상의 전형적인 한 사례로 의미가 있음에 주목한다(Wendt 1987, 350). 이는 일본군'위안부' 문제가 본질적으로 한일관계에 머무르지 않는 국제성을 띠고 있으며, 사안의 교차성(intersectionality)과 다원성(plurality)으로 인해 내외적 역동성(internal and external dynamics)을 갖는다는 점에서 출발한다.[3] 즉, 일본군'위안부' 문제가 이미 본질적으로, 지역적으로 국제적인 특성을 보인다는 점에서 이를 둘러싼 정치·사회적 현상은 국제적 수준의 구조가 행위자와 상호작용을 하는 과정으로 이해할 수 있으며, 문제의 내외적 역동성이 관찰된다는 점에서 같은 사안을 다루더라도 행위자의 특성에 따라 이를 해석하고 대응

---

3   '내외적 역동성'은 규범의 생애주기에 관한 논의에서 젠더주류화 규범의 느슨한 정의와 개념이 주는 모호성(ambiguity)으로 인해 내부적 논쟁이 지속되고, 이러한 내부의 논쟁이 규범의 실행 과정에서 행위자의 선택에 영향을 줌으로 인해 규범 관련 행위에 변주가 일어날 가능성을 지적한 크룩(Krook)과 트루(True)의 개념을 차용했다(Krook and True 2010; 황영주 2020, 229 재인용).

하는 대외적 행동이 다르게 나타나는 등 행위자 중심의 분석이 필요한 국제정치적 현상이라는 점에 유의한다.

일본군'위안부' 문제는 근본적으로 양국의 경계를 벗어나는 국제적인 특성이 있다. 먼저 일본군'위안부'로 존재했던, 또 피해를 본 여성은 조선인만이 아니었으며, 일본인, 대만인, 그리고 전쟁터가 위치했던 현지의 중국인, 필리핀인, 인도네시아인, 그리고 네덜란드인까지 군'위안소'에서 성폭력을 경험했다. 이는 문제가 1991년 12월 중요한 외교적 현안으로 인식된 후 약 1년도 지나지 않아 미국 정부가 빠르게 일본군'위안부' 문제를 아시아 태평양 지역 전체를 아우르는 보편적인 인권 문제이자 전후책임 문제로 다룬 점에서도 짐작해볼 수 있다(이민정 2018, 62). 아울러 여성이 동원, 노동, 귀환 등의 과정에서 국경을 초월하여 이동했다는 점은 일본군'위안부' 문제가 이미 공간적인 맥락에서도 국제성을 띠고 있었음을 알게 한다. 1990년대부터 일본군'위안부' 문제의 리드레스 운동이 국제적인 공간에서 전개되었던 점 또한 문제의 국제성을 드러낸다. 한 예로 한국정신대문제협의회(이후 정대협)는 리드레스 운동의 핵심적인 역할을 한 한국의 운동단체이다. 주된 활동으로 일본군'위안부' 피해자의 증언을 기록하고 피해보상의 구체적 요구를 제시하였으며, 한국에서만 아니라 일본, 미국, 유럽, 유엔 등 세계 각지에서 피해자가 활동가로서 역할을 할 수 있도록 지원했다. 특히 유엔과 주요 국제인권단체를 상대로 보고서를 제출하는 등의 정책 활동을 하거나 아시아연대회의 등을 통해 시민단체 간 국제연대를 구축해왔다(Min 2021, 7). 일본군'위안부' 문제의 표면적인 국제성에서 더 나아가 리사 요네야마(Lisa Yoneyama)

는 비판적 사고에 기초하여 일본과 미국이라는 공간에서 국가폭력의 기억과 이를 둘러싼 리드레스 문제를 다루는 "트랜스퍼시픽 비평(Transpacific Critique)"이라는 개념을 제시한다. "트랜스퍼시픽 비평"은 단순히 지역적 연계성을 지적하는 것에 그치지 않고, 과거 아시아와 미국에서 일어난 사건이 현재까지 지속되는 상황들을 "일본과 미국이라는 두 제국에 의해 자행된 폭력의 흔적과 그것에 대하여 작용하는 정치들"이라는 연계된 현상으로 해석하는 시각을 견지한다(마스부치 2019, 735). 문제의 지역적, 실질적 특성이 태평양을 횡단하는 국제적인 현상이라는 점에서 일본군'위안부' 문제는 본질적으로 국제정치학이 다루어야 할 국제적 현상임을 확인할 수 있다.

일본군'위안부' 문제가 국제정치학적 현상으로서 갖는 중요성은 일본군'위안부' 문제의 교차성과 다원성으로 인해 문제의 내외적 역동성이 발생하고, 이것이 행위자-구조 문제에서 행위자 중심적인 분석을 추가로 요구한다는 점에 있다. 먼저 교차성이란 1989년 흑인 여성 문제를 다룬 여성주의 이론에서 출발한 개념으로 주로 학제적 연구를 진행하는 학문적 분야와 인권 문제를 다루는 사회운동에서 활용해왔다. 인종, 계급, 젠더, 민족, 나이와 같은 사회의 권력관계가 서로 교차하면서 중층적인 압력 구조와 구조적 정체성을 형성한다는 의미에서 분석의 틀이자 연구방법의 하나로 활용되며 개인과 사회현상을 이해하고 설명하는 도구적 개념으로 소개되었다(Collins and Bilge 2020). 과연 교차성이 설명하는 것이 개인의 복잡한 정체성인지 사회의 중층적 권력 구조인지 논쟁적이지만(Cooper 2015, 385), 여전히 행위자-구조 문제에서 중요한 화두를 던지고 있는 개념으로 이해할 수 있다. 일본군'위안부' 문제는 제국과 식민지 관계, 전쟁, 인종차별, 여성비하의 가부장적 사회구조, 빈부격차와 같은 경제·사회적 조건이 중첩된 맥락 속에서 발생했으며(Min 2021, 20), 어느 하나의 맥락이 제외되면 이 문제를 온전히 다룰 수 없게 된다는 특징을 갖는다(정진성 2016, ix). 그리고 본고에서 사용하는 다원성은 "사물이나 현상의 근원이 여러가지인 성질"이라는 사전적인 정의를 활용하여 일본군'위안부' 문제를 구성하는 피해사실과 사회현실이 개인으로부터 출발한다는 점에서 다양한 개별 사례가 문제의 다원적 특징을 만든다는 것을 지칭하는 데 사용한다.

일본군'위안부' 문제가 갖는 교차성과 다원성은 그 용어에 관한 논쟁 속에서 먼저 확인할 수 있다. 일본은 1931년 만주사변부터 약 15년간 아시아와 태평양에서 전쟁을 수행하는 과정에서 여러 군사적 목적에 따라 남성인 군인들을 대상으로 여성의 성을 제공하는 제도를 마련, 운용하였다. 그러나 오랜 시간 동안 이를 지칭하는 공식적인 이름은 존재하지 않았다. 특히 식민지 조선에서는 여자 근로정신대와 같이 법령에 따라 공식적으로 여성을 동원하는 경우와 임의로 동원이 이루어진 경우가 공존했기 때문에 당시 조선인 또한 제도에 관한 명칭이나 인식이 명확하게 구분되어 있지 않았다(정진성 2016, 4). 이는 일본과 달리 한국에서 "정신대"라는 용어가 처음 문제 제기 단계에서 등장하게 된 배경을 설명한다. 이와 같은 의미에서 이러한 제도에 동원되어 자신의 성을 제공한, 그렇게 강제당한 여성들을 지칭하는 명칭 또한 혼재되어 있었다. 일본에서는 이미 1970년대 센다 가코(千田 夏光)의 소설 『종군

위안부(從軍慰安婦)』를 비롯한 글이 유행하면서 "종군위안부"라는 용어가 광범위하게 사용되고 있었는데, 이는 군인의 회고록, 소설, 언론 등에서 남성의 언어로 계속해서 등장하며 일반적인 표현으로 사용되었다(Ropers 2019, 116). 1990년대 여성주의의 물결 속에서 사후적으로 여성들이 인권침해 피해자로 인정되고, 문제가 정부 간 국제기구인 유엔(United Nations, UN)에 대두되면서 일본군 '위안부' 문제는 "전시하 군대 성노예제(military sexual slavery in wartime)"로 새롭게 규정되기 시작했다. 그 결과 여성 인권과 노예제에 관한 국제적 논의 속에서 "성노예(sex slave)"라는 용어가 피해자를 지칭하는 공식 명칭이자 국제 용어로 새롭게 제시되었다(정진성 2016, 8; 도츠카 2001, 23). 일본군이 운용한 제도의 명칭과 피해자를 지칭하는 용어는 계속해서 논쟁의 대상이 되었고, 기존 연구 속에서도 종군위안부, 위안부, 군위안부, 군대위안부, 군대성노예, 성노예 등이 혼재되어 사용되었다. 특히 실천적 맥락에서 일본 정부의 유력 인사들을 비롯하여 수정론, 부정론으로 대표되는 일부 학자들은 "성노예"는 역사적 사실에 반하기 때문에 용어의 폐기를 강력하게 주장하고, 일본군'위안부' 피해자를 "소위 위안부" 또는 "매춘부"로 지칭한다.[4] 반대로 연구가와 운동단체는 "위안부"라는 표현이 갖는 여성비하의 함의가 역사적 사실을 심하게

4   이러한 내용은 일본 정계의 유력 인사들이 2007년 미국 일간지인 『워싱턴포스트 (Washington Post)』 광고로 게재한 "사실(The Fact)", 그리고 최근 2015년 합의에서 '성노예' 용어를 쓰지 않기로 합의했다는 일본 정부의 발언, 하버드대학교의 존 마크 램지어 교수가 발표한 아시아·태평양 전쟁기 성 계약에 관한 논문에서 꾸준히 확인되고 있다. 관련 내용은 신문 기사에서 확인할 수 있다(일본군'위안부' 문제 연구소; 이가혁 2019; 김수진 2021).

왜곡한다는 인식하에 "일본군 성노예"라는 표현을 공식 용어로 재정립하기 위한 움직임을 보인다(정진성 2016, viii). 이러한 현상은 일본군'위안부' 문제의 교차성과 다원성이 용어를 둘러싼 논쟁으로 발화되어 현재 진행 중인 리드레스 운동과도 밀접하게 연동하고 있는 것으로 볼 수 있다. 문제의 내부적 역동성으로 인해 특징적으로 일본군'위안부' 문제를 다루는 연구자는 해당 문제를 정의하는 작업부터 연구를 시작하며, 필자는 '위안부'라는 표현이 성적 피해 또는 성적 폭력을 "남성에 대한 위안 행위"로 개념 짓는 표현임을 인지하면서도(정진성 2016, 5) 해당 용어가 거의 모든 언어권에서 이미 광범위하게 사용된다는 점을 이유로 들어 기존의 일본군'위안부'라는 용어를 사용하기로 한다.

일본군'위안부' 문제의 외부적 역동성은 개인의 사례가 일본군'위안부'에 해당하는지 아닌지를 논하는 여러 역사 문제 간의 경계선 작업에서 관찰된다. 즉, 일본군'위안부' 문제란 무엇이고, 다른 무엇으로부터 구분하고자 하는가에 대한 문제화의 과정에서 내외적 역동성이 드러나는 것을 볼 수 있다. 한 예로 일본군'위안부' 문제는 강제동원 문제 안에 속하면서도 성동원이라는 별개의 것으로 구분되고, 성동원은 다시 군'위안부'와 기업 또는 산업 현장 등에 있었던 일본인, 조선인 노동자를 대상으로 한 산업'위안부'와 구분된다. 1938년 일본제국은 『국가총동원법』을 제정하여 식민지를 포함한 모든 국가체제를 전쟁 수행을 위한 총동원체제로 개편하고, 1939년부터 1945년까지 다양한 방식으로 조선인을 동원하였다(행정안전부 국가기록원). 이는 일본이 1931년 만주사변, 특히 1937년 7월 중일전쟁 발발 이후 대대적인 군수물자 보급, 노동력

보급, 병력 충원이 필요해졌기 때문이었으며(한일민족문제학회 강제연행문제연구분과 2005, 16-17), 이전부터 자행되어 온 제국-식민지의 노동력 수탈체제를 효율적으로 제도화한 것으로 볼 수 있다. 이렇게 강제로 동원된 조선인은 기업노동자, 근로보국대, 근로정신대를 포함하는 노무동원, 징병되어 군인 등으로 복무한 병력동원, 군속으로서 포로감시자 또는 군노무자로 근무한 준병력동원, 군'위안부' 또는 산업'위안부'로 징집된 성동원 등으로 구분될 수 있으며(한일민족문제학회 강제연행문제연구분과 2005, 20-26; 행정안전부 국가기록원), 이들은 목적에 따라 배치 또는 재배치되어 강제노동에 처했다. 또한 이들이 동원된 형식 전체를 아울러서 "강제연행"으로 칭할 수 있는데, 이는 시기별로 모집, 관알선(官斡旋), 징용이라는 세 가지 단계를 의미하며 세 단계 모두 국가와 관의 강제력을 발동하여 동원하고 노동력을 착취했다는 측면에서 비슷한 강제성을 갖는 것으로 본다(한일민족문제학회 강제연행문제연구분과 2005, 18). 또한 강제연행은 물리적인 폭력이나 신체적 구속뿐만 아니라 교육, 회유, 설득, 협박, 임의로 내려진 결정 등에 따른 정신적 구속을 포함하는 개념으로 본다(한일민족문제학회 강제연행문제연구분과 2005, 16). 그리고 1944년 9월『국민징용령』이 공표되었고, 이 시기 동원된 조선인은 강제연행의 세 번째 단계에 따라 강제징용된 것으로 구분된다. 이러한 맥락에서 강제동원, 강제연행, 강제노동, 강제징용, 강제징병 등은 모두 다른 시기, 범위, 방식을 지칭하며, 일본군'위안부'는 강제동원, 강제연행, 강제노동의 일부이면서도 별개의 사안으로 구분되고 있다. 실제로 1990년대 초반 리드레스 운동의 전개는 강제동원 또는 강제연행 문제로부터 일본군

'위안부' 문제를 분리해내는 과정이었다고 볼 수 있다. 동시에 무력 갈등 또는 전쟁이라는 맥락이 강조되면서 산업 또는 기업'위안부'에 관한 관심은 흐려져 간 시기이기도 했다. 시간이 흘러 일본군'위안부' 문제에 관한 연구가 축적되면서 최근 논의는 쟁점을 서로 분리하기보다 인신매매, 강제매춘, 강제노동, 노예제라는 맥락에 일본군'위안부' 문제를 위치시키고, 더욱 광범위한 피해 사실을 강조하면서 강제성과 불법성을 인정받는 등 논의의 장을 확대하는 모습을 보인다(김은경 2021, 36-37). 이는 기존의 여성과 인권의 문제를 일본군'위안부' 문제와 함께 새로운 시각으로 재구성하는 시도로도 이해할 수 있다. 문제를 둘러싼 경계선의 변화는 일본군'위안부' 문제가 여전히 활발한 내외적 역동성을 보이고 있음을 드러낸다.

일본군'위안부' 문제의 외부적 역동성은 리드레스 운동이 여성주의부터 민족주의의 입장을 가진 다양한 집단을 포괄함과 동시에 내부적인 논쟁에 휩싸이게 된 현상에서도 뚜렷하게 드러난다. 일본군'위안부' 문제는 정부 서류를 비롯한 문서뿐만 아니라 피해자(여성) 또는 군인(남성)의 증언, 회고록 등 개인의 기억과 기록의 결과물을 통해 연구가 진행되고 있다. 그 과정에서 개인의 동원 과정, 처우, 경험 등이 구체적으로 드러나고, 국가별(인종/민족별), 지역별 차이와 함께 여성과 가난이라는 공통의 사회적 차별이 만들어낸 구조적 폭력이 함께 문제로 지적되었다. 민족주의의 시각에서 일본군'위안부'의 대부분을 차지했던 조선인 '위안부'가 나머지를 구성한 일본인 '위안부' 및 점령지 지역의 '위안부'와 다른 성격의 피해를 겪었다는 점은 중요하다(이타가키·김부자 2015, 6). 이러한 지점에서 일본군'위안부' 문제는 민족과 국가의 문제로 존재한다. 식민지 지배의 문제로서 일본군'위안부' 문제를 바라보는 것은 일반적인 전쟁과 여성의 문제로부터 역사적 맥락과 구조적 차이를 찾을 수 있도록 하고, 아시아·태평양 전쟁이라는 시기와 공간에 제한하기보다 전쟁 이전부터 자행된 국가폭력에 대한 폭넓은 시각을 제공하게 된다(이타가키·김부자 2015, 5-6). 여성주의의 문제로 일본군'위안부' 문제를 바라보는 시각은 모두 해당 문제가 '여성'의 문제라는 데 무게를 두지만, 페미니즘 담론 안에서도 견해는 매우 다양하다. 주로 일본군'위안부' 문제를 국제법상의 전쟁범죄이자 인권침해 사례로서 "전시하(戰時下) 성폭력 및 성노예" 개념에 유의하여 국가와 전쟁, 군대, 남성의 시각에서 여성이 이용되는 맥락에 유의한다. 그러나 전시라는 시기적 구분을 거부하고 평시 여성에 대한 성 착취와 사회의 구조적 폭력에 주의하는 시각도 존재한다. 이들은 전쟁에서의 폭력이 특별히 성적인 형태로 드러나는 것에 주목한다. 더 나아가 당시 식민지 조선의 가부장적 사회·경제 구조를 비판하고, 피해자가 과거 "민족적 수치"로 존재했던 상황과 주류 민족주의적 담론에 맞지 않는 사례가 사장되는 현상을 비판하는 견해도 확인된다(김은경 2021). 동시에 민족주의적 시각과 문제의식을 같이하며 일본군'위안부' 문제의 복합적 성격에 주목하고, 해당 문제가 영미권 주류 페미니즘 담론에 편입되는 과정에서 발생하는 문제의 "아시아화" 또는 "타자화", 그에 따른 피해자의 비가시화 또는 과잉 가시화의 위험성을 지적하는 연구도 발견된다(김은경 2021, 24). 문제가 갖는 교차성과 다원성은 사안에 대한 외부의 시선과 행위를 서로 다르게 구성함으로써 운동단체 간의 갈등이라는 실천적 차원의 문제를 발생시키기도 한다. 실제로 일본군'위안부' 문제를 둘러싼 시민사회 간의 한일연대가 성차별, 강제동원과 같은 보통의 여성과 인권 문제에 관한 합의를 중심으로 형성, 유지되었으며, 식민지 지배와 배상, 책임자 처벌 문제와 같은 민족주의적 쟁점에서는 마찰을 빚었다(정진성 2016, 168). 따라서 문제의 내외적 역동성을 둘러싼 논쟁이 매우 소모적인 것으로 지적되기도 하지만(정진성 2016, ix), 역설적으로 식민지 문제, 전쟁과 평화 문제, 여성 문제, 불평등 문제 등 서로 다른 사회 문제를 다루는 집단이 모두 일본군'위안부' 문제를 운동의 주요한 쟁점으로 삼고 목소리를 내는 효과가 있었던 점 또한 유의하여 살펴볼 수 있다.

결과적으로 일본군'위안부' 문제가 갖는 교차성과 다원성은 사안이 논쟁적으로 존재하는 조건을 형성함으로써 문제의 내외적 역동성을 부여하고, 서로 다른 개념과 담론 속에서 문제를 확산하고 수용하는 주체적 행위자의 문제를 제시한다. 이러한 점에서 현재의 일본군'위안부' 문제를 행위자가 주변환경과 역동적으로 상호작용을 한 하나의 역사적 결과물로 이해하고, 과연 무엇이 '문제'이고 무엇이 '원인'인지에 대해 행위자와 구조 모두를 다각적으로 살펴볼 필요성이 제기된다. 알렉산터 웬트(Alexander Wendt)는 행위자와 구조의 상관관계에 기초한 구조화 이론(structuration theory)을 국제정치의 메타이론으로 제시하면서 기존의 구조이론이 미처 설명하지 못하는 단위(unit)의 특성과 인과적 힘을 살펴볼 것을 제안했는데(Wendt 1987, 337), 일본군'위안부' 문제와 같이 행위자의 힘이 강하게 관찰되는 현상은 행위자-구조 문제에 유의하여 살펴볼 수 있는 국제정치학의 한 사례를 제공한다.

2. 왜 리드레스 운동인가?

앞서 일본군'위안부' 문제의 내외적 역동성을 지적하고, 행위자–
구조 문제에 유의하여 행위자 중심의 분석을 포함한 국제정치학적
현상으로서 이를 되짚어보는 의의를 살펴보았다. 한일 역사 문제
이자 국제정치적 현상으로서 일본군'위안부' 문제의 행위자가 뚜
렷하게 관찰되기 시작한 시기는 사실 1990년대 문제를 둘러싼 리
드레스 운동이 본격화하면서이다.

　　리드레스란 "보상, 바로잡기, 원래대로 되돌리는 것"을 의미
하는 영미권 개념이며 1990년대 이후 폭발한 국가폭력에 대한 과
거청산 또는 역사정의(historical justice) 운동에서 주로 사용된다
(마스부치 2019, 734). 특히 '리드레스 운동(redress movement)'이
라는 용어는 1988년까지 미국 국내를 중심으로 전개되었던 제2차
세계대전 시기 일본계 미국인을 상대로 일어난 강제이주와 수용에
관한 피해보상을 요구하는 사회운동 사례에서 가장 많이 사용되고
있다. 오랜 리드레스 운동 끝에 미국 의회는 1987년 시민자유법
(Civil Liberties Act)을 제출하고 1988년 최종적으로 이를 입법함으
로써 제2차 세계대전 당시 일본계 미국인과 알류트족(알래스카 거
주민)을 대상으로 발생한 "중대한 부정의(grave injustice)"와 그로
인해 개인이 겪어야 했던 "막대한 피해(enormous damages)"를 인
정하였으며, 국가의 이름으로 사과한 후 피해자와 그 후손에 배상
했다(Congress.gov 1988). 해당 문제 또한 미국과 아시아라는 공간

적 맥락에서 전쟁 기간에 벌어진 국가에 의한 인권침해 문제였으며, 일본군'위안부' 문제와 마찬가지로 사회의 소수자 문제 그리고 식민지 문제에 대한 인식 전환을 포괄하고 있었다(van Harmelen 2021). 리드레스 운동이 포괄하는 과거에 대한 회복과 배상의 문제는 현재를 살아가는 사람들이 문제의 부조리함과 불법성을 발견하고 사회의 가장 강력한 의제로 위치시키는 작업부터 시작된다. 그리고 피해자의 생존 여부가 아닌 세대를 넘어 지속되는 특정 집단에 대한 정치·사회적으로 부정적인 결과를 해결할 의무가 국가에 있음을 지적하는 공통점을 보인다(Brennan and Packer 2012).[5] 이렇듯 과거의 부정의를 증명하고, 현재까지 미치는 부정적인 영향력을 청산하기 위해 개인에 대한 국가배상이라는 사회적 요구를 전면에 드러내는 것이 리드레스 운동의 핵심으로 볼 수 있다.

1990년대 한일 역사 문제를 둘러싼 리드레스 운동이 주요한 국제정치적 현상으로 지목되는 이유는 우선 한일 역사 문제 중에서 역사인식에 관한 역사교과서 문제, 야스쿠니 신사 참배 문제, 그리고 영토 문제라는 쟁점과 달리, 실재하는 피해자와 그들을 지

---

5 브레난(Brennan)과 패커(Packer)는 식민지와 노예제, 그리고 대서양 노예무역에 관한 논의에서 과거의 노예제가 남긴 유산이 현재도 '인종주의'처럼 특정 집단을 향한 차별과 혐오를 동반한 특유의 편협함으로 나타나는 것을 지적하며, 이를 시정하기 위한 국제적 움직임이 2001년과 2005년에 있었음을 지적한다. 여기서 2001년과 2005년의 국제적 움직임이란 2001년 남아프리카공화국 더반에서 개최된 World Conference against Racism, Racial Discrimination, Xenophobia and Related Intolerance에서 채택된 선언과 행동계획, 그리고 2005년 12월 16일 유엔총회 결의안 60/147인 "Basic Principles and Guidelines on the Right to a Remedy and Reparation for Victims of Gross Violations of International Human Rights Law and Serious Violations of International Humanitarian Law"를 지칭한다(Brennan and Packer 2012, xi).

원하는 리드레스 운동을 통해 행동의 주체와 "정치적 요구"의 실체가 확인 가능하다는 점에서 질적으로 구별되기 때문이다(Chun and Kim 2014, 256). 이는 일본군'위안부' 문제를 비롯한 강제동원, 원폭피해, 강제노동, 강제이주 문제 등이 인간과 인권의 문제로서 특징적인 폭발력을 갖는 하나의 배경을 설명하며, 개인 행위자 중심의 분석이 필요함을 뜻한다. 그리고 한일 역사 문제가 단순히 과거에 머무르지 않고 이후의 시대를 살아가고 있는 사람들을 통해 현재의 시점에서 문제화한다는 점은 역사 문제가 필연적으로 갖는 현재성의 특성을 드러낸다. 즉, 역사 문제에서 변화가 관찰되는 것은 해당 문제가 다루는 과거가 변한 것이 아니라 과거를 해석하는 현재가 변화한 것이며(기무라 2019, 37), 역사가 본래 역사인식이라는 일정한 가치 기준에 따라 기록된 결과물인 만큼 현재의 가치 또는 기록자의 가치관에 따라 달라질 수 있는 주관의 산물이라는 것이다(기무라 2019, 57). 결과적으로 역사 문제의 현재성은 과거를 자신의 가치 기준에 따라 역사로 기록하는 행위자의 존재를 드러내며, 이러한 점에서 행위자와 구조의 역학을 가장 잘 관찰할 수 있는 현상은 문제를 현재화하고 지금에 계속 머무르게 하는 리드레스 운동이라고 볼 수 있다.

이러한 맥락에서 1990년대 한일 역사 문제를 분석하는 데 있어 정책이라는 국가 행위에 주목하는 것이 문제의 한 면만을 살펴보는 결과를 낳을 수 있음에 주의할 필요가 있다. 한 예로 하타노 스미오(波多野 澄雄)는 1990년대 한일 역사 문제를 둘러싼 현상을 전후보상 문제로 바라보고, "말"을 넘어선 국가의 법적 "보상"이라는 구체적인 조치가 고려되었던 "역사화해정책"에 유의한다

(하타노 2016, 183), 하지만 기무라 간(木村 幹)이 지적하듯 1990년대 일본군'위안부' 문제를 움직인 정치적 메커니즘 속에서 시민운동단체의 역할은 분명하게 확인되며, 이들은 당시 환경과 구조에 밀접하게 연동하면서 지속해서 문제를 "재발견"했다(기무라 2019, 237-238). 국제정치학에서 국가 행위가 가장 중요한 주제로 논의되더라도 한일 역사 문제가 갖는 현재성에 주목하게 되면 국가 주도의 전쟁책임과 전후보상 논의라는 정치과정을 넘어 과거를 현재에 위치시키고 새롭게 구성하는 리드레스 운동의 행위자와 구조를 발견하게 된다. 그리고 이러한 점에서 리드레스 운동은 실질적인 배상이나 보상, 그리고 정의 실현뿐만 아니라 역사에 관한 인식적 전환을 시도하는 모든 정치적, 사회적 운동을 포함하는 광의적 의미에서 바라볼 필요가 있다. 결과적으로 리드레스 운동에서 발견되는 행위자-구조의 상호작용을 충분히 조명해야 비로소 역사 문제를 둘러싼 정치·사회적 역학을 바라볼 수 있으며, 이는 한일 역사 문제를 둘러싼 리드레스 운동이 이미 주요한 정치적 메커니즘의 한 부분으로서 기능한다는 점에서 실천적 함의 또한 찾을 수 있다.

아울러 국가 정책이라는 분야에 한정하여 리드레스 운동이라는 현상을 포착하는 것은 국내적, 국제적 공간을 넘나들며 전개되는 운동의 실제 양상을 명확히 드러내질 못할 우려가 있다. 한 예로 한일 역사 문제에서 양국 관계를 넘어선 가장 국제적인 현상 중 하나가 리드레스 운동에서 포착되는데, 민병갑은 특히 2000년 일본군성노예전범여성국제법정(이하 2000년 법정)이 일본군'위안부' 문제의 리드레스 운동 중에서 특징적으로 "가장 많은 초국가적 연대"가 관찰되는 복잡한 국제적 현상임을 지적한다(Min 2021, 7).

또한 시민운동단체 간의 국제적 연대와 평화, 인권과 같이 지구적으로 보편적인 가치와 규범에 입각한 행위는 리드레스 운동이 국가 간 논쟁이라는 틀을 넘어서 존재하는 측면이 있음을 드러낸다(일본의전쟁책임자료센터 2009, 6-7). 이는 다른 말로 리드레스 운동이라는 국제적인 현상을 국가 행위자 중심의 분석적 틀로 포착하기 어려움을 뜻하며, 개인과 집단 등 비국가 행위자가 국제적 구조와 상호작용하며 직접적인 국제정치의 행위자로서 기능하는 현상을 이론적으로 설명할 수 있도록 학술적 노력이 동반되어야 할 필요성을 제시한다.

양극 체계에서 단극 체계로 이행된 국제 체제 수준의 변화가 관찰된 이후 국제정치학에서 지속해서 제기되는 비국가 행위자의 문제와 이에 관련된 국제정치학적 현상을 구체적으로 살펴볼 수 있는 하나의 사례로서 한일 역사 문제의 리드레스 운동은 의미가 있다. 또한 일본군'위안부' 문제의 리드레스 운동은 행위자의 존재와 실체가 확인 가능하며, 복잡한 행위자–구조 문제를 드러내고 있다는 점에서 중요하다. 웬트에 따르면 행위자–구조 문제는 분석수준(levels of analysis)의 문제와 별개의 질문을 다룬다. 분석수준의 문제가 외부적으로 주어진 행위자의 행동 원인을 규명하는 데 주목한다면, 행위자–구조 문제는 행위자와 구조를 주어진 것으로 보지 않고 단위의 정체성, 선호 등 내부적인 특성을 구성하는 무언가에 집중한다(Wendt 1992, 185). 그리고 여기서 주목을 받는 것이 행위자와 구조의 상호작용이다. 리드레스 운동의 행위자인 개인과 집단, 그리고 이들과의 상호작용을 통해 구성되는 국제적 구조로부터 운동의 반대편에 서 있는 국가 행위자 또한 자유롭지 않다는 점이 한일 역사 문제를 둘러싼 정치적 메커니즘을 설명한다. 물론 이러한 일반적인 수준의 학문적 함의를 끌어내기 위해서는 엄밀한 사례 선정과 연구 계획을 통한 경험적 연구가 진행되어야 한다. 본고는 일본군'위안부' 문제의 리드레스 운동을 국제정치적 현상으로서 살펴보는 것이 갖는 중요성과 의의를 제고하고, 그 시작점을 살펴봄으로써 연구의 단초를 제공한다는 점에서 우선의 의미를 찾고자 한다.

III 기존 연구 살펴보기

일본군'위안부' 문제를 포함한 한일 역사 문제를 다루는 연구는 국제정치학에 국한되지 않고 문학, 역사학, 법학, 사회학을 아우르는 학제적 연구가 계속해서 이루어지고 있는 것이 특징이다. 심지어 하나의 주제를 넘어서 "위안부연구("Comfort Women" Studies)"같이 학문적 분야의 가능성을 이야기할 정도로 영미권을 통틀어 일본군'위안부' 문제는 다양한 시각을 통해 초국적 지식의 장에서 논의되고 있다(김은경 2021, 15). 한국에서는 실질적으로 역사학과 법학에서 가장 많은 연구 성과가 산출되고 있으나 최근 30여 년 동안 일본군'위안부' 문제가 주요한 외교 과제이자 정치·사회 문제로 점화한 만큼 정치학, 사회학을 비롯한 사회과학 분야에서도 깊이 있게 다루어지고 있다. 사회과학 분야의 기존 연구는 일본군'위안부' 문제를 둘러싼 정치적, 사회적 변수를 발견하고, 한일관계라는 양자관계 속에서 역사 문제의 해결을 위한 조건을 규명하는 연구를 진행하고 있다. 특히 정치학에서는 국가 행위자가 주요한 분석 대상이자 수준으로 설정되기 때문에 역사 문제를 둘러싼 국가 정책과 국내외 정치과정에 주목해왔다.

일본군'위안부' 문제는 제2절에서 살펴본 대로 복잡한 행위자-구조 문제와 국제정치에서 새롭게 관찰되는 비국가 행위자의 중요성을 드러내는 국제정치적 현상이다. 제3절에서는 기존 연구가 일본군'위안부' 문제를 일반적인 정치·사회적 현상으로서 바라보기보다 특수하고 예외적인 현상에 대한 목표지향적이고 문제해결적인 접근을 시도하고 있었던 점을 조명하고자 한다. 그리고 이는 당장 당면한 문제에 대해 다양한 분석수준에서 원인과 책임의 소재를 규명하는 데 우선순위를 둔 결과임을 지적한다. 본고는 기존 연구의 이러한 특징을 '운동'과 '제도'라는 개념을 통해 파악하고, 일본군'위안부' 문제를 그 경계선에서 살펴보는 것이 유의미한 학문적 시각을 제공한다고 제시한다. 결과적으로 일본군'위안부' 문제의 리드레스 운동을 '운동'과 '제도'의 경계에 서서 살펴볼 때 한일 역사 문제의 행위자와 세계 수준의 구조 간의 상호작용과 역학을 명확하게 포착할 수 있으며, 보편적인 국제정치학적 논의 속에서 일본군'위안부' 문제를 새롭게 살펴볼 학술적 재료가 마련될 수 있음을 제안한다.

제3절에서 살펴보는 일본군'위안부' 문제를 둘러싼 연구는 단일 쟁점뿐만 아니라 한일 역사 문제 전반에 관한 연구 성과를 일부 포함한다. 이는 일본군'위안부' 문제 또한 다양한 쟁점들을 포괄하는 역사 문제의 한 부분이라는 점에서 이들이 공통으로 갖는 식민지 지배, 민족주의 등에 관한 문제를 공유하기 때문이다. 또한 본

고가 살펴본 기존 연구는 한국어권 연구를 중심으로 하며, 일부 영미권과 일본어권 연구를 언급하며 정리하고 있다. 마지막으로 제3절은 기존 연구의 특성과 경향을 조명하기 위해 여러 학문 분야의 연구 성과를 언급하지만, 이에 대한 전문적인 비판과 검토는 본고의 영역을 넘어서는 작업임을 언급해두고자 한다.

1. '운동으로서의 연구'와 '제도로서의 연구'

'운동으로서의 연구'란 기존의 학문적 태도를 모방, 표방하는 '제도로서의 연구'와 구분되는 것으로, 학자의 문제의식과 학문의 활용법이 주류적 학술 담론과 제도를 비판하는 독창적인 접근과 관찰로 나타나는 것을 의미한다(백영서 2014; 옥창준 2017, 94 재인용). 백영서는 '운동으로서의 학문'이 학문에 대한 방법론적 접근이나 대학, 학회, 학술지라는 제도권에 속하여 인정받는 학문 그리고 이러한 학술 행위를 지탱하는 지배적인 사회현실의 폐쇄성을 비판하며, 개인의 생활세계와 더 밀접한 관계를 맺는 탈제도적인 흐름의 학문, 또는 사회운동의 한 영역으로서 학술운동을 의미한다고 부연하여 설명한다(백영서 2014, 7). 그는 '운동으로서의 학문'은 사회현실에 대한 비판적 기능을 수행하는 "비평적 운동"이어야 하며, 제도권의 안팎이라는 이중적인 공간에서 '제도로서의 학문'과 서로 충돌하며 협력하는 역동적인 모습으로 확인된다고 본다(백영서 2014, 8-9). 즉, '운동으로서의 연구'는 기존 학계에서 주류 담론으로 기능하는 학문적 흐름과 이를 가능하게 했던 사회적 구조를 비판하고 이를 대체할 수 있는 대안적 주장을 제시하는 한편, 결과적으로는 제도권 학문에 흡수되는 또는 반발하는 학술 활동으로 이해해볼 수 있다. 이처럼 '제도로서의 연구'와 대비되는 '운동으로서의 연구'라는 표현은 한일 역사 문제를 둘러싼 지식 체계를 설명하는 데 적합하다.

우선 일본군'위안부' 문제를 주요한 주제로 다루는 '운동으로서의 연구'는 특히 여성주의/페미니즘(feminism)과 식민주의/탈식민주의(colonialism/post-colonialism) 시각의 연구 성과에서 찾아볼 수 있다. 두 개의 연구 분야는 일본군'위안부' 피해자와 사회운동을 지배해온 사회현실을 비판하고, 남성중심적, 국가중심적 문제해결 방식이 내포하는 규범적 한계를 지적함으로써 당위적 목적에서의 실천적 제언을 하고 있다. 여성주의 연구에서는 일본군'위안부' 문제의 본질이 가부장제를 비롯한 젠더적 위계질서가 반영된 정치·사회적 현상임을 지적하고, 특히 전쟁과 같은 폭력이 여성을 비롯한 젠더적 소수자에게 차별적인 영향을 끼치는 현상에 주목한다. 식민주의/탈식민주의 연구에서는 식민지 지배가 갖는 구조적 폭력성을 드러내고 현재까지 이어지는 과거 제국주의에 대한 책임이 역사 문제의 해결 과정에서 다루어져야 한다는 주장을 개진한다. 결과적으로 젠더적, 민족적 차별이 존재하는 시대적 배경에서 가난한 여성을 대상으로 발생했던 국가에 의한 인권침해가 일본군'위안부' 문제이며, 남성중심주의, 식민주의, 계급주의가 내재한 문제점이 해결 과정에서 해소되어야 한다는 문제 제기로 이해할 수 있다(Min 2003; 이타가키·김부자 2016, 6). 다만, 문제를 바라보는 비평적 시각을 공유하면서도 비판의 대상이 다르다는 점에서 여성주의 연구와 식민주의/탈식민주의 연구는 서로 반발했다.

한 예로 여성주의적 관점이자 인류학적 시각에서 일본군'위안부' 피해자에 대한 인권침해의 가장 큰 원인을 여성인 자녀에 대한 인신매매가 성행했던 조선의 가부장제라는 국내적 조건에서 찾는 소정희는 오히려 한국 사회를 되돌아보지 않는 민족주의적 서사가 문제해결에 초래할 수 있는 장애를 지적한다(Soh 2008; Min 2021, 4 재인용). 반대로 식민주의를 강조하는 맥락에서는 모든 조건에 앞서서 일본제국의 식민지 지배 구조가 갖는 구조적 폭력과 강제성을 조명하고, 오히려 일본군'위안부' 문제가 주류 페미니즘 담론에 흡수되면서 소거되는 지역성과 타자화의 문제를 지적한다(김은경 2021, 16). 그러나 최근에는 국제적 여성연대를 통한 여성주의와 민족주의의 양립 가능성을 논하거나 일본군'위안부' 문제의 교차성에 다시금 주목하는 연구도 존재한다(Herr 2016; Min 2003). 이러한 점에서 탈식민주의적 여성주의(postcolonial feminism)라는 통합적 시각을 제시하는 접근이 두드러지고 있으며, 그중에서도 "초국적 페미니즘"은 일본군'위안부' 문제의 교차성에 주목하여 제도의 복합적 배경과 기억과 망각의 정치 현상을 드러내고 있다(김은경 2021, 23). 결과적으로 일본군'위안부' 문제를 둘러싼 여성주의와 탈식민주의의 학제적 연구는 문제에 대한 총체적인 비평이자 '운동으로서의 연구'로 계속해서 나아가고 있다.

　일본군'위안부' 문제가 '운동으로서의 연구'로 존재하는 또 하나의 이유는 이에 관한 연구 성과가 사회운동의 한 영역인 학술운동으로 기능하기 때문이다. 한일 역사 문제를 둘러싼 학계의 연구는 시대적 요구와 밀접하게 연동하며 진행되었다. 이는 한국에서 일본군'위안부' 문제에 관한 연구가 1991년 피해자 김학순의 증언 이후 폭발한 것에서도 짐작할 수 있으며, 강제노동 문제가 2001년 일제강점하강제동원진상규명특별법 제정 과정에서 관련 연구가 본격적으로 진행된 사례에서도 유사하게 발견된다(한일민족문제학회 강제연행문제연구분과 2005, 5-6). 같은 맥락에서 역사 문제에 관한 학술적 성과는 각 문제를 사고하고 인식하는 체계와 소비하는 담론을 형성하는 데 분명한 영향력을 행사한다. 즉, 학술활동이 역사 문제를 해결하기 위한 사회운동의 일환인 경우가 상당히 존재하며, 이러한 이유에서 기존 연구 검토 자체가 학술운동의 한 기능으로서 연구 주제로 선정되기도 한다. 일본군'위안부' 문제에 관한 연구 경향을 분석한 논문은 김미정, 서현주, 김은경, 라미경의 논문을 살펴볼 수 있는데, 영미권 연구를 분석한 김은경의 논문을 제외하고 이들 연구는 공통으로 한국어권의 일본군'위안부' 연구가 문제의 범죄성과 일본의 책임성을 규명하는 데 기여한 성과를 분석한 후 앞으로 피해자 개인을 위한 문제해결에 필요한 연구 과제와 방향성을 지적하고 있다. 김미정의 경우 1990년대 한국의 일본군'위안부' 연구가 운동의 일환으로 등장하게 된 배경을 설명하며, 일본군'위안부' 문제에 관한 연구란 피해의 실체와 실행의 주체, 그리고 구체적인 내용을 드러내는 것에 있음을 지적한다(김미정 2007, 122). 따라서 앞으로의 과제로 역사학계에서 개인과 현지 상황에 관한 본격적인 실태연구를 진행하고, 정책에 대한 분석과 문제 제기를 연구자 차원에서도 실행할 것을 제안하고 있다(김미정 2007, 123). 서현주는 역사 문제에 대한 한국의 체계적 대응이 시작된 시점을 동북아역사재단이 설립된 2006년으로 설정하고, 약 10년간의 일본군'위안부' 제도의 강제성과 일본의 국가책임에 관한 연구 성과를 역사학을 중심으로 정리했다. 앞으로의 과제를 구체적인 쟁점을 통해 나열하면서 일본군'위안부' 문제의 학문적 탐구가 피해자 구제라는 현실적 요구를 충족시키며 나아가야 할 것을 지적하고 있다(서현주 2016, 216). 라미경의 경우 텍스트 마이닝(text mining) 기법을 활용하여 1977년부터 2021년 10월까지의 관련 자료 약 1500여 건을 통계적으로 분석하고 앞으로 일본군'위안부' 연구가 피해자 중심적인 문제해결을 위해 체계적으로 변화할 필요성을 지적한다. 특히 활동가와 연구자의 연구 성과를 분리하고, 연구 주제를 민족, 국가라는 영역에서 젠더, 기록의 영역으로 전환해야 한다는 제안은 특기할 만하다(라미경 2022, 31). 유사한 목적성이 드러나는 연구 성과로 강제노동 문제에 관한 연구 경향에 대해서는 신주백과 히구치 유이치(樋口雄一)의 논문을 찾아볼 수 있으며, 사할린 한인 문제에 관한 연구 경향은 방일권의 논문, 한인 원폭 피해자 문제에 관해서는 이지영의 글을 참고할 수 있다. 이처럼 한일 역사 문제의 기존 연구를 분석하고 정리하는 논문이 주기적으로 등장하는 현상은 사회운동으로서 학술운동이 지속되고 있음을 알게 한다. 또한 기존 연구의 검토 대상을 설정하는 과정에서 역사 문제 전반이 상정되지 않는 까닭은 한일 역사 문제의 방대함보다도 쟁점에 관한 문제해결적인 접근을 중시하는 하나의 현상으로 이해할 수 있다.

결과적으로 일본군'위안부' 문제에 관한 기존 연구는 '운동으로서의 연구'로서 상당히 비평적이고 목표지향적인 연구가 대부분을 차지하며, 한국어권에서는 학술운동의 일환으로서 실생활에 밀접한 연구가 함께 진행되고 있는 것을 알 수 있다. 더욱이

'운동으로서의 연구'가 주류 담론에 대한 독창적인 접근을 시도한다는 점에서 특히 한국의 학계는 이러한 경향을 두드러지게 보인다. 한 예로 클라리베이트 애널리틱스(Clarivate Analytics)가 제공하는 학술 논문 데이터베이스인 웹오브사이언스(Web of Science)에서 한일 역사 문제의 중심을 차지하는 식민지 문제에 관한 영어권과 한국어권의 연구 동향을 정의(justice), 책임(responsibility/accountability), 화해(reconciliation)라는 세 개의 핵심 단어로 설정해서 비교해보면 정의, 책임, 화해에 관한 영어권 논문 건수가 각각 3,137건(83.1%), 1,308건(68.4%), 614건(71.0%)이고, 한국어권의 논문 건수가 각각 637건(16.9%), 603건(31.6%), 251건(29.0%)으로 확인된다.[6] 주요한 특징으로 한국어권에서 정의에 관한 연구만큼 책임에 관한 연구가 진행되고 있다는 점과 식민지 문

6   웹오브사이언스(Web of Science)에서는 인증된 학술지에 게재된 연구 결과를 중심으로 색인을 제공하고 있으며, 특정 단어가 제목, 초록, 주제어에서 검색되는지 확인하여 노출함으로써 수사(rhetoric) 또는 담론(discourse)의 측면에서 선행연구의 성향을 분석할 수 있도록 한다. 영어권을 대표하는 "Web of Science Core Collection"의 경우 영미권에서 생산된 인문예술, 사회과학, 과학기술 분야 등재지 색인을 중심으로 학술회의 자료와 서평을 포괄하는 자료군이고, "KCI-Korean Journal Database"의 경우 한국연구재단이 제공하는 한국학술지인용색인을 이용하며 한국어권 자료군을 포괄한다. 필자는 식민지 문제를 다루는 연구를 특정하는 데 식민주의와 제국주의를 함께 검색하였으며, 최근 논의가 탈식민주의, 탈제국주의의 측면에서 이루어지고 있는 점을 고려하여 이 또한 검색에 포함하였다. 필자가 사용한 검색어는 ""colonial" OR "colonialism" OR "postcolonial" OR "postcolonialism" OR "imperal" OR "imperialism" OR "postimperial" OR "postimperialism""이다. 아울러 정의로는 ""justice" OR "injustice"", 책임으로는 ""responsibility" OR "accountability"", 화해로는 ""reconciliation""을 검색하였으며, 결과 내 검색 기능을 사용하였다. 논문 건수는 중복결과를 포함한다(Web of Science, https://www.webofscience.com/wos/woscc/basic-search (검색일: 2022년 9월 18일)).

제와 책임에 관한 논의에서 한국어권의 연구 결과가 높은 비율을 차지한다는 것이다. 이는 연구량이 압도적인 영미권 학계에서 식민지 문제를 '정의'의 문제로서 이해하고 논의하는 반면, 한국어권에서는 식민지 문제를 '책임'과 연결하고자 하는 학술적 시도가 주도적으로 이어지고 있음을 나타낸다. 한국어권 기존 연구의 특징으로서 '운동으로서의 연구'라는 성향을 확인할 수 있는 또 하나의 현상으로 이해할 수 있다.

이렇듯 '운동'과 '제도'라는 개념을 통해 일본군'위안부' 문제를 둘러싼 연구 지형을 살펴보면 '운동으로서의 연구'라는 특성이 연구의 주요한 측면을 구성하고 있음을 지적할 수 있다. 주요 담론과 사회현실에 대한 비평적 시각을 견지하고 실제 사회운동으로서 기능한다는 점에서 '운동으로서의 연구'는 일본군'위안부' 문제에서 무엇이 문제이고 무엇이 원인인지 새로운 논의가 전개될 수 있는 학술적 배경을 제공해왔다. 특히 한국어권에서 "책임"에 관한 논의가 주도적으로 전개되면서 다양한 분석수준에서 찾은 원인은 연구자 개개인의 가치 판단과 실천적 의도가 반영된 채 책임 소재를 둘러싼 논쟁으로 이어졌다. 이는 연구자의 목적과 의도와 무관하게 현재 한국, 중국을 비롯한 과거 일본제국의 식민지 또는 전쟁 피해국의 피해자와 피해자 유족을 중심으로 한 리드레스 운동이 진행 중이라는 점에서 역사 문제 연구가 모두 일정 수준의 실천적 함의를 갖기 때문이기도 했다. 그러나 결과적으로 현상의 인과관계를 둘러싼 논의가 책임 소재를 둘러싼 논쟁으로 귀결되면서(기무라 2019, 27) 무거운 책임에서 벗어나고자 새로운 주장을 전개하는 등 '운동'의 비평적 기능이 변질된 모습으로 관찰되기도 한다.

이어지는 내용으로 1945년 이전과 1990년 이후 시기의 일본군‘위안부’ 문제를 다루는 연구 경향을 살펴보면서 ‘운동으로서의 연구’라는 특성과 분석수준에 따른 책임 논쟁이 두 시기 모두에서 주요하게 관찰되면서도 1990년 이후 시기의 문제를 다루는 연구부터는 ‘운동’과 ‘제도’의 경계가 더 역동적으로 움직이고 있다는 점을 지적하고자 한다. 한일 역사 문제가 한일관계에서 일시적인 사건이 아닌 어느 정도 고정된 상수(常數)로 인식된 후, 지금의 한일관계가 마주하고 있는 현실정치와 현상에 대해 엄밀한 경험적 연구와 이론화, 보편화 작업을 위한 학문적 시도가 이어지고 있다. 이는 역사 문제가 주요한 정치·외교적 쟁점으로 자리를 잡음으로 인해 ‘제도권’의 방법론과 이론, 학술적 담론을 이용하여 주어진 사회현실 속에서 상황의 원인과 해결 방안을 논의해야 했던 실질적 필요가 반영된 결과로도 이해할 수 있다. 결국 ‘운동’과 ‘제도’의 경계에서 일본군‘위안부’ 문제를 살펴본다는 것은 연구 결과가 갖는 현실적, 실천적 함의를 충분히 인지하면서도 ‘제도권’ 내의 논의를 유의미하게 발전시킬 수 있는 균형 잡힌 시각을 견지하는 지점에서 출발한다. 그리고 이러한 시각이 일본군‘위안부’ 문제를 둘러싼 행위자-구조 문제를 이해할 수 있는 학술적 재료이며, 오히려 실제 행위자와 구조의 상호작용을 명확히 포착할 수 있는 하나의 방법임을 제안한다.

2. 일본군'위안부' 문제의 '실체': 1940년대까지 강제성과 불법성 논의를 중심으로

일본군'위안부' 문제의 기존 연구는 우선 "무엇을 문제로 인식하고, 무엇을 연구 대상으로 설정하는가"라는 질문에서 출발한다. 그리고 본고는 이 질문에 대한 답변을 기반으로 기존 연구를 크게 1940년대, 1990년대 이전, 1990년대 이후라는 세 가지의 시기로 구분한다.

먼저 일본군'위안부'라는 존재 그리고 실체를 규명하고, 특히 1945년 이전의 역사적 사실(事實, fact) 또는 사태의 진실(眞實, truth)에 관한 연구를 통해 문제를 명확히 하는 기존 연구가 있다.[7] 사실상 일본군'위안부' 연구의 대다수를 차지하고 있는 이 시기 연구 성과는 특히 역사학과 법학에서 중점적으로 확인된다. 역사학에서는 일본제국 시기, 특히 1930년대부터 1940년대까지 실제 사건이 발생한 시기에 생성된 사료(史料)에 기반을 두고, 사실(史實)과 그 맥락에 관한 기술(historiography)을 통해 현상을 해석, 이해할 수 있는 자료를 제공하는 역할을 한다. 법학에서는 일본군'위안부' 문제를 비롯한 한일 역사 문제에 대한 주요 소송 사례에서 밝혀진 사실관계를 분석하고, 당시의 국내외 법체계를 검토하여 법적 해결에 관한 법리 개발을 주요한 연구 목적으로 수행한다. 결과적으로 한국어권에서 역사학은 피해 실태를 명확히 하는 실천적 목표를 수행하고, 법학은 역사 문제의 사법적 해결을 위한 방법론

---

7   1945년 이전 일본군'위안부' 문제를 다루는 연구에서 '사실'과 '진실'이 서로 경합하는 담론의 맥락에서 사용되고 있는 것에 유의한다.

적 제언을 지속하고 있다고 이해할 수 있다(송규진 2018, 76). 특히 앞서 지적했던 책임 논쟁 중에서 국가책임의 문제와 직결되는 일본군'위안부' 문제의 강제성과 불법성은 1940년대까지의 연구에서 주요하게 다루어지는 연구 주제이자 결과에 해당한다.

1940년대까지의 사실관계를 밝히는 작업은 일본군'위안부' 문제를 논하는 모든 연구에 중요한 밑거름을 제공한다. 특히 선행연구의 학술적 성과가 일본군'위안부' 문제를 주요한 현안으로 위치시키고 책임 소재와 법적 논쟁을 전개하는 데 중심적인 '운동'의 역할을 했다는 점에서 1940년대까지의 연구는 지난 30여 년간 가장 많은 성과를 낸 분야라고도 할 수 있다. 따라서 모든 연구 업적을 상세히 논하는 것은 불가능에 가깝지만, 역사 문제를 검토하는 데 기초적인 학문적 재료를 제공한다는 점에서 본고는 1940년대까지의 일본군'위안부' 문제를 다룬 역사학과 법학의 대체적인 접근법과 결과를 아주 개괄적으로 서술하고자 한다.

일본군'위안부'로 존재했던 여성의 삶과 일본군'위안부' 제도, 그리고 그들이 살았던 시대적 배경을 주요한 문제이자 연구 대상으로 설정한 이 시기의 역사학적 연구는 사료에 대한 수집과 해석을 주된 연구방법으로 활용한다. 이 시기 연구는 특히 과거 일본제국이 지배했던 지역에서의 일본군'위안부' 모집, 동원과 연행, 이주 또는 이동, 노동과 폭력, 귀환 또는 정착, 때로는 죽음이라는 개인의 생애뿐만 아니라 이러한 집단으로 나타난 전체적인 현상의 구조적 원인을 설명하고, 그에 따른 강제성을 증명하는 것에 큰 노력을 쏟고 있다. 다른 말로 제국 시기 일본과 식민지, 그 외 아시아 지역에서의 제국-식민지 관계, 전쟁이라는 구조적 배경, 식민지 통치제도와 사회제도 등 국제, 국가 수준에서의 전반적인 구조적 맥락을 강조하며, 광의적인 의미에서 구조적 강제성을 규명하고자 한다. 특히 전쟁이라는 시대적 배경을 주요한 구조로 파악하는 것은 제도의 체계성과 관과 군의 책임성을 지적하는 데 유의미하다 (Min 2021, 20). 초석을 다졌던 주요한 연구 성과는 일본 방위성 자료를 통해 '위안부' 제도에 관한 일본군의 '관여'를 선제적으로 밝힌 일본의 역사학자 요시미 요시아키(吉見 義明)가 1995년에 발간하고 1998년에 한국어로 번역된 『일본군 군대 위안부(원서 제목은 從軍慰安婦(종군위안부))』가 있으며, 일본군'위안부'의 정의와 용어의 문제, 역사적 실상과 그에 따른 국가책임, '위안부' 제도의 특성 등을 연구한 윤명숙, 강정숙, 정진성 등의 논저를 살펴볼 수 있다 (라미경 2022, 23). 또한 일본군'위안부' 피해자의 증언을 기록, 해제한 증언집과 일본, 미국, 영국, 중국, 태국 등 다양한 국가의 정부 문서에서 일본군'위안부' 문제에 관한 사료를 모은 자료집을 확인할 수 있다. 사료 발굴 및 생산에 다수의 연구자가 참여했던 점에서 증언집, 자료집은 학술적 성과로서 특기할 만하다.

그러나 연구자가 현상 또는 행위의 원인을 개인, 집단, 국가, 국제 수준 중 어떤 분석수준에서 주요하게 찾고 있는지에 따라 강제성에 관한 논의는 일변한다. 연구자가 현상의 원인을 집단 또는 개인에서 찾는 경우 국제, 국가 수준의 요인은 당시의 일반적인 환경으로 설정되고, 연구는 가족 또는 업자의 역할, 개인의 경험을 사례 중심적으로 서술함으로써 결과적으로 국가나 제도의 광의적인 강제성을 부정하는 결론을 도출하기도 한다. 구체적으로 구조의 강제성이 아닌 물리적 폭력이라는 협의적 강제성의 주체가 여성의 가부장적인 가족 또는 식민지 조선의 민간업자였던 점을 부각하고, 일본군'위안부'로 존재했던 여성의 주체적 선택을 강조하면서 구조에 해당하는 국제, 국가 수준의 원인을 희석한다. 덧붙여 구조적 특징이 시공간을 초월하여 인류 역사에 '자연적'으로 존재했던 점을 강조하며, 구조는 강제성의 변수가 될 수 없음을 주장하기도 한다. 한국에서 논란이 되었던 박유하의『제국의 위안부』, 그리고 존 마크 램지어의「태평양 전쟁에서의 성 계약」을 둘러싼 논쟁 등이 이에 해당한다고 볼 수 있다. 결과적으로 이러한 연구는 일본의 관(官) 또는 군(軍)에 의한 강제연행 그리고 여성의 피해 사실을 부정하고 일본군'위안부' 문제의 원인, 즉 책임의 소재를 전환하는 시도로 이어진다.

이러한 연구는 한국에서 역사수정주의 또는 역사부정론의 연구 결과로 소개되고 있으며, 이미 합의된 학계의 담론을 뒤집을 만큼의 반증 사례나 논리가 제시되기 어렵다는 점에서 사실 그 수는 손에 꼽을 만큼 적다(김은경 2021, 45). 또한 사료의 수집과 해석, 사례의 선정, 논리적 전개 등 학문적 엄밀성의 측면에서 여러 비판이 이어지고 있는 것 또한 사실이다.[8] 본고에서 다만 논쟁적인 연

---

8 한 예로 역사수정주의, 역사부정론의 연구는 기존의 사료와 증언을 비판적으로 재해석하거나 정부의 공문서와 같은 물리적 사료의 직접적인 인용만을 역사적 사실로 인정하는 등 사료의 활용과 해석에 매우 다른 접근을 보인다. 또한 개인 사례에 주목한 연구방법을 취하면서도 역설적으로 피해자 개인의 증언 또는 군인의 회고록을 활용하는 과정에서 구술사적 검토가 아닌 증언자 개인의 신뢰도에 대한 검증이 시도되고, 결국 사례가 선별적으로 선정되는 오류가 발생하기도 한다. 박유하 저서에 대한 비판은 정영환의 글을 참고할 수 있으며, 램지어 논문에 대한 비판은 2021년 발간된 *Asia-Pacific Journal: Japan Focus*의 vol. 19, iss. 5, no. 12에서 찾아볼 수 있다.

구를 언급하는 까닭은 행위자 중심적 접근이 경계해야 할 부분을 지적하기 위함이다. 1940년대까지의 일본군'위안부' 문제를 다룸에 있어 개인 또는 국내집단 수준의 요인으로 전체적인 현상을 설명하기 위해서는 치밀한 인과관계 설정이 필요하다. 그리고 행위자—구조 문제에서 행위자와 구조 간 상호작용의 과정과 내용이 구체적으로 설명되지 않은 채 행위자의 '주체성'만이 강조되는 것은 구조의 영향력을 희석하면서 현상을 종합적으로 바라보는 데 어려움을 초래한다. 특히 20세기 전반을 살았던 여성의 경험 속에서 자율성과 주체성을 논하기 어렵다는 지적이 존재한다는 점은(박정애 2019) 행위자—구조 문제의 세부 내용을 엄밀하게 따져보아야 할 필요성을 제기한다. 요인의 분석수준에 따라 일본군'위안부' 문제의 강제성을 긍정 또는 부정하는 연구는 비평의 대상인 주요 담론과 사회현실을 다르게 설정하고, 각각 대안적 담론을 생산한다는 측면에서 모두 '운동으로서의 연구'라는 특성을 띠고 있다. 다만, 백영서가 지적하듯 모든 비제도권 학술 활동이 '운동'으로 인정되는 것은 아닌 만큼(백영서 2014, 8) 각각의 담론이 어떠한 사회현실을 비평하고 있는지 잘 따져보아야 할 것이다.

법학의 경우 법의식에 따른 자체적인 논리 전개 속에서 과거 일본제국의 조선 식민지 지배의 불법성을 법리적으로 규명하고, 1945년 이전 국제법적 체계 속에서 일본군'위안부' 문제가 일본제국의 위법 행위였음을 지적하는 연구가 이어지고 있다. 그중에서도 식민지 지배의 불법성, 특히 1910년 '한일병합조약'에 관한 연구는 한일 역사 문제 전반에 해당하는 것으로 위치 지어지면서 일본군'위안부' 문제를 다룸에서도 중요한 전제 조건이 되었다. 대

한민국의 국가정체성 및 국가정통성 문제와 긴밀하게 얽혀 있기
도 한 식민지 지배의 불법성을 다루는 연구는 조약의 유효성 그리
고 식민지 지배 전후를 둘러싼 통치의 정통성을 정면에서 비판하
는 기존 연구를 통해 전체를 언급하기 어려울 정도로 많이 축적되
어 있다.[9] 특히 당시의 국제법적 체계에 따라 조약 체결 과정에서
발견되는 강압, 절차상의 하자, 형식적 문제 등이 발견되며 이에
따른 조약의 불법성, 무효성이 지적된다(도시환 2010). 특히 식민지
지배를 불법적인 강점으로 보고 당시 자행되었던 국가 행위가 불
법의 연장선으로 이해되는 경우 일본군 '위안부' 문제를 비롯한 국
가에 의한 인권침해 문제는 국제적 강행규범(jus cogens)에 대한
위반이라는 지적으로 이어질 여지가 발생한다(도시환 2010, 15).[10]
여기서 더 나아가 김창록은 1910년부터 1945년에 이르는 35년간
의 지배를 유지한 법체계가 실정법에 해당하는 '법'이라 부를 수
없었던 강제력, 물리력에 의한 명령이었음을 주장하고, '근대'의
'국민'이라는 개념과 천부인권론에서 출발한 '입헌주의'를 평가의
기준으로 삼았을 때 당시의 법이 지배를 위한 자의적인 도구로 기
능했음을 지적한다(김창록 2001). 결과적으로 식민지 문제에 관한

---

9   물론 그와 반대로 1910년 '한일병합조약'의 합법성 또는 합법적인 조약으로 인정
     받는 역사적 과정을 서술한 학문적 성과 또한 존재한다(장박진 2017).
10   국제적 강행규범(jus cogens)이라 함은 "인간의 존엄성(human dignity) 존중"
     이나 "국제평화와 협력의 수호"와 같은 국제사회의 근본을 이루는 가치에 관련된
     규범으로서, 그 규범의 존재나 필요성에 관한 국제사회의 법적 확신이 조약, 선언
     이라는 국가 행위에서 확인되고, 그에 기반을 둔 관습국제법이 형성된 후 그 연장
     선에서 이탈불가성, 보편성, 규범적 우월성과 같은 강행성(indelibility)까지 국제
     사회의 공인을 통해 인정받은 특수한 성격의 관습국제법으로 이해할 수 있다(신
     우정 2020, 91-93).

연구 결과는 당시의 법체계를 재검토하고, 지배의 불법성과 함께 문제의 위법성 그리고 국가책임을 논하는 법리 개발의 한 성과로 이해할 수 있다.

이에 더하여 일본군'위안부' 문제가 과거 일본제국이 비준했던 조약을 비롯한 국제법과 국제규범을 위반한 행위였음을 지적하는 연구가 다수 확인된다. 당시 일본제국이 위반한 국제법은 구체적으로 전쟁법인 1907년의 헤이그협약과 관련 협약인 육전협약(陸戰協約), 1925년 일괄적으로 비준된 세 개의 추업(醜業)과 여성 매매금지에 관한 조약, 1930년 국제노동기구(International Labour Organization, ILO) 협약 제29호에 해당하는 강제노동금지규약, 전쟁범죄를 규정한 1945년 국제군사재판소 헌장과 1946년 극동국제군사재판소 헌장, 1968년 유엔총회에서 채택된「전쟁범죄 및 인도에 반하는 죄에 대한 공소시효 부적용에 관한 협약」등이 제기된다(한국정신대문제대책협의회 2000년 일본군성노예전범 여성국제법정 한국위원회 법률위원회 2001 ; 도시환 2015, 73-76). 결국 일본군'위안부' 문제가 포괄하는 인권, 전쟁, 여성, 인종, 노예화 등에 관한 국제법적 쟁점은 해당 문제를 '전쟁범죄'이자 '인도에 반한 죄'가 적용되는 국제법상 위법행위로 규정하고, 국제형사책임에 따라 범법자인 개인에 대한 처벌과 함께 일본의 국가책임의 적용이 필요하다는 논지로 이어진다.

1940년대까지 일본군'위안부' 문제가 갖는 불법성을 지적하는 법학적 연구는 문제의 다른 한편에 서 있는 일본 법원의 법적 논리에 대응하고 역사 문제의 사법적 해결을 시도하는 학술운동의 성격이 존재한다. 1990년대부터 이어진 한국인, 중국인, 재일(在

ㅂ) 외국인 피해자 등의 일본 정부를 대상으로 한 피해배상 소송은 "국가가 개인청구권을 포기"했다는 점과 "개인은 국제법의 주체가 될 수 없고, 국가무답책, 소송시효를 도과하며 일본 국내법은 소송을 지지하지 않는다"라는 일반론의 견지에서 대체로 기각되어왔다 (염벽선 2021, 1).[11] 이러한 판례를 극복하기 위한 법적 근거를 확보하는 차원에서 법리적 검토가 학문 분야를 통해 시도되어 온 것이다. 이에 더하여 '역사적 정의(historical justice)'라는 관점에서 식민지 문제와 국가책임 문제를 비평적으로 검토하여 대안적 담론을 제시하는 '운동으로서의 연구'라는 측면도 함께 관찰된다.

3. 일본군'위안부' 문제의 '해결': 1990년대 이후 리드레스 운동을 중심으로

앞서 살펴본 1940년대까지의 일본군'위안부' 문제를 다룬 연구 성과는 현재 전개되고 있는 리드레스 운동의 양상과 담론을 이해하고 형성하는 데 매우 중요한 역할을 한다는 점에서 '운동으로서의 연구'의 측면이 강하게 관찰되는 것으로 이해할 수 있다. 그리고

---

11   개인청구권 포기에 관한 논의는 일본과 중화민국 간에 체결한 1952년 화일평화 조약, 대한민국 간에 체결한 1965년 청구권협정, 중화인민공화국 간의 1972년 중일공동선언 등과 같이 국가 간 협의를 통해 개인청구권이 포기되었다는 논리에 근거한다. 개인이 국제법의 주체가 될 수 없다는 논리는 국제법상 개인의 권리주체성에 관한 것이며, 국제법은 국가를 대상으로 하는 법체계임을 논쟁하는 지점에서 출발한다. '국가무답책'의 논리는 대일본제국의 메이지 헌법에 기초한 것으로 국가-개인 관계, 특히 국가배상을 규정하는 데 있어 당시 법의 부재에 따라 국가행위로 인한 민간인 피해에 대해 국가가 책임을 지지 않는 논리이다. 소송시효와 제척기간에 관한 논쟁은 법리와 법적 원칙의 취지, 그리고 행정적 요인 등 제도의 목적에 관한 논쟁으로 이어진다.

이 시기 연구 결과를 역사 문제 연구의 중요한 밑거름으로 이해하는 것은 연구의 비평적 기능과 행위자로서 연구자의 특성을 인식하게 한다는 면에서 '운동'과 '제도'의 경계에서 일본군'위안부' 문제를 바라보는 데 주요한 바탕을 제공한다.

1990년대 이전의 일본군'위안부' 문제를 다룬 연구는 1990년대 이후의 문제를 다루는 데 필요한 전사(前史)의 의미에서 주목받아왔다. 그리하여 1990년대 이후와 대비를 이루는 측면이 강조되었고, 변화를 드러내는 학술적 장치로서 기능했다. 결과적으로 1990년대 전후를 다루는 연구는 모두 "왜 피해자는 1990년대 목소리를 내었는가"라는 질문에 대한 답을 구해왔다고 볼 수 있다. 그러한 점에서 1990년대 이전의 일본군'위안부' 문제 연구를 주도해온 핵심어는 "침묵"이었다. 개인과 집단 수준에서는 1940년대까지의 일본군'위안부' 문제에서 확인되는 여성의 주체성 결여를 공통의 문제의식으로 가져가면서 여성의 문제를 다루는 국가 또는 민족과 같은 집단행위자의 존재와 남성성이라는 행위자 특성에 주목한다(배하은 2021; 최은주 2015). 더 나아가 이 시기 피해자 여성의 목소리가 발화한 사례에 주목하면서도 사회현실 속에서 때때로 무시되거나 이용되면서 주체화하기 어려웠던 현상을 통해 개인을 둘러싼 구조적 요인을 규명한다. 국가, 국제 수준에서는 한국전쟁, 베트남전쟁으로 이어지는 동아시아의 전쟁이라는 배경과 이데올로기적 진영과 지배의 논리가 팽배했던 냉전체제, 그러한 국제체제에 충실했던 국가와 정부를 구체적으로 지목하는 연구가 존재한다(김현경 2021). 그리고 여성의 주체성이 자리 잡기 힘들었던 당시 국가·사회 수준의 가부장적 젠더규범, 성폭력 문제에 있어 여성에

게 비대칭적이었던 성규범 등이 논의된다(강소영 2019). 이는 피해자의 목소리가 발견되지 않았던 한국 사회에 대한 비판적 접근 속에서도 관찰된다(Soh 2008).

그러나 최근에는 피해자의 완전한 침묵이 아닌 대중문화 등에서 계속해서 발견되었던 일본군'위안부'의 표상과 재현방식을 하나의 현상으로 바라보거나, 전전에서 전후로 이어지는 일본군'위안부' 문제의 연속성에 주목하는 시각도 제시되고 있다. 장수희는 한국 사회에서 발견되는 일본군'위안부' 서사의 변화 양상에 주목하여 1960년대 단편적으로 등장하고 사라지는 방식에서 1970년대 후반 완결된 이야기로 등장하는 변화가 1980년대에 이르면서 전형적인 "냉전서사"로 굳어지는 과정을 검토한다(장수희 2021). 에릭 로퍼즈(Erik Ropers)의 경우 전후 일본에서의 재일한인/조선인 문제와 담론에 주목하고, 1970년대 이미 어느 정도 사회에서 공유되고 있는 일본군'위안부' 문제의 서사가 있었던 점에서 1990년대 이전 일본 사회를 단순하게 일본군'위안부' 문제에 대한 "기억상실(amnesia)"로 이해하는 것은 오류라고 지적한다(Ropers 2019, 114). 다른 측면에서 여성주의 연구는 일찍부터 일본군'위안부' 제도의 연장선으로 한국전쟁기 성폭력 문제, 기지촌 여성 문제, 미군'위안부' 문제 등을 다루어왔으며, 특히 이나영은 한국의 식민주의, 민족주의 문제가 여성과 교차하면서 국가와 남성, 국가와 여성의 관계가 다르게 나타나게 하고 남성의 주체성 확보를 위해 여성의 신체가 활용되는 지점에 주목한다(이나영 2013).

이러한 최근의 변화에도 불구하고 1990년대 이후와 대비되는 연구로서 1990년대 이전의 일본군'위안부' 문제 연구를 살펴보는 것은 1990년대 이후 문제를 다루는 연구자의 문제의식과 연구대상을 이해하는 데 여전히 유효한 시각을 제공한다. 결국 "왜 일본군 '위안부' 문제가 1990년대 폭발하였는가"에 관한 질문에서 시작하여 일본군'위안부' 문제를 포함한 한일 역사 문제의 해결과 '역사 문제'라는 현상에 관한 질문으로 이어지는 이 시기 연구는 실상 일본군'위안부' 문제의 리드레스 운동을 연구대상으로 하고 있다. 즉, '역사 문제'란 과거에 발생한 사건, 그리고 사건이 문제로 구성되는 리드레스 운동과 그에 대한 반응을 통합한 개념이며, 1990년대 이후에는 단순히 과거가 아니라, 현재에 서서 과거와 미래의 국가-개인 관계를 재구성하려는 리드레스 운동이 '역사 문제' 그 자체가 된 것으로 이해할 수 있다. 이렇듯 연구대상으로서 일본군'위안부' 문제의 리드레스 운동을 설정하는 것은 1990년대 이후 한일 역사 문제의 현상을 이해하는 데 오히려 적절한 접근으로 생각된다.

1990년대 이후 연구 성과는 문제의식에 따라 크게 두 분야로 구분할 수 있다. 첫째로 일본군'위안부' 문제의 리드레스 운동이라는 '역사 문제'의 해결을 주요한 질문이자 결과물로 제시해 온 연구가 중심적인 위치를 차지하고 있다. 이러한 연구는 목표지향적이고 문제해결적인, 따라서 방법론적인 특성을 가지며, 실천적 논리를 제시한다는 점에서 많은 수의 연구 성과가 축적된 분야이다. 다만, 같은 분야와 접근법 안에서도 과연 '문제(problem)'가 무엇이고 '해결(solving)'이란 어떤 것을 의미하는지 서로 다른 견해가 발견되기도 한다. 먼저 개인의 피해보상, 인권침해의 해결이라는 규범적이고 당위적인 목표를 달성하는 데 있어 사회현실의 폐쇄성을 비판하고 제도적 틀에서 벗어난 접근을 제시하는 '운동으로서의 연구'가 주요한 연구 성과로 발견된다. 이러한 연구는 피해자 개인의 정의 구현과 적절한 피해보상이 실현되지 않는 현실이 주요한 문제로 설정되며, 해결은 이를 가능하게 하는 새로운 현실의 모색으로 나타난다. 이러한 점에서 이타가키는 식민지 지배에 대한 과거청산 문제는 현재의 과제이며, 문제를 해결하지 못하는 현행법의 한계를 극복하기 위해서 정치적 판단이 필수적임을 지적한다(이타가키·김부자 2016, 240). 따라서 이러한 접근의 연구는 지금까지 양국 정부가 시도한 국가 중심적 '해결' 정책과 관련 시도가 갖는 도의적, 법적 한계를 지적하고, 여전히 문제가 해결되지 않았음을 드러내면서 새로운 해결책의 방향성을 제시한다. 스즈키(Suzuki)의 경우 2000년 법정 사례에 초점을 두고 역사 문제의 해결에서 비정부기구가 갖는 역할을 조명하면서 해결의 행위자로 국가가 아닌 시민사회의 가능성을 논한다(Suzuki 2012). 또 해결의 기준으로 국제법 또는 국제 수준의 인권규범이 주로 제시되는데, 한 예로 2015년 한일 일본군'위안부' 피해자 합의(이하 2015년 합의)가 국제법적 원칙과 이행기정의(transitional justice)와 같은 규범적 논의를 기준으로 설정했을 때 정당한 배상(just reparation)에 해당하지 않을뿐더러 문제의 해결에 이르지 못했음이 지적된다(Song 2021).

　　보편적 정의와 개인의 인권 보호에 관한 문제해결적 연구를 활발히 전개하는 분야는 국제법과 법체계에 주목한 법학적 연구 성과가 유의미하다. 1990년 이후를 다루는 법학 연구는 국내외 판례에서의 국제법 활용 근거와 법리 분석, 국내 판결의 국제법적 의의, 리드레스 운동에서의 국제법의 적용 가능성 등을 논의함으로써 역사 문제에 대한 사법적 해결을 위해 방법론적 제언을 지속하고 있다. 특히 판례에 관한 기존 연구는 판결문에서 확인 가능한 또는 미처 확인하지 못한 법적 쟁점을 지적하고, 민법적, 상법적, 헌법적, 국제법적 법리를 검토하여 판결의 사법적 의의를 조명한다. 법학에서 일본군'위안부' 문제에 관하여 가장 많이 다루어지고 있는 판례는 2011년 8월 30일 헌법재판소에서 판시한 정부의 부작위 위헌 결정이다(2006헌마788). 해당 판결은 중대한 인권침해에 해당하는 일본군'위안부' 문제의 해결에 대한 국가의 책임을 판시한 사례이며, 기존 연구는 외교와 사법 절차를 통한 문제해결의 가능성을 제시한 점과 문제 제기의 정당성을 인정한 점에서 해당 판례를 긍정적으로 평가하고 있다(신희석 2012; 오승진 2013). 더 나아가 국제 인권규범의 발전 속에서 국가의 외교적 보호 제도가 국가의 권리에서 의무로 이양되고 있는 점을 지적하고, 2011년 판례가 개인의 기본권을 중심으로 하는 사고가 반영된 국제규범적으로 매우 발전한 사례임을 지적하기도 한다(장복희 2013).

이어서 리드레스 운동의 국제법 활용에 관하여 국내외 시민단체 간 국제연대를 통해 만 2년의 준비를 끝으로 개최한 민간법정인 2000년 법정에 관한 법학적 검토 또한 하나의 주제를 구성하고 있다. 2000년 법정은 10개국의 여성운동단체가 주축이 되어 개최한 세계시민법정으로서 법적 구속력은 없으나 피해를 공식적으로 인정하고 범죄에 대한 명확한 책임을 논하기 위해 기획되었다. 결과적으로 일본군이 운영한 '위안부' 제도가 국제법에 반하고 그에 따라 범법자는 전쟁범죄를 범하였으며 이에 대한 일본 정부의 책임이 성립된다는 법이론적 기초를 정립한 점에서 의의를 찾는다

(한국정신대문제대책협의회 2000년 일본군성노예전범 여성국제법정 한국위원회 법률위원회 2001. 9). 특히 2000년 법정을 "국제적 행위자로서의 시민사회의 발전적인 역할"이 발견되는 중요한 사례로 소개하고, 민간법정이란 법이 국가나 정부에 귀속되지 않는 "시민사회의 도구"라는 전제에서 출발한다는 점을 지적한 크리스틴 친킨(Christine Chinkin)의 글은 괄목할 만하다(친킨 2001, 300).

한일 역사 문제 중 유사한 인권침해 문제의 사법적 해결을 목표로 한다는 점에서 강제동원 문제에 관한 판례 연구 또한 특기할 만하다. 강제동원 문제의 경우 국가뿐만 아니라 기업 또한 불법 행위의 대상으로 선정되어 기업을 상대로 한 소송이 다수 진행되었으며, 그중에서 한국어권 연구를 통해 가장 많은 논의가 이루어지고 있는 판례는 과거 일본 군수 기업인 미쓰비시중공업 주식회사(구 미쓰비시중공업 주식회사)와 신일철주금 주식회사(구 일본제철 주식회사)를 상대로 한국 법원에서 진행된 강제동원 문제에 관한 피해보상의 건에서 전향적인 결론을 내린 2009다22549(2012.05.24, 대법원 선고), 2009다68620(2012.05.24, 대법원 선고), 2013다61381(2018.10.30, 대법원 선고), 2013다67587(2018.11.29, 대법원 선고)이다.[12] 강제동원 문제에 관한 판례는 기업을 상대로 한다는 점에서 일본군'위안부' 문제에 대한 소송과 차이점을 갖지만, 외국(일본) 판결에 대한 승인 여부, 한국 법원의 재판관할권, 1965년 한

---

12   2009다68620 판례와 2013다61381 판례는 신일철주금 주식회사에 관한 대법원 원심파기 및 환송 판결, 그리고 최종 원고 승소 판결이며, 2009다22549 판례와 2013다67587 판례는 미쓰비시중공업 주식회사에 대한 대법원 원심파기 및 환송 판결, 그리고 최종 원고 승소 판결이다.

일 청구권협정과 개인청구권 문제,[13] 피해보상의 준거 기준이 통합적으로 논의된다는 점에서 한일 역사 문제 전반에 관한 유의미한 연구 성과를 축적하고 있다(남효순 외 2014, iv-v). 강제동원 문제를 둘러싼 국제법적 차원의 기존 연구는 독창적인 법리를 개발하고 있으며, 1965년 한일 청구권협정에 대한 법적 해석, 국가면제 법리의 적실성, 국가 또는 기업에 의한 인권침해와 국제법과 규범 적용 가능성을 논의한다. 먼저 1965년 한일 청구권협정에 개인청구권 문제가 포함되지 않으며 소멸시효에 대한 법리적 판단이 제공되었다는 점에서 판례를 긍정적으로 평가하는 연구가 확인된다(강병근 2014; 김승래 2019). 이에 더하여 신우정은 1965년 한일 청구권협정을 "일괄타결협정"으로 정의하고, 관련 판례를 중심으로 강행규범의 개념과 논리 속에서 일괄타결협정과 국가면제 법리를 비판적으로 검토하고 있다(신우정 2022). 신희석은 국제법적으로 일본기업의 피해자 구제 의무가 발생하며 일본기업과 정부가 소송에 따른 배상 이상으로 포괄적인 대책을 마련해야 할 것을 지적한다(신희석 2011). 강병근은 "심각한 인권침해"를 이유로 제기된 손해배상청구 문제와 그에 대한 대법원 판결이 국제법 원칙을 둘러싼 논의와 발전 방향에 부합하는 것이었음을 지적한다(강병근 2013). 박선아는 피해자의 법정 운동과 이를 적극적으로 인정한 대법원의 판결이 국가에 의한 범죄행위를 처벌하고 정의를 실현할 수 있는 기준을 마련한다고 평가하고 있으며(박선아 2013), 이계정은 헌법에 기초한 법리와 조약에 대한 해석이 인권 보호에 중요한 의의가

---

13   「1965년 한일 청구권협정」은 1965년 6월 22일 체결된 「대한민국과 일본국 간의 재산 및 청구권에 관한 문제의 해결과 경제협력에 관한 협정」을 의미한다.

있다는 점에 주목한다(Lee 2019).

일본군'위안부' 문제를 비롯해 한일 역사 문제를 둘러싼 한국어권의 법학적 연구는 외교 문제에서 사법부의 역할과 국제법의 공간을 소극적 적용이 아닌 적극적 변용의 측면에서 포착하고 있다는 점에서 행위자−구조 문제의 고민을 반영하고 있다. 이는 분석 수준의 문제 속에서 결정론적 결과물을 생산하는 구조적 요인으로서 국제법을 고려하는 시각과 차이를 보인다. 이러한 점은 특히 사건에 대한 국제법적 해석에 그치지 않고 한국의 판례가 국제법 체계의 발전에 어떠한 의의를 제공하는지 논의하는 지점에서 구체적으로 드러난다. 특히 사법적인 판단뿐만 아니라 비사법적인 정치·사회적 요인이나 인도적 고려의 중요성을 지적하고, 국제법의 공간을 국가라는 단일한 행위자만이 아니라 개인, 단체, 기업, 기관을 포함한 비국가 행위자가 직접 상호작용을 하는 장소로 포착한다는 점에서 국제정치적 변화를 관찰할 수 있는 여지를 제공한다(오승진 2013). 그리고 이는 '제도'와 사회현실 속에서 문제가 해결되지 않았던 방법론적 고민에서 출발한 비평적 '운동'의 학문적 결과로도 볼 수 있다. 물론 그 반대로 역사 문제 해결이라는 실천적 목표와 방법론적 논의에서 오히려 사법 공간의 확대를 비판하는 연구도 확인된다. 이근관의 경우 사법자제(judicial self−restraint) 원리에 관한 검토를 통해 대한민국 사법부가 외교 문제에 대한 실질적, 기능적 측면에서 신중한 태도를 견지하고 적극적인 사법 조치를 자제할 것과 관련 법리를 개발할 것을 제시하고 있다(이근관 2013a; 2013b). 킴(Kim Marie Seong−Hak)의 경우에는 식민지 지배 당시 법적 질서에 관한 법리적 판단이 어렵지만 필요하다고 지적하면서, 현대 헌법에 기초하여 식민지 지배기의 민사소송을 판결하는 법리가 갖는 위험성에 대한 경고와 함께 역사 문제가 법정에서 다루어지는 상황에 대한 자제의 필요성을 주장한다(Kim 2022).

역사 문제 해결에 관하여 국가이익에 반하는 국가 간 갈등 또는 협력의 부재가 문제로 설정되고, 문제의 해결 방안으로서 역사 문제의 관리 또는 분리가 제시되는 정치학 중심의 연구 성과도 존재한다. 정치학 분야 중 특히 국제정치학은 '국가'라는 행위자의 활동, 그리고 국제적인 공간에서 발생하는 현상과 국가 간 관계 연구에 특화해 온 학문으로서 집단과 집단 간의 정치적 관계와 현상을 다룬다는 특징을 갖는다. 물론 기술적으로 또는 사회과학적 진리의 추구를 위해 연구를 다루는 학문의 '제도적' 특성도 존재하지만, 국제정치학 또한 다른 모든 사회과학 분야와 마찬가지로 매우 '정치적'인 학문으로서 실천적인 논리와 정책적 필요에 따라 당시의 역사적 맥락 속에서 성립된 분야라고 할 수 있다(이용희 2013, 20). 국가를 중심 행위자로 놓고 현상을 분석하며 실천적 함의를 논한다는 점에서 국제정치학은 국가 중심적인 시각과 가치 판단 속에서 문제와 연구대상을 설정한다. 그 과정에서 때때로 역사 문제는 국가이익의 실현과 안보·경제 분야에서의 국제 협력을 저해하는 '문제(trouble)'로 등장한다. 특히 2015년 합의와 2018년 한국의 대법원 판결, 2019년 일본의 수출입관리법 개정(수출규제 조치)과 군사정보보호협정(GSOMIA) 파기 논쟁 등 한일 역사 문제가 안보와 경제 분야에서의 갈등으로 이어지는 듯한 양상이 연달아 관찰되면서 한일 또는 한미일 외교 갈등의 직접적인 또는 가까운 요인으로서 한일 역사 문제가 지목되고 있다(김영

수 2020; 박철희 2019). 마찬가지로 국가 간 관계의 정상화 또는 우호적 관계 수립의 실패가 주요한 문제로 설정되지만, 그 해결 방안으로 "화해(reconciliation)"를 제시하는 연구도 확인된다. 제니퍼 린드(Jennifer Lind)는 역사 문제를 구성하는 "사과(apology)" 문제에 주목하여 사과 전략이 초래할 수 있는 국내적 반발의 위험성을 경고하고 양자간 또는 다자간의 "기억(remembrance)"을 통해 국가 간 화해를 시도할 것을 제안한다(Lind 2008). 천자현은 보편적인 국제이론으로서 국제정의론, 특히 "회복적 정의(restorative justice)"라는 개념에 근거하여 동아시아의 전후보상 문제와 한일관계를 바라보는 것이 국가 간 화해에 유의미함을 제안한다(천자현 2015). 마지막으로 법학적 연구와 유사하게 당면한 외교 과제로서 한일 역사 문제를 해결하기 위해 한국과 일본의 국가 정책과 전략을 분석하고 구체적인 정책적 해결 방안을 제시하는 방법론적 연구 경향도 함께 확인된다(남상구 2017; 조윤수 2014).

1990년대 이후의 일본군'위안부' 문제를 연구하는 두 번째 분야로 일본군'위안부' 문제의 리드레스 운동이 보이는 '역사 문제'라는 현상이 과연 무엇인지에 관한 연구가 이어지고 있다. 이는 역사 문제를 '문제(problem)'로 보기보다 '문제(question)'로 접근하는 연구로 이해할 수 있다. 앞서 방법론적 연구가 문제해결적 접근을 보이며 많은 경우 비평적인 '운동'으로 기능했던 것과 달리 '제도로서의 연구'라는 측면이 동시에 관찰되며 '제도권'의 이론과 방법론을 사용하거나 현상을 설명하는 특정한 사회현실을 지적하는 연구 결과가 주로 확인된다. 이 분야 연구는 구체적으로 일본군'위안부' 문제의 리드레스 운동이 왜 1990년대 본격적으로 시작되었으며 어떻게 지속되고 있는지를 다루는 지점에서 출발한다. 시기적 특징을 보이는 국제정치적 현상에 관해 기존 연구는 이를 분석 수준의 문제로 바라보고 국제적 수준에서 개인 수준까지 그 현상을 설명하는 구체적인 요인을 제시한다. 다만, 어느 하나의 요인이 결정적이었음을 주장하기보다 모든 조건과 요인이 잘 맞아떨어진 매우 "시기적절한(timely)" 현상이었음을 강조한다(Min 2021, 29).

먼저 개인 수준에서 가장 중요한 요인으로 논의되는 것은 일본군'위안부' 피해자이다. 이에 더하여 학술운동으로서 중요한 성과를 제시했던 연구자, 리드레스 운동에 중심적인 역할을 했던 시민사회의 활동가, 영향력 있는 발언 또는 정책에 관여한 정치인의 존재가 리드레스 운동의 역사적 변곡점에서 경험적으로 주요하게 확인된다. 그리고 집단 수준에서 운동단체를 비롯한 시민사회라는 비국가 행위자에 주목한 논의가 발견된다. 천자현과 김유철은 한일 역사 문제를 둘러싼 사회운동을 "관념적 화해(ideational reconciliation)"의 관점에서 포착하고 국가 간 화해라는 현상에서 시민사회가 주요하게 등장할 수 있는 이론적 틀을 제시한다(Chun and Kim 2014). 그리고 시민사회에 주목한 논의는 특히 시민단체 간 연대(solidarity), 특히 여성 인권단체 간 국제연대에 관한 연구에서 주요하게 다루어지고 있다. 정미애는 한일 간 국제연대에 주목하여 시민사회가 국내적, 국제적 공간 모두에서 폭넓은 정치적 영향력을 행사하는 것을 드러낸다(정미애 2011). 민병갑은 일본군 '위안부' 문제의 초국가적 리드레스 운동이 한국의 정대협을 중심으로 한 각국의 주요 운동단체와 국제 인권단체 간의 복합적인 연대, 그리고 한국인 이민자의 초국가주의 또는 초국가적 민족주의로 인해 가능했음을 제시한다. 그는 이러한 연대의 중심에는 여성에 대한 성폭력 문제가 여성 인권에 관한 문제라는 공통의 인식이 있었음을 지적한다(Min 2021, 29-31). 하수누마(Hasunuma)와 맥카시(McCarthy)는 유사한 문제의식에서 미국 전역으로 진출한 한반도 출신 교민들의 국내정치적 영향력과 인권 문제를 둘러싼 초국가적 여성연대에 주목하여 일본군'위안부' 평화비를 둘러싼 사회운동을 분석한다(Hasunuma and McCarthy 2019). 개인과 집단 수준의 요인이 현상의 원인으로 지목된다는 것은 행위자로서의 특성과 성질이 유효한 영향력을 행사했다는 지적으로 이해할 수 있으며, 역사 문제라는 현상을 행위자와 구조의 상호작용이라는 측면에서 바라볼 수 있는 중요한 단서를 제공한다. 또한 이러한 개인과 집단 간의 연대 또는 관계(network)에 주목한 분석은 초국가적이라는 현상의 특성으로 인해 국제적 수준의 요인과 긴밀하게 연계되어 논의가 전개되는 만큼 한일 역사 문제가 국제 구조와 연계하는 지점을 고민해볼 수 있도록 한다.

국가적 수준의 요인이자 국내정치적 변수로서 가장 주요하게 제시되는 것은 한국의 민주화이다. 1990년대 이후를 다루는 거의 모든 일본군'위안부' 연구에서 한국의 민주화는 시민사회의 변화 속에서 중심적으로 논의된다. 이에 더하여 기무라는 한국과 일본 정치엘리트의 세대교체를 국내정치적 요인으로 제시한다. 과거의 산증인이었던 이전 세대와 달리 1980년대부터 전쟁의 총력전 체제나 식민지 지배를 경험하지 못한 정권이 등장하면서 의도적으로 가려졌던 과거가 "발굴"되었다는 지적이다(기무라 2019, 75). 기무라는 또한 정부와 시민 간의 관계를 규율했던 과거 정치엘리트 집단의 일률적인 지도와 통제라는 방식이 1980년대 이후 한국의 민주화와 엘리트 집단의 세대교체 속에서 완전히 변화했음을 설명한다(기무라 2019, 157). 또 다른 국가 수준의 요인으로 사법기관의 국제적 영향력을 살펴볼 수 있으며, 양기호는 2018년 한국 대법원의 판결이 한일관계의 중요한 "구조적 변용"임을 제안한다(양기호 2020).

일본군'위안부' 문제뿐만 아니라 한일 역사 문제를 설명하는 국가 수준의 관념적 요인으로서 역사인식이 제시되기도 한다. 하타노는 일본의 민주주의 사회와 국가 중심적 역사정책의 부재 속에서 "공공의 기억(public memory)"이 형성되지 못하고 파편화돼 버린 일본의 역사관을 역사 문제의 발현과 지속의 주요한 요인으로 지적한다. 그에 따르면 동아시아에서 일본을 둘러싼 전후의 논쟁은 다양한 역사인식이 공존하면서 경합하고 있는 현상을 반영한다. 그리고 이는 일본의 역사정책이 다양한 해석과 자유로운 인식의 공존을 보장하는 한편, 주변국이 식민지 지배와 전쟁의 경험을 바탕으로 어느 정도 국가 수준에서 공유된 역사상을 정립해나가는 과정으로 인해 문제가 발견되고 있음을 의미한다(하타노 2016).[14] 역사인식이 국가 수준의 관념적 요인으로 강조되면서 일본군'위안부' 문제를 한국의 민족주의, 일본의 우경화라는 관점에서 설명하는 방식이 때때로 등장하기도 한다.

14 구체적으로 일본에서 '전쟁'이란 좁게는 직접적인 전후처리를 담당했던 미국과 1941년부터 벌인 아시아·태평양 전쟁을 의미하지만, 실제 구(舊) 일본군들에게는 "천황폐하의 큰 뜻"에 따라 대륙으로 이동하며 자행된 1931년 만주사변과 1937년 중일전쟁을 포괄하는 대동아전쟁을 일컫는다. 하지만 일본을 둘러싼 주변국가, 특히 과거 식민지 피해국들에 실상 '전쟁'이란, 그리고 '전후'란 "일본의 제국주의와 식민주의 역사"를 포함한 약 50여 년의 시간을 청산, 극복하는 것을 의미했다(하타노 2016, 6-7). 즉, 주변국은 식민지 지배를 침략전쟁의 일환으로 인

국제적 수준의 요인으로는 냉전과 탈냉전의 체제적 요인과 한일 양국 간 관계의 변화, 국제규범의 차원에서 여성 인권에 관한 규범적 논의의 확장 등이 제시된다. 민병갑은 국제 체제 수준의 변화에 따른 세계화(globalization)가 개인과 집단 수준에서의 사회운동 양식을 초국가적으로 변화하는 데 중요한 역할을 했음을 지적한다(Min 2021, 29). 그리고 기무라는 역사 문제가 한일을 비롯한 국제관계와 한국 국내적 변화에 크게 영향을 받는다고 지적하며, 역사 문제의 발화는 1980년대 후반 한국을 둘러싼 국제상황과 한국의 경제력이 바뀌면서 한국에서 차지하던 일본의 중요성이 저하된 점이 주요한 조건으로 작용했음을 지적한다(기무라 2019, 95). 특히 개발도상국에 대한 선진국의 경제 점유율 저하, 세계화로 인한 국제적 선택지 확대와 상대적 중요성의 감소를 세계 수준의 일반적 현상으로 설명하고, 한국의 경제성장과 대외무역 의존도 증가라는 국가 차원의 변화를 양국의 특수한 맥락에서 이해하고 있다는 점이 중요하다(기무라 2019, 89-90). 국제적 수준의 요인 중 국제규범의 차원에서 여성주의와 여성 인권운동의 발전은 주요한 원인으로 등장한다. 양기호는 1990년대 시민단체와 국제여론이 일본군'위안부' 문제를 주도하는 과정에서 세계적으로 확산하던 페미니즘이 용이한 환경을 제공했음을 지적한다(양기호 2015, 14). 당시 보스니아, 르완다, 콩고 등에서 국제사회의 이목을 끄는 사태가 발생하면서 전쟁 또는 점령지에서 발생하는 여성에 대한 성폭력 문제가 유엔인권이사회와 다른 세계 규모의 인권단체에서 중요

식하면서 청일전쟁과 러일전쟁부터 주권 침해가 일어났던 역사를 전부 '전쟁'으로 포착하고 있는 것이다(이타가키·김부자 2016, 9-10).

한 문제로 다루어지기 시작했다(Min 2021, 30). 1990년대 여성 인권운동의 신장은 아시아 각국의 민주화, 그와 함께 전개된 세계적 규모의 리드레스 운동과 함께 주요한 세계적 흐름으로서 개인과 집단 행위자가 전시 성폭력으로 인한 피해 사실을 밝히는 중요한 사회적 환경이 조성되도록 했다(이타가키·김부자 2016, 167).

분석수준의 문제를 넘어 1990년대 일본군'위안부' 문제를 둘러싼 리드레스 운동을 새로운 국제적 현상으로 포착하고 설명하는 연구도 확인된다. 이는 '제도'의 영역을 확장하는 학술적 성과로 이해할 수 있다. 일부 연구자는 일본군'위안부' 문제를 역사적 정의의 문제로서 국제사회가 공유하는 가치와 공공재 또는 공적 역사(public history)의 차원에서 논하고, 다수의 행위자가 다양한 담론을 공유하고 규범적 정당성과 정치적 실효성을 갖는 여론이 구성되는 "공론장(public sphere)"이라는 공간으로서 국제정치적 현상을 포착하기도 한다.[15] 신기영은 "초국가적 공론장 이론"을 활용하여 특수한 담론을 공유하는 사회세력이 국제적 공간에서 연대하는 현상을 구체적으로 소개하고(신기영 2013), 김은경은 "초국적 지식장"으로 영미권 학계를 조명하면서 일본군'위안부'에 관한 기억과 지식이 국제적인 공론장에서 생산, 재생산되는 맥락을 설명한다(김은경 2021, 14). 정보통신 기술의 발달 등으로 인한 정보의

---

15 "공론장"이란 공공여론(public opinion)을 소통의 방식으로 형성하는 추상적 공간으로, 이곳에서 형성된 공공여론은 국민국가의 정책을 형성하는 민주주의 이론의 중요한 개념을 차지한다(Habermas 1996; 신기영 2013, 267 재인용). 공공여론의 규범적 정당성(normative legitimacy)과 정치적 실효성(political efficacy)은 공론장 개념의 핵심적 요소이며, 국민국가 체제의 변화와 지구적 수준의 구조적 부정의를 논하기 위한 초국가적 공론장 이론에서도 유효한 것으로 판단된다(신기영 2013, 268).

양적 증대, 담론 공간의 물리적 확장이라는 의미 이상으로 이질적인 주체들이 국가라는 공간적 한계를 넘어 서로 소통하며 국가 행위를 제약하는 규범적이고 정치적인 국제 공공여론을 생산하는 것이 초국가적 공론장의 핵심으로 볼 수 있다(신기영 2013, 268). 이러한 점에서 본고가 구체적으로 다루고 있지 않지만, 공론장은 문학, 영화, 문화, 기념비, 전시관 등을 다루는 일본군'위안부' 문제의 기억과 재현, 그리고 담론에 관한 연구에서 주요하게 확인된다.

국제정치학에서는 '제도'의 확장이라는 의미에서 역사 문제가 단순히 갈등의 원인이 아니라 한일관계를 구조적으로 구성하는 주요한 현상임을 증명하는 노력이 이어졌다. 김지영의 경우 한일 안보협력이 매우 낮은 수준에서 형성되어온 조건으로 역사 문제로 인한 갈등이 긴밀하게 연계되어 있음을 지적하고 있으며(Kim 2015), 양기호의 경우 한일 역사 문제가 언론, 시민사회, 행정부, 사법부, 더 나아가 국제여론을 포함하는 복합적이고 중층적인 구조로 구성되어 있음을 설명한다(양기호 2015). 또한 한일 역사 문제를 국제규범의 영역에서 바라보고 기존의 이론이 설명하지 못하는 현상에 대한 추가적인 분석을 시도하기도 한다. 규범의 생애주기는 규범의 창출, 확산, 내재화, 토착화(localization)라는 이론적 과정을 거치는데, 김지영과 손재용은 확산과 내재화 단계에서 규범 수용에 대한 국제사회의 압력과 국내 사회의 반발이 맞물리면서 제도화 단계로 진전되지 않는 것이 일본의 상황임을 제시하고, 국제규범이 반드시 발전적인 방향으로 움직이지 않는다는 점을 지적한다(Kim and Sohn 2017). 또한 이행기정의에 관한 이론적 논의를 활용하여 중일 간의 전후보상 문제와 리드레스 운동을 정의 실현의 과정에서 포착하는 천자현의 연구 또한 유의미하다(천자현 2018). 이처럼 1990년대 후반의 일본군'위안부' 문제를 다루는 연구는 '운동'과 '제도'의 경계를 넘나들며 역동적으로 교류하는 양상을 보인다.

IV 1990년대 초반 일본군'위안부' 문제 리드레스 운동의 전개

앞서 제2절에서는 일본군'위안부' 문제와 이를 둘러싼 리드레스 운동이 국제정치학의 행위자–구조 문제와 비국가 행위자 문제를 다루는 일반적인 현상이라는 점에서 학문적 의의를 제고하고, 제3절에서는 기존 연구가 '운동으로서의 연구'라는 측면을 강하게 드러내면서도 '제도'와의 경계선에서 역동적으로 움직이고 있음을 살펴보았다. 제4절에서는 이러한 학문적 시각을 견지한 채 1990년대 초반 리드레스 운동이라는 현상이 전개되는 과정을 살펴본다. 그 과정에서 국제적 수준의 구조와 상호작용을 했던 행위자의 모습을 드러냄으로써 국제정치학의 행위자–구조 문제로서 일본군'위안부' 문제를 되짚어볼 수 있는 단서를 발견하고자 한다.

1. 리드레스 운동의 배경과 시작

기존 연구가 지적하는 바와 같이 일본군'위안부' 문제는 1991년에 갑자기 등장하지 않았다. 1990년 이전에도 일본군'위안부'의 존재

는 군인의 회고록이나 소설 또는 영화와 같은 대중문화 속에서 지속해서 확인되었다. 아주 일찍이는 1947년 다무라 다이지로(田村泰次郎)의 『춘부전(春婦伝)』부터 1970년대 초 일본에서 여성해방운동이 전개되면서 일본인 일본군'위안부' 피해자 시로타 스즈코(城田すゞ子, 가명)의 수기 『마리아의 찬가(マリヤの讚歌)』가 1971년, 센다 가코의 『종군위안부』가 1973년에 출판된 점을 들 수 있다. 특히 옛 일본군의 증언과 한국 언론인의 인터뷰를 바탕으로 작성된 센다의 글은 일본에서 큰 인기를 끌었는데, 이는 전후 한국과 일본 사회가 식민지 지배와 여성의 관계를 고민하고 있었으며 일본군'위안부'에 대한 일정한 서사를 이미 가지고 있었음을 보이는 것이었다(Ropers 2019, 127). 그 후 일본 언론을 통해 오키나와에 거주 중인 조선인 일본군'위안부' 배봉기의 이야기가 처음 보도된 것이 1975년이며, 그의 이야기가 가와다 후미코(川田 文子)에 의해 『빨간 기와집(赤瓦の家)』으로 소개된 것은 1987년이었다.[16] 이렇듯 1990년대 이전부터 일본군'위안부'의 존재는 "종군위안부"로서 일본과 한국 사회에서 어느 정도 알려진 사실이었다. 그러나 1990년대가 일본군'위안부' 문제에서 중요한 시기로 포착되는 이유는 그저 알려진 사실이었던 과거를 현재의 사회적 문제이자 국제적 쟁점으로서 공론화하고, 주요한 연구 또는 운동의 주제로 자리매김했던 리드레스 운동이 "일본군'위안부' 문제"라는 현상 그 자체로 등장하기 때문이다.

---

16 첫 공개 증언을 한 김학순과 달리 배봉기는 오키나와의 외국인 등록 과정에서 과거 일본군'위안부'였던 사실이 밝혀졌으며, 최초의 일본군'위안부' 증언자로서 기록되고 있다. 가와다 후미코는 그의 논픽션 소설에서 배봉기의 삶을 구체적으로

1990년대 일본군'위안부' 문제의 리드레스 운동이 발화할 수 있었던 기회 조건은 오히려 전후 40년간 리드레스를 요구하기 어렵게 했던 국제 수준의 거시적 구조에서 출발할 필요가 있다. 제2차 세계대전이 일본의 무조건적 항복과 항복 문서 서명으로 마무리되면서 각국은 본격적인 전후를 준비했다. 일본에 대한 전후처리는 아시아·태평양 지역의 상대국이자 주요 전승국이었던 미국과 영연방 국가들이 도맡아 진행했다. 아시아 국가, 특히 당시 일본제국의 식민지였던 남북한과 대만, 그리고 공산 진영 국가인 소련과 중국은 협상 과정에서 배제되었다. 미소 갈등의 냉전이 드리우면서 자유 진영 주도의 전후처리에 참가한 국가 대부분은 전쟁배상을 포기했다. 평화조약과 미국 중심으로 맺어진 일련의 안보조약이 '샌프란시스코 체제'를 구성하면서 서명을 거부했거나 참석이 거부된 국가는 체제의 주요 국가 행위자인 일본과 체제의 특성에 맞게 배상이 아닌 청구권의 형태로 전후처리를 양자관계에서 완결짓게 되었다. 한국과 일본은 15년의 협상 끝에 1965년 국교정상화에 합의하고 청구권과 경제협력을 맞교환했다. '샌프란시스코 체제'와 마찬가지로 냉전의 논리에 따라 정치적, 경제적 이익을 취하고 자유 진영의 협력을 공고히 하려는 국가 간 정치적 결착이었다. 1972년 중일 간의 국교정상화를 거의 마지막으로 일본은 동아시아에서 식민지 및 전쟁에 관한 문제를 냉전의 진영 논리와 국가 중심적 사고 속에서 봉합해버린 일본의 '평화조약 체제'를 완성했다.[17] 이러한 체제 속에서 개인이라는 행위자 또한 냉전의 이데올

다루고 있다.

17　하타노는 '평화조약 체제' 또는 '평화 체제'를 일본에 관한 "전후처리의 기반이 되

로기적, 정치적, 경제적 진영 논리에 압도되었다.

행위자는 구조와 상호작용을 하며 자신의 정체성을 형성하는데, 자유와 공산이라는 이분법적 질서가 개인의 삶마저 규율한 것은 냉전 체제의 주요한 특징이었다. 이는 한국전쟁, 베트남전쟁이라는 '열전'을 겪고, 진영 대립의 최전선에 있는 동아시아에서 강하게 나타난다. 따라서 압도적인 국제 체제 수준의 논리와 힘이 1, 2년 사이 한순간 변화한 것은 한일관계를 포함한 모든 동아시아 국가 관계, 그리고 그 안에서 제압되어 있었던 개인을 둘러싼 조건마저도 크게 변화시켰다. 국제 체제 수준의 변화는 행위자에 대한 구조적 제약 조건의 변화를 의미한다. 이는 행위자가 선택할 행위의 가능성과 범위가 변화했음을 제시한다. 양극 체계의 붕괴는 단극 체계로 이행을 뜻했고, 단극 체계는 구성원 간의 갈등, 주변부 갈등에 취약한 특성을 갖는다(몬테이로 2021, 27). 이러한 국제 체제의 변화가 개인과 집단 수준의 행위자에도 주요한 구조적 조건의 변동이었음을 시사하는 현상은 이전과 비교할 수 없는 정도의 강도와 규모로 1990년대 초반 역사적 정의 실현에 대한 사회적 요구가 발화했다는 점이다. 1990년대 아프리카, 독일, 프랑스를 비롯한 세계 각지에서 과거청산 및 극복을 위한 리드레스 운동이 전개되었고(이타가키·김부자 2016, 167), 1970년대 이후 설립된 진실위원회(truth commission) 중에서 약 80퍼센트 이상이 1990년대

는 것"으로 보고, 1951년 샌프란시스코 평화조약과 미일안전보장조약, 이후 평화조약에서 제외된 여러 아시아 국가와 맺은 일련의 조약 또는 협정, 그리고 '비군사화'와 '민주화'라는 일본 국내 개혁 목표 전체를 포괄하는 넓은 의미에서의 체제를 말한다고 정의한다(하타노 2016, 29). 아직 국교를 맺지 않은 북한과의 관계가 '평화조약 체제'의 가장 큰 구멍을 만들고 있다고 할 수 있다.

이후 설립되었다(Hayner 2001 ; Yoneyama 2016, vii 재인용). 이렇듯 1990년대 세계는 반인종주의, 반식민주의, 반차별주의의 흐름 속에 있었다(나카노·김부자 2008, 9). 냉전 체제 붕괴 이후 민주화의 흐름이 더 큰 요인으로 지목되기도 하지만, 리드레스 운동이 일어난 모든 국가에서 관찰되는 국내정치적 현상이 아니라는 점에서 국제 체제적 변동이 매우 유효한 구조적 변화였음을 시사한다.

　물론 일본군'위안부' 문제의 리드레스 운동이 발전하는 데 있어 한국의 민주화 그리고 국제화라는 국내 정치·사회적 요인은 분명 주요한 기회 조건이자 배경으로 작용했다. 먼저 한국의 민주화는 시민사회와 언론이라든 두 영역에 가장 큰 변화를 초래했다. 1980년대 민주화운동과 함께 노동자 인권운동, 남북통일운동, 민족·민중운동으로서 학술운동 등 당시 한국의 정치·사회 문제를 다루는 시민단체 활동이 활발해지면서 여성 인권운동도 교회여성연합회를 비롯한 여성 운동단체를 중심으로 연대가 형성되는 등 빠르게 발전했다(정진성 2016, 153). 한국에서는 1960년대부터 개신교 여성을 중심으로 여성운동이 시작되었으며, 1980년에 이르러 여성학이 처음으로 이화여자대학에 설립되었다(Min 2021, 52). 일찍이 성매매를 목적으로 하는 일본 남성의 매춘관광, 혹은 "기생관광" 문제가 여성 인권운동에서 다루어지고 있었는데, 이는 여성 문제 해결에 적극적이지 않았던 한국 사회에 대한 비판 의식에서 출발한 것이었다(윤미향 2014, 115). 이에 더하여 당시 대학생이었던 권인숙의 고발로 한국 경찰에 의한 여성 운동가 성고문 사건이 알려지면서 특히 성폭력 문제를 둘러싼 여성 인권운동은 민주화운동과 함께 더 활발히 사회 문제에 대처하기 시작했다(Min

2021, 57). 이러한 흐름 속에서 한국의 여성 인권운동은 일본군'위안부' 문제 발화의 큰 장애물이었던 성폭력의 가해자가 아닌 피해자에 낙인을 찍어 온 가부장적 전통이라는 문화적 규범에 도전했으며, 국가에 의한 여성의 성폭력 문제를 진지하게 논의하기 시작했다(Min 2021, 49-60).

그리고 이러한 시민사회의 변화에 더하여 과거에 대한 청산 작업이 본격적으로 논의되었다(나카노·김부자 2008, 158). 1990년대 한국은 식민지 지배, 민족분단, 전쟁과 학살, 군사독재와 탄압 등 반복적이고 중첩적인 국가폭력을 경험한 사회로서 청산해야 하는 '과거'의 성격이 매우 복잡했음에도 불구하고 국가에 의한 중대한 인권침해를 시정하려는 사회적 목소리의 첫 시작점은 "일제 식민지 지배의 유산을 제대로 청산"할 것에 초점이 맞추어져 있었다(한홍구 2008, 157). 이러한 점에서 1960년대 원폭피해자 문제, 1970년대 징용·징병 문제, 1980년대 사할린 한인 문제 등으로 계속해서 제기되어 온 국가-개인의 문제로서 한일 역사 문제 리드레스 운동의 흐름은 일본군'위안부' 문제의 또 다른 사회운동화 기반을 제공했다(정진성 2016, 149). 특히 군사독재정권에 대항하는 성격의 민주화운동은 박정희 정권기 수립되었던 한일 기본조약과 관련 협정에 문제를 제기할 수 있는 사회적 흐름을 형성했다(Min 2021, 48). 그리고 한일 양국의 정치엘리트 간의 연대는 여성 인권운동과 민주화운동 속에서 한일 양국 정권과 군인, 남성 중심의 한국 사회를 모두 비판의 대상으로 상정하도록 했고, 한국의 군사정권과 이들의 배후인 일본과 미국에 대한 투쟁으로서 리드레스 운동의 지위를 제공했다(기무라 2019, 163). 또한 한국의 민주화는 군사정권기에 비해 언론에 더 많은 자유를 제공하는 변화를 초래했다. 다만, 한일 역사 문제가 언론의 자유화로 인해 제기되었다는 인과관계보다, 이미 1980년대 전두환 정권 때 취약한 정통성을 보완하고 민족주의를 동원하기 위해 적극적으로 역사 문제를 제기한 배경이 있었고, 추후 언론이 이 문제에 주목하면서 논의가 급증한 것으로 이해하는 것이 합당하다(기무라 2019, 41).

여성 운동단체를 중심으로 일본군'위안부' 문제가 논의되기 시작한 출발점으로서 한국인 연구자 윤정옥의 활동이 주요하게 언급된다. 식민지 지배 시기 자신의 실제 경험을 바탕으로 식민지 여성에 대한 강제동원 문제를 연구해온 윤정옥 교수는 일본 언론을 통해 처음 존재가 알려진 일본군'위안부' 피해자 배봉기와 그가 거주하는 오키나와를 답사한 내용으로 1981년 9월 3일 『한국일보』에 「끌려간 사람들」이라는 제목의 기사를 게재했다(정진성 2016, 154). 그러나 당시는 큰 사회적 반향이 일어나지 않았고, 이후 10년이 지나 1990년 1월 윤정옥 교수가 진보적 성향의 주요 언론사 중 하나인 『한겨레』에 「정신대 원혼 서린 발자취」라는 제목으로 4회 연속 기사를 연재하면서 사회적 관심이 환기되었다(정진성 2016, 155). 각자의 문제의식 속에서 활동하던 개인과 운동단체는 1980년대 후반 한국여성단체연합을 조직했고, 언론과 여론의 변화와 함께 일본군'위안부' 문제를 한국 여성 인권운동의 일환이자 "현재 진행되고 있는 매춘관광의 역사적 뿌리"로 위치시키기 시작했다(정진성 2016, 154).

한국의 민주화에 더하여 1988년 서울에서 개최된 서울 올림픽은 한국인의 외국, 특히 일본인 관광객과의 접점을 늘이면서 국제화에 대한 국내적 반응을 초래했다. 1988년 서울 올림픽은 진영 간 보이콧 소동이 연속해서 일어났던 1980년 모스크바 올림픽, 1984년 로스앤젤레스 올림픽 이후 개최되는 올림픽이었으며, 1980년대 소련과 북한에 의한 한국인 인명피해가 발생하고 진영간 대립이 매우 첨예했던 상황에서 정치·경제적 영향력이 약한 한국이 개최하는 데 많은 어려움이 예상되었던 국제 행사였다. 당시 전두환 정권은 이를 극복하기 위해 관광객 유치를 적극적으로 지원했고, 결과적으로 일본인 관광객이 대거 유입되었으나 대부분은 앞서 문제가 제기되었던 매춘관광에 그 목적을 두고 있었다. 이러한 현상을 두고 여성들은 외국인(일본인)에 의한 성매매 문제에 민감하게 반응하기 시작했으며, 이에 문제를 제기하지 않는 전두환 정권을 비판했다. 결과적으로 민주화와 국제화라는 국내적 변화 속에서 일본군'위안부' 문제는 여성 인권운동이자 일본의 식민지 지배를 비판하는 민족운동, 그리고 민주화운동이라는 세 가지 측면의 상징적 지위를 획득하게 되었다(기무라 2019, 78-80). 이러한 배경을 뒤로 하고 한국에서 일본군'위안부' 문제에 관한 심포지엄이 처음 열리는 것은 1988년의 일이었다.

이렇듯 국제 체제 수준의 변화와 한국 국내의 주요한 정치·사회적 변화에 따른 여성 인권운동의 향상과 시민사회의 발전, 국제화에 따른 민족주의 운동 등이 일본군'위안부' 문제를 둘러싼 한국의 정치·사회적 논의를 변화시킨 주요한 배경적 조건이었으나, 그 효과가 리드레스 운동에 즉각적으로 나타난 것은 아니었다. 리드레스 운동의 전개는 행위자에 대한 분석이 동반되어야만 통합적으로 이해할 수 있다.

2. 일본군'위안부' 문제의 구성

1989년 베를린 장벽이 무너지고 1991년 중동에서 제1차 걸프전쟁이 발발하면서 당시 일본의 정치권은 새로운 국제 체제 속에서 일본의 국제적 지위를 모색하고자 아시아와 유엔 등 기존의 주요한 외교 공간이 아니었던 장소에서 활발히 가능성을 탐구했다(기무라 2019, 171). 이는 1989년 처음 민주적 선거를 통해 선출된 한국의 노태우 정권에서도 마찬가지의 행보였으며, 이해관계가 일치한 양국 정치권은 한일관계의 새로운 가능성을 모색하기 시작했다. 결과적으로 1990년 5월 24일부터 26일에 이르는 3일 동안 일본 가이후 도시키(海部 俊樹) 총리와의 회담을 위해 노태우 대통령의 방일(訪日)이 결정되었고, 1991년 1월 9일부터 이틀간 이에 답하는 가이후 총리의 방한(訪韓)이 결정되었다. 이렇듯 국제정세의 변화를 민감하게 인식하고 새로운 국가 관계의 가능성을 모색하고자 한 양국 정치권의 정치적 적극성이 또 하나의 국제 수준의 배경을 형성하고 있었다. 이는 정치권의 행보와 대응을 사회가 관찰할 수 있는 물리적 기회와 무대가 빈번하게 발생했다는 것을 뜻했다.

교회여성연합회를 비롯한 일본군'위안부' 문제의 해결을 촉구해온 시민단체는 우선 노태우 대통령의 방일 일정에 맞추어 기자회견, 공개서한 등을 통해 한국 정부와 일본 정부의 적극적인 조치를 요구했다. 그러나 당시 이러한 사회적 목소리를 낸 것은 일본군'위안부' 문제를 다루는 운동단체만이 아니었다. 태평양전쟁희생자유족회(이하 유족회)는 공개서한을 통해 35년의 식민지 지배에 대한 사과, 그리고 징용, 징병 등으로 입은 강제동원의 피해와 그 희생자에 대한 진상을 규명할 것을 촉구했다(김혜송 1990). 그리고 당시 최호중 외무장관은 이러한 유족회의 요구를 일부 받아들여 방일 일정 중 진행된 한일 외무장관회담에서 식민지 지배 당시 강제로 징병·징용된 조선인 명단을 공개할 것을 요구했다(KBS 1990). 이때 일본군'위안부' 문제는 공식적으로 거론되지 않았다.

일본군'위안부' 문제에 관한 정치권의 논의는 일본 사회당 의원들에 의해 일본 국회에서 빠르게 확인되었다. 남북한 문제에서 한국과 오랜 갈등 관계에 있던 사회당은 민주화운동의 한 축이었던 김영삼과의 교류를 통해 1989년 한국 정부의 정통성을 사실상 인정했고, 1990년 노태우 방일 때 "역사적인 화해"를 한 후 식민지 지배의 책임 문제에 관한 이해관계를 함께하기에 이르렀다(기무라 2019, 170). 하여 일본군'위안부' 문제를 비롯한 한일 역사 문제가 논의되는 정치권의 출발점은 언제나 사회당 의원의 발언이었다. 강제동원 문제에 대한 한국 정부의 요청에 관하여 1990년 5월 28일 제118회 참의원 예산위원회에서 다케무라 야스코(竹村 泰子) 사회당 의원이 질의를 했고, 일본 정부는 징용, 징병에 관한 명부를 조사할 계획이 있음을 확인하였다(国立国会図書館 1990.05.28.). 그러나 이어지는 5월 30일 예산위원회에서 다케무라 의원이 "종군위안부(從軍慰安婦)"를 언급하며 이들을 비롯한 식민지 지배 피해 전체에 관한 조사의 필요성을 발언했을 때, 아리마 타츠오(有馬 龍夫) 당시 내각외정심의실장(현 내각관방부장관보)과 사카모토 미소지(坂本 三十次) 당시 내각관방장관은 내각관방이 중심이 되어 관계 부처가 명단의 유무를 조사 중임을 반복하며 일본군'위안부'에 관한 직접적인 언급은 하지 않았다(国立国会図書館 1990.05.30.). 결국 1990년 5월까지 한일 역사 문제를 다루는 초점은 한국에서의 강제동원, 일본에서의 강제연행 문제, 특히 징용과 징병에 관한 문제에 있었으며, 일본군'위안부' 문제는 강제로 연행된 피해자 중 여성이 있었던 정도로 언급되고 있었다. 이에 더하여 강제동원 문제도 해결에 관한 구체적인 논의보다 명단 확보를 통한 피해자 신원 확인과 같은 초기 단계에 머무르고 있었던 점은 국가-개인 문제로서 한일 역사 문제가 양국 정치권에서 어떤 수준으로 논의되고 있었는지 짐작하게 한다.

이러한 일본군'위안부' 문제에 대한 양국 정부의 무관심 또는 무반응은 해당 문제에 관한 사회운동이 조직되는 기폭제 역할을 하게 된다. 1990년 6월 6일 모토오카 쇼지(本岡 昭次) 사회당 의원은 앞서 제기된 강제동원 문제와 연결하여 질의하던 중 동원된 조선인 가운데 일본군'위안부'가 있었음을 이야기하고 이에 대한 일본 정부의 조사 계획 여부를 질의하였다. 이에 시미즈 츠타오(清水傳雄) 당시 후생성 직업안정국장은 이번 강제동원에 관한 조사는 국가총동원법 등에 근거한 "국가권력에 의해 동원되는 상황의 것"이라는 설명과 함께 일본군'위안부'의 경우 들리는 이야기에 따르면 "민간업자가 그러한 분들을 군과 함께 데리고 다녔다는 등의 상황인 것"으로 인식하고 있고, 이는 강제동원 문제에 해당하지 않기 때문에 일본 정부가 이를 "조사해서 결과를 내는 것은 솔직하게 말씀드려서 어렵다고 생각한다"고 발언하였다(国立国会図書館 1990.06.06; 이민정 2018, 78 재인용). 이는 일본군'위안부' 문제에 관한 일본 정부의 첫 공식 발언이었는데, 이러한 국회 회의록이 한국의 여성운동가들 사이에 전달, 공유되면서 상당한 반발로 이어졌다. 1990년 10월 한국의 37개 여성단체는 기자회견을 열고 일본과 한국 정부에 대해 일본군'위안부' 문제의 인정, 사과, 보상을 비롯한 공식적인 조치를 요구한 후, 가이후 총리 앞으로 여섯 가지 요구를 담은 공식서한을 전달했다(Min 2021, 62). 그리고 11월 16일 정대협이 공식적으로 출범하였다(정진성 2016, 155).

그러나 1990년 두 차례에 걸쳐 가이후 총리에 공개서한이 전달되었음에도 일본 정부는 이렇다 할 반응을 보이지 않았다(Min 2021, 63). 1990년 12월 18일 시미즈 스미코(清水 澄子) 의원이 참의원 외무위원회에서 일본군'위안부' 문제에 관한 국가와 군의 관여 여부를 묻는 질의에 대하여 토가리 토시카즈(戸刈 利和) 일본 정부위원은 후생성 자료 조사 결과 이에 관한 내용은 없으며 결과적으로 정부 인식의 변화는 없고 국가와 군은 이에 관여하지 않았음을 재확인하였다(国立国会図書館 1990.12.18; 이민정 2018, 78 재인용). 같은 해 6월 6일부터 12월 18일까지 일본에서 강제동원을 뜻하는 "강제연행(強制連行)"에 관한 논의가 여섯 차례 있었음에도[18] 일본군'위안부' 문제가 6월 6일과 12월 18일 두 차례만 언급되었던 점 그리고 국가와 군의 관여에 대해서 조사의 어려움을 표명할 뿐 적극적으로 해명하지 않았다는 점에서 1990년까지 역사 문제의 초점은 일본군'위안부' 문제를 제외한 강제동원 문제에 있었음이 다시 한번 드러나고 있다. 이러한 점에서 일본군'위안부' 문제를 둘러싼 리드레스 운동의 출발점이 해당 문제를 먼저 강제동원 문제

18 일본 국회 회의록 검색 시스템(国会会議録検索システム)에서 "강제연행(強制連行)"을 검색했을 때 한일 간 강제동원 문제로서 이를 논의한 일자는 6월 6일, 6월 14일 두 차례, 6월 20일, 11월 20일, 12월 18일로 총 6차례 존재한다.

중 하나로 위치한 후 이를 독자적인 쟁점으로 분리하고 문제화하는 인식 변화에서부터 출발하고 있었음을 분명하게 알 수 있다.

1991년 8월 14일 일본군'위안부' 피해생존자 김학순의 공개 증언과 같은 해 12월 6일 김학순이 원고로 포함된 '아시아태평양전쟁 한국인 희생자 보상 청구 소송'이 도쿄지방재판소에 제소된 일은 일본군'위안부' 문제를 강제동원 문제의 한 부분이면서도 별개의 단독 쟁점으로 구성하는 중요한 변화를 초래했다. 피해자 김학순의 증언은 문제와 운동만이 존재했던 상황에서 피해자라는 실체가 있는 문제로 변화시켰다(이타가키·김부자 2016, 165). 1991년 1월 가이후 총리의 방한까지도 정대협은 서한의 답을 받지 못했으나 같은 해 4월 주한일본대사관의 오노 마사아키(小野 正昭) 참사관으로부터 답변을 들을 수 있었는데, 조선인 여성이 '위안부'로 강제연행된 사실에 대한 증거가 없고 모든 전후처리는 1965년 협정을 통해 완료되었기에 피해보상 또한 불가하다는 내용이었다. 이에 정대협은 이미 존재가 드러난 배봉기, 노수복(태국 거주 일본군'위안부' 피해자)에 더하여 "강제연행"을 증명해줄 "증거"로서 살아 있는 일본군'위안부' 피해자를 찾아야 할 필요성을 감지하고 있었다(Min 2021, 63). 한국교회여성연합회의 총무였으며 한인 원폭피해자 중 고령의 여성들과 개인적인 친분이 있었던 윤영애는 일본군'위안부' 피해자를 찾고 있다는 상황을 그들에 전달했고, 우연히 한 원폭피해 여성인 이맹희를 만나 자신이 '위안부'였음을 고백한 김학순이 1991년 7월 정대협으로 찾아왔다(Min 2021, 64). 윤영애는 가부장적 문화 속에서 김학순에게 가해질 추가적인 피해가 두려워 언론 공개를 망설였으나 김학순의 "자신은 남편이나 가족이 없고 두려운 것도 없으니 기자회견 자리를 만들어달라"는 요청에 광복절 전날인 8월 14일 정대협 사무실에서 공개 증언을 진행했다(Min 2021, 64; 오경민·민서영·이홍근 2021). 서울에서 공개 증언을 한 김학순은 같은 해 도쿄와 오사카로 자리를 옮겨 증언 집회에 참여했고, 이곳에는 많은 일본 시민들도 참여했다(이타가키·김부자 2016, 161). 피해자 김학순의 기자회견은 성폭력 피해자로서 여성이 겪은 아픔과 분노를 "피해자 시점"에서 전달함으로써 일본과 한국 언론에 대대적으로 보도되었고, 기존의 강제동원 문제에 몰두하던 여론과 연구자가 일본군'위안부' 문제에 주목하도록 주위를 환기했다(이타가키·김부자 2016, 162).

정대협은 김학순의 증언에 이어 1991년 9월 18일 신고전화를 개설하고 한국 정부가 공식적으로 신고를 접수하기 전까지 일본군'위안부' 피해자의 신고를 받았다(정진성 2016, 155). 곧 지방 언론사와 같은 다른 경로를 통해서도 피해자의 목소리가 전달되기 시작했다(Min 2021, 65). 국내에서는 역사학자, 국제법학자, 변호사를 비롯한 전문가 집단과의 협력 기반을 형성하기 시작했으며, 이들은 보편적 인권과 민족의 문제로서 일본군'위안부' 문제를 바라보았다(정진성 2016, 162). 피해자의 증언과 이어지는 신고는 기존의 여성 인권문제에 관해 한국의 여성단체와 협업하고 있던 일본의 여성단체뿐만 아니라 평화운동 및 전후책임 문제를 다루는 단체와 전문가까지 일본군'위안부' 문제를 적극적으로 다루게 만드는 변화를 가져왔다(이민정 2018, 53). 일본군'위안부' 피해자 또는 한국인 활동가가 일본을 방문하는 사례가 잇따르면서 새로운 단체가 결성되기도 하였으며, 본격적인 국제연대 활동을 위해 느슨하지만 조직적인 "행동 네트워크"가 형성되기도 하였다(정진성 2016, 322). 이렇듯 운동단체의 협력 기반이 확장하면서 곧 한일 시민사회 간 국제연대가 형성되었다(정미애 2011, 29; 이민정 2018, 54 재인용). 한일의 국제연대는 북한의 참여와 재일동포 및 관련 단체와 협력하는 데 유리하게 작용했다(정진성 2016, 165). 그리고 한국의 리드레스 운동은 필리핀, 대만, 북한, 중국, 인도네시아, 네덜란드 등 여러 국가에서 자신의 성폭력 피해 사실에 대한 증언으로 이어지면서 각국에서 피해자와 이들을 지원하는 시민운동이 활성화하는 흐름으로 이어졌다(이타가키·김부자 2016, 163; 정진성 2016, 171-174). 이러한 국제적 활동에는 일본, 미국, 독일, 호주 등에 거주하는 한인 교포 및 관련 단체의 활동도 곧 포함되었다(정진성 2016, 167). 이렇듯 리드레스 운동을 구성하는 여러 운동단체의 협력 기반은 여성주의, 민족주의, 평화주의 등 젠더, 식민지, 인권, 전쟁과 평화 문제를 모두 아우르는 것이었다(정진성 2016, 177). 이는 앞서 지적했던 일본군'위안부' 문제의 내외적 역동성에 따라 각각의 행위자가 주체적으로 문제를 확산, 수용하는 양상을 드러낸다. 이렇듯 피해자와 운동단체라는 개인과 집단 행위자가 등장하는 과정에서 "남편과 가족이 없어" 가부장적 문화 규범의 제약으로부터 비교적 스스로를 자유롭다고 인식했던 개인 행위자의 특성, 일본군'위안부' 문제와 같은 특정 사회 문제를 각각의 문제의식 속에서 주요하게 다루는 운동단체의 존재, 일본군'위안부' 문제의 일부 특성을 공유하는 운동단체 간의 연대와 같은 행위자의 존재와 특성이 유의미하게 관찰된다.

다만, 피해자 김학순의 증언만으로 일본군'위안부' 문제에 대한 일본 정부의 대응 변화를 초래한 것은 아니었으며, 일본군'위안부' 문제는 아직 강제동원 문제에서 분화하지 못했다. 공개 증언 이후 일본 국회에서 일본군'위안부' 문제 관련 질의는 8월 27일 시미즈 스미코 사회당 의원의 대정부 질의에서 확인된다. 시미즈 의원은 여전히 해당 문제에 관한 일본 정부와 군의 관여를 인정하지 않는 점과 성실한 조사가 미뤄지고 있다는 점을 지적하지만, 가이후 총리는 강제연행 문제에 충실히 대응하고 있으며, 일본군'위안부' 문제에 관해서는 전혀 상황 파악이 되고 있지 않다고 답하고 있다(国立国会図書館 1991.08.27.). 이는 같은 해 11월 27일 참의원의 국제평화협력 등에 관한 특별위원회에서 있었던 질의에서도 마찬가지로 확인된다(国立国会図書館 1991.11.27.). 더욱이 1990년대 초 북한과의 관계를 새롭게 모색하던 일본 정부에 있어 일본군'위안부' 문제는 국교정상화 과정에서 필요한 국가 간 배상과 청구권 문제의 한 부분이었기 때문에 미지불 임금 등을 포함한 구체적인 증빙자료를 요구하던 실정이었다(国立国会図書館 1991.09.05.). 또한 국내적으로 해당 문제는 강제연행, 강제이주, 원폭피해를 포괄하는 전후보상 문제이자 독일, 미국, 캐나다 등도 적극적으로 대처해나갔던 인도적 문제의 일부분이었다(国立国会図書館 1991.11.26; 1991.12.05.). 이러한 점에서 아직 일본군'위안부' 문제는 일본 정치권 내에서 단독 쟁점으로 지위를 확보한 것이 아니었으며, 한국의 강제동원 문제, 일본의 전후보상 문제, 일본의 아시아 정책, 일본의 국제적 지위 문제 등 국제 수준의 국가적 대응이라는 포괄적인 범위 속에서 간헐적으로 논의가 이어져 왔다. 결국 일본군'위안부' 문제를 둘러싼 초기 담론이 동원의 강제성에 머물렀던 점은 먼저 해당 문제가 강제동원 문제의 부분으로 논의되어야 했던 상황을 반영한다. 이렇듯 1990년 일본군'위안부' 문제는 강제동원 문제의 한 부분이라는 위치에 머무르고 있었다(기무라 2019, 174).

오히려 곧 이어진 1991년 12월 소송을 계기로 일본, 한국뿐만 아니라 미국을 포함한 주변국 정부는 일본군'위안부' 문제를 강제동원 문제와는 또 다른 분명한 외교적 현안으로 인식하기 시작했다(이민정 2018, 62). 이는 피해자의 공개 증언에 의해 사회적 충격이 발생한 뒤 자국민이 외국 정부를 상대로 실제 법적 소송을 제기했다는 점에서 국가 간의 공식적인 외교 문제로 인식된 것이었다. 소송 당일인 12월 6일 일본의 가토 고이치(加藤 紘一) 관방장관이 일본 정부가 일본군'위안부' 동원에 관여한 자료는 없다고 표명했음에도 나흘 뒤 한국 정부에서 정식으로 진상규명을 요청한 점에서 이러한 상황을 짐작할 수 있다(기무라 2019, 175). 더욱이 1991년 11월 가이후 총리에 뒤를 이어 취임한 미야자와 기이치(宮澤 喜一) 총리의 방한이 1992년 1월로 이미 결정된 시점에서 소송이 발생했기 때문에 한일 양국은 예고된 외교의 무대에서 일본군'위안부' 피해라는 공식적인 문제에 대해 대응해야 할 실질적 필요가 발생했다. 결과적으로 12월 12일 미야자와 총리는 내각관방 주제로 관계 성청 회의를 통해 일본군'위안부' 문제에 대한 공식적인 조사를 지시했고, 가토 관방장관은 국회에서 아직 자료는 발견되지 않았고 조사 결과 또한 장담할 수 없지만, "법률이나 조약 문제"가 아닌 "그 외에도 주시"해야 하는 문제라고 발언하면서 일본군'위안부' 문제에 관한 단독 조사를 진행할 것을 표명했다(国立国会図書館 1991.12.12; 이민정 2018, 79 재인용). 이렇듯 개인의 리드레스 운동은 국제적 차원의 구조 변동을 민감하게 인식하던 정치권의 적극적 행보와 맞물리면서 일본군'위안부' 문제가 한일 역사 문제 중에서 단독적 위치를 구성하는 결과를 초래했다.

당시 소송에는 유족회 소속 징용 및 징병 피해자인 군인, 군속과 함께 일본군'위안부' 피해자 김학순이 원고단 중 한 명으로 참여했다(사단법인 태평양전쟁희생자 유족회; 최봉태 2001, 227). 하지만 개인은 국제법 체계에서 권리주체성이 없다는 점과 국내법적으로도 국가의 보상 의무나 법적 의무가 발생하지 않는다는 점에서 청구는 기각되었다(최봉태 2001, 228). 이에 원고는 1992년 3월 추가 제소를 하였다. 일본군'위안부' 피해에 한정하여 살펴보아도 1991년 12월 소송 이후 1992년 12월 일본군'위안부' 피해자를 포함한 한국 국적 여성 10인의 단체 소송, 1993년 4월 일본군'위안부' 피해자이자 재일한국인인 송신도의 소송 등이 이어졌으며, 필리핀, 중국, 대만, 네덜란드 등의 다른 국적 피해자도 일본 법원에 소송을 이어갔다(최봉태 2001, 211). 덧붙여 강제노동, 강제징용을 포함한 강제동원 피해자의 개인 또는 집단 소송도 1990년대 연이어 이루어졌다(김민철 2001). 일본군'위안부' 피해자의 첫 소송이 강제징병·징용 피해자와 함께 이루어졌다는 점과 1991년 12월 소송 이후에 일본군'위안부' 피해자뿐만 아니라 과거 국가에 의한 개인의 인권침해를 보상받으려는 비교적 넓은 범위에서 피해자의 소송이 이어졌다는 점은 리드레스 운동의 일환으로서 법정 운동(legal movement)이 쟁점을 가리지 않는 보편적 운동 양상이자 현상이었음을 의미한다.

3. 초국가적 리드레스 운동의 시작

일본군'위안부' 문제에 관한 일본군의 '관여'가 드러난 정부 문서가 1991년 11월 미국에서, 1992년 1월 일본에서 차례로 확인되었고, 특히 방한을 목전에 두고 있었던 미야자와 내각은 국가의 '관여'를 인정하는 담화를 발표하는 등 발 빠른 대처를 시도했다(기무라 2019, 180). 그러나 리드레스 운동의 전개에서 중요한 변곡점은 국가의 대응뿐만이 아니라 개별 행위자가 새로운 국제정치적 환경 속에서 독자적으로 국가의 경계를 넘어 국제적 공간에서 행동을 개시한 사실에서 발견된다.

1990년대는 현상적으로 여성주의를 비롯한 여성 인권운동이 거세게 휘몰아치던 시기였다. 여성의 인권 문제와 여성에 대한 성폭력 문제를 둘러싼 논의 발전에 중요한 역할을 했던 국제회의가 연달아 개최되었고, 주요한 담론을 구성하는 표어가 생산되었다. 1993년 오스트리아 비엔나에서 개최된 제2차 세계인권회의에서는 "여성의 인권"이 처음 명기되었으며, 같은 해 12월 유엔총회에서는 「여성에 대한 폭력 철폐 선언」이 채택되었다. 이후 1995년 중국 베이징에서 열린 제4회 세계여성회의에서는 "여성의 권리는 인권이다(women's rights are human rights)"라는 구호가 설정되었으며, 1998년 국제형사재판소(International Criminal Court, ICC) 설립에 관한 로마규정에 "강간, 성노예, 강제매춘, 강제임신, 강제불임" 등 여성에 대한 성폭력이 "인도에 대한 죄"이며 "전쟁범죄"로 성립한다는 것이 명기되었다.

이러한 현상의 이면을 구성한 것은 양극 체계의 붕괴 이후

1990년대 동유럽, 아프리카 등에서 발생한 폭력 사태와 전시 성폭력 사건이었다. 국제 체제가 변화하는 과정에서 각 지역의 국가는 새로운 국가체제 수립을 시도하고 이전과는 다른 국가전략을 구상하기 시작했다. 1980년대 후반부터 진행된 민주화의 흐름은 냉전 종결 이후 더욱 많은 국가에서 관찰되었고, 국가 안에서의 무력 충돌이나 물리적 갈등도 함께 증가했다. 이러한 사태는 전쟁 이후 계속해서 발전한 인권규범과 국제법, 특히 영미권의 인권운동과 맞물리며 전쟁과 폭력 그리고 민간인 피해에 관한 국제규범과 국제법의 비약적인 발전을 가져왔다. 이러한 점에서 일본군'위안부' 문제에 대한 국제사회의 단호한 태도는 지금도 폭력을 자행하고 있는 가해자에 대한 경고의 의미도 있었다(Min 2021, 198).

1991년 8월 피해자 김학순의 증언 이후 국가 정부의 즉각적인 대응을 기대했던 한국과 일본의 시민단체는 일본 정부의 미온적 태도에 곧 실망감과 한계를 느끼고, 국제기구에서의 활동을 기획하고 있었다. 운동단체가 국제적 공간으로 눈을 돌린 까닭은 우선 개인 또는 집단 행위자가 직접 국제적 논의에 참여할 수 있는 제도적 장치가 마련되어 있었기 때문이며, 국제사회의 압력이 일본 정부를 움직이는 데 유효할 것으로 판단했기 때문이었다(Min 2021, 198). 새로운 국제 체제를 맞이하여 당시 일본의 국제적 역할을 새롭게 모색하던 일본 정부가 유엔 안전보장이사회의 상임이사국을 희망하고 있었던 점은(도츠카 2001, 70) 운동단체의 판단이 상당히 정확했음을 시사한다. 인권문제를 유엔 인권위원회에 제기하기 위해서는 발언을 대신해줄 유엔의 비정부기구를 찾는 것이 중요했다. 정대협은 세계교회협의회(World Christian Council and

International Educational Development, Inc.)를 통해 유엔에서 발언을 이어갔으며, 일본의 국제법 전문가 도츠카 에츠로(戶塚 悅郞)는 별도의 창구를 통해 일본군'위안부' 문제가 포괄하는 국제법 위반 사실을 위원회에 전달하고자 했다(Min 2021, 1999). 일본의 시민단체와 정대협은 1992년 2월 유엔 인권위원회, 5월 현대형 노예제 실무회의, 8월 유엔 인권소위원회에 각각 개별적으로 일본군'위안부' 문제에 관한 제의를 하였다(정진성 2016, 202-203). 하지만 일본군'위안부' 문제가 처음부터 유엔의 장에서 활발히 논의된 것은 아니었다. 리드레스 운동은 1990년대 초 국가배상에 역점을 두고 있었고, 특히 정대협은 본래 일본군'위안부' 문제를 과거 일본의 제국주의로 피해를 본 다른 국가의 시민단체와 함께 식민주의와 전쟁이라는 사회적 맥락에서 발생한 일본군에 의한 인권침해의 문제이자 국가배상 문제로 알리고자 했다(정진성 2015, 158). 하여 일본군'위안부' 문제는 국가배상 문제의 특별보고관이었던 테오 반 보벤(Theo van Boven)에 관련 정보를 보내는 수준에서 마무리되었다(도츠카 2001, 54).

1993년부터 본래의 의도와 달리 국제사회에서 일본군'위안부' 문제는 "전시하 여성인권침해" 사례로서 "성노예제" 문제로 자리 잡았다(정진성 2016, 204-205). 이는 일본군'위안부' 문제가 본래 가지고 있었던 "여성의 피해에 대한 인식"에 기인한 것이기도 했지만(정진성 2016, 159), 당시 유엔에서 교섭에 참여했던 운동가에 따르면 이는 일본군'위안부' 문제를 유엔에서 논의하기 위해 1992년부터 세계를 충격에 빠뜨렸던 보스니아 내전과 집단강간 사태를 고려하여 일부러 방향을 전환한 전략적 선택의 결과였다

(정진성 2016, 205). 운동단체의 이러한 국제기구 활동은 1993년 8월 유엔 인권소위원회에서 제2차 세계대전 중 일본군에 의해 노예가 된 '성노예' 및 아시아인의 사례를 전쟁 중 조직적 강간, '성노예' 및 노예제와 유사한 행위의 맥락에서 연구하도록 린다 차베스(Linda Chavez)를 특별보고관으로 임명하고(도츠카 2001, 55), 1994년 유엔 인권위원회 산하 현대형 노예제 실무회의에서 일본군'위안부' 문제를 포함한 여성에 대한 성폭력 문제를 처벌 문제와 함께 보고하도록 라디카 쿠마라스와미(Radhika Coomaraswamy)를 특별보고관으로 임명하는 데까지 이어졌다(Min 2021, 199). 결과적으로 비국가 행위자의 활동 범위의 확대, 세계사적 영향력을 갖는 역사적 사건, 여성 인권과 폭력에 관한 젠더규범이 확립되는 과정에서 만들어진 국제적 공간에서의 기회가 일본군'위안부' 문제에 관한 리드레스 운동의 핵심적 전환점을 제공했음을 짐작할 수 있다. 이는 일본군'위안부' 문제 관련 운동 양상과 담론이 곧 강제동원 문제 등의 법정 운동과 민족주의적 담론과 구분되는 초국가적 운동 형식을 보유하는 중요한 분기점으로 작용했다.

곧 일본군'위안부' 문제를 둘러싼 리드레스 운동은 국제적 공간에서 독특한 형태로 관찰되었다. 성과 민족이라는 교차성에 의해 국제적으로는 국제 여성 인권운동으로서, 국내적으로는 범국가적 민족운동으로서 활동을 전개할 수 있었으며(정진성 2016, 161), 여성의 문제로서 세계 규모의 여성 운동단체와 연대하는 한편 민족의 문제로서 세계 각지의 한인 교포 공동체와 연계하기 시작했다. 먼저 1993년 비엔나 세계인권대회에서 한국의 정대협과 북한, 미국, 필리핀의 운동단체가 협력하여 "일본군 성노예제에 관한 아

시아 포럼(Asia Forum on Japanese Military Sexual Slavery)"을 개
최하였으며, 필리핀과 한국에서 온 피해자가 증언하고 약 천 명 이
상의 참가자가 다녀가는 성과를 보였다. 특히 선언과 행동계획에
전쟁 중 여성에 대한 인권침해가 국제 인권규범과 인도적 원칙에
어긋나는 것임을 명시하도록 힘썼다(Min 2021, 199). 이어서 1995
년 베이징 세계여성대회에서도 다양한 활동과 워크숍, 청문회에서
의 공개 증언 등을 통해 일본군'위안부' 문제 홍보에 주요한 성과
를 얻었으며, 국제노동기구를 대상으로 한국과 일본의 노동조합과
벌인 활동을 통해 1999년 보고서에서 일본군'위안부'를 포함한 아
시아 노동자의 동원이 강제노동 금지에 반하는 것이었음을 명시하
도록 했다. 정대협은 유엔뿐만 아니라 주요 국제 인권단체를 상대
로도 활동을 전개했는데, 1994년 국제법률가위원회(International
Commission of Jurists, ICJ)는 일본 정부에 일본군'위안부' 문제의
해결 방향을 제안한 보고서를 제출했고 국제사면위원회(Amnesty
International)는 2005년 한국과 필리핀 피해자에 관한 자체적인
조사를 통해 보고서를 발행했다. 특히 ICJ의 보고서는 일본의 변
호사협회가 받아들여 국제중재재판에 일본 정부가 동의하도록 설
득하는 주요한 근거로 활용되었다. 그러나 일본 정부는 1995년 7
월 최종적으로 이 제안을 거절했다(Min 2021, 201). 국제기구와
국제 인권단체와 연대하는 것에 더하여 아시아 국가의 피해자와
지원단체 간의 범아시아연대인 아시아연대회의(Asian Solidarity
Conference)가 1992년 서울을 시작으로 개최되었으며, 그 중심에
서 정대협은 북한을 포함한 단체 간 관계를 통해 리드레스 운동의
구심점으로 기능했다(Min 2021, 202). 이처럼 일본군'위안부' 문제

의 리드레스 운동은 국제기구의 장에서 운동단체라는 집단 행위자와 그들 간의 연대를 통해 적극적으로 제기되었으며, 어느 정도 규범성과 정치력을 갖는 국제여론을 창출하는 데 이바지했다.

V 결론

동아시아는 냉전으로 표현되는 양극 체계 속에서 미국과 소련의 지역 전략, 중국 국공내전, 한국전쟁, 베트남전쟁 등으로 국제 체제 단위의 구조적 변화와 국가, 집단, 개인이 가장 밀접하게 연동되어 온 지역이다. 이러한 점에서 동전의 양면과 같이 1990년대 냉전의 '종결'을 가장 극적으로 맞이했던 지역으로도 볼 수 있다. 한일관계와 한일의 역사 문제가 국제적 수준의 구조적 기회와 제약 속에 계속해서 놓여 있었다는 시각은 연구에 주요한 관점을 제시한다.

더 중요한 것은 동아시아에서 국제 체제의 변화가 동요 또는 균열의 형태로 나타났다는 점이다. 즉, 남북한 분단과 양안(兩岸) 문제, 일본의 전후처리 문제와 같은 냉전의 흔적이 역사 문제와 불완전한 주권, 분리된 국가라는 형태로 뚜렷하게 남아 있는 만큼 완전한 체제의 전환으로 이어지지 않았음에 유의해야 한다. 마스부치는 1990년대 초반부터 중반이라는 아주 짧은 기간 동안 역사 문제를 다루는 새로운 국제적 담론의 공간이 열렸다고 표현한다(마스부치 2019, 735). 이는 요네야마가 일본군'위안부' 문제에 정면으로 반박한 일본의 신민족주의적 시민단체인 "새로운 역사 교과서를 만드는 모임"을 단적으로 역사적 정의 구현의 불가능함을 제시하는 냉전의 잔재임을 지적하는 지점과 일치한다(Yoneyama 2016, 112). 일찍이 이용희가 지적한 권역성(圈域性)과 전파라는 국제정치적 특징처럼 세계 수준의 구조적 변동이 특정 지역에서 자체적인 변이의 과정을 거쳐 일반적인 국제정치적 현상으로 인정받게 되는 현상에 주목할 필요가 있다. 이러한 부분에서 글로벌 구조변동과 역사 문제의 구체적인 변화 과정을 지역 안에서 시기별로, 쟁점별로 살펴볼 수 있도록 추가적인 비교 사례 연구가 필요하다.

본고는 한일 역사 문제와 글로벌 구조변동의 접점의 단초를 1990년대 초반 일본군'위안부' 문제의 리드레스 운동이라는 하나의 사례를 통해 살펴보았다. 일본군'위안부' 문제를 둘러싼 리드레스 운동이 국제성, 내외적 역동성, 현재성이라는 특성을 가짐에 따라 행위자-구조 문제와 행위자 중심의 분석이라는 중요한 학술적 과제가 제시되고 있음을 지적했다. 그리고 한국어권의 주요한 연구 경향을 살펴보면서 일본군'위안부' 문제를 바라보는 데 '운동'과 '제도'의 경계라는 균형 잡힌 학술적 시각이 현상의 행위자-구조 문제를 유효하게 드러낼 수 있는 또 하나의 방법임을 제시했다. 또한 동주 이용희의 독창적인 접근이 결과적으로 일반적인 국제정치에 관한 논의로 이어졌던 것처럼 한일 역사 문제를 둘러싼 '운동으로서의 연구'가 '제도로서의 연구'와 역동적으로 교류하며 일반적인 국제정치적 현상으로서 역사 문제를 바라볼 수 있는 학술적 재료를 제공하고 있음을 제안했다. 비록 본고는 일본군'위안부' 문제의 리드레스 운동의 학문적 의의와 구체적인 현상에서 발견되는 행위자-구조 문제의 일면을 드러내는 서론적 논의에 그쳤지만, 일반적인 국제정치학적 현상으로서 한일 역사 문제의 리드레스 운동을 연구하는 중요성과 연구하는 과정에서 유의해야 할 학문적 시각을 짚어주는 하나의 단서로서 글의 의의를 찾을 수 있기를 기대한다.

참고문헌

강병근. 2013. "심각한 인권 침해를 이유로 제기된 불법행위청구소송과 국제법의 발전 방향." 『국제법학회논총』 58(1): 21-40.

_____. 2014. "국제법적 관점에서 본 일제강제징용 배상판결의 주요쟁점에 관한 연구." 『저스티스』 143: 234-268.

강소영. 2019. "일본인 '위안부' 피해자의 말하기—시로타 스즈코(城田すず子)의 텍스트를 통해." 『일본사상』 36: 5-29.

기무라 간. 2019. 『한일 역사인식 문제의 메커니즘』. 김세덕 역. 서울: 제이앤씨. (원서: 木村 幹. 日韓歴史認識問題とは何か. 東京: ミネルヴァ書房.)

김미정. 2007. "한국내 일본군'위안부' 연구동향." 『국제고려학회 서울지회 논문집』 10: 111-126.

김민철. 2001. "일본소재 일제강점기 강제동원 관련자료 실태조사." 『해외사료총서 1권 일본소재 한국사 자료 조사보고 I』. https://db.history.go.kr/item/level.do?leve lId=fs_001_0070_0030_0030 (검색일: 2022년 10월 23일).

김승래. 2019. "강제징용 피해자의 손해배상청구와 소멸시효-대법원 2018. 10. 30. 선고 2013다61381 전합판결 판례평석." 『법이론실무연구』 7(2): 81-116.

김영수. 2020. "한일간 무역분쟁의 역사적 기원과 국제정치적 함의." 『한국과 국제사회』 4(1): 91-120.

김은경. 2021. "일본군'위안부' 기억 장소로서 초국적 지식장: 영어권의 '위안부' 연구를 중심으로." 『역사연구』 42: 13-59.

김창록. 2001. "일제 및 일제강점의 법적 실체." 한국정신대문제대책협의회 2000년 일본군성노예전범 여성국제법정 한국위원회 법률위원회. 『일본군'위안부' 문제에 대한 법적 해결의 전망』. 서울: 풀빛. 15-54.

김현경. 2021. "냉전과 일본군 '위안부': 배봉기의 잊혀진 삶 그리고 주검을 둘러싼 경합." 『한국여성학』 37(2): 203-236.

나카노 도시오·김부자 편. 2008. 『역사와 책임: '위안부' 문제와 1990년대』. 이애숙·오미정 역. 서울: 선인.

남상구. 2017. "일본 정부의 일본군'위안부'에 대한 역사인식과 정책 변화." 『한일관계사연구』 58: 405-443.

남효순·석광현·이근관·이동진·천경훈. 2014. 『일제강점기 강제징용사건 판결의 종합적 연구』. 서울: 박영사.

도시환. 2010. "1910년 '한일병합조약' 체결강제의 역사적 진실규명과 국제법적 조명." 『국제법학회논총』 55(4): 13-47.

_____. 2015. "일본군'위안부' 문제의 해결을 위한 국제법적 과제." 『외법논집』 39(1): 61-86.

도츠카 에츠로. 2001. 『'위안부'가 아니라 '성노예'이다: 일본인 국제 인권변호사 도츠카의 10년 유엔 활동기록』. 박홍규 역. 서울: 소나무. (원서: 戸塚 悦郎.

1999. 『日本が知らない戦争責任─国連の人権活動と日本軍「慰安婦」問題』. 東京: 現代人文社.)

라미경. 2022. "일본군 '위안부' 국내연구의 현황 분석과 과제: 텍스트 마이닝(Text Mining) 기법을 중심으로." 『한국보훈논총』 21(1): 9-36.

마스부치 아사코. 2019. "리드레스(Redress)를 모색하는 대화의 장을 만들기 위하여." 『역사연구』 37: 733-743.

몬테이로, 누노. 2021. 『단극 체계 국제정치이론』. 백창재·박현석 역. 서울: 사회평론아카데미.

박선아. 2013. "일본 전범기업을 상대로 한 민사소송의 의의와 과제: 대법원 2012. 5. 24. 선고 2009다22549 판결." 『법조』 62(9): 239-285.

박정애. 2019. "일본군'위안부' 문제의 강제동원과 성노예: 공창제 정쟁과 역사적 상상력의 빈곤." 『페미니즘 연구』 19(2): 45-79.

박철희. 2019. "한일 갈등의 심화와 한일안보협력의 미래." 『한국국가전략』 4(2): 117-144.

배하은. 2021. "후기 식민주의 민족─남성 주체 수립의 기획 속 '위안부' 재현 연구(1): 임종국의 『정신대실록』과 윤정모의 『에미 이름은 조센삐였다』를 중심으로." 『민족문학사연구』 75: 263-299.

백영서. 2014. 『사회인문학의 길─제도로서의 학문, 운동으로서의 학문』. 서울: 창비.

송규진. 2018. "일제하 조선인 '강제노역동원'과 손해배상청구소송." 『아시아문화연구』 46: 73-96.

서현주. 2016. "2006~2016년간 일본군'위안부' 연구의 성과와 전망: 한국의 역사분야 연구성과를 중심으로." 『동북아역사논총』 53: 197-222.

신기영. 2013. "커뮤니케이션, 초국가적 공론장, 그리고 초국가적 연대: 일본군위안부 문제해결을 위한 아시아연대를 중심으로." 『세계정치』 18: 263-308.

신우정. 2020. "강행규범(Jus Cogens)과 일괄타결협정의 관점에서 본 청구권협정의 효력." 『국제법학회논총』 65(1): 89-124.

_____. 2022. "강행규범(Jus Cogens)의 관점에서 본 일괄타결협정의 효력과 국가면제: 강제징용·위안부 문제에 대한 대응논리." 서울대학교 대학원 박사학위논문.

신희석. 2011. "일본기업의 국제법적 책임-2차대전 중 국제인권규범 위반행위와 관련하여." 『서울국제법연구』 18(1): 143-189.

_____. 2012. "2011년 8월 30일 헌법재판소 결정 준수를 위한 정부의 대일외교: 헌법상 인권보호 의무 이행을 위한 중재제도를 비롯한 국제법적 조치의 활용 가능성 고찰." 『법학연구』 22(3): 235-278.

양기호. 2015. "한일갈등에서 국제쟁점으로: 위안부문제 확산과정의 분석과 함의." 『일본연구논총』 42: 5-30.

_____. 2020. "강제징용 쟁점과 한일관계의 구조적 변용: 국내변수가 양국관계에 미치는 영향을 중심으로." 『일본연구논총』 51: 9-38.

염벽선. 2021. "중국의 민간 전쟁 피해자의 일본에 대한 배상청구권: 한중의 비교를 중심으로." 서울대학교 대학원 석사학위논문.

오승진. 2013. "외교문제에 대한 최근 판례의 분석: 헌재와 대법원의 강제징용 및
　　위안부 피해자 관련 최근 판례를 중심으로."『서울국제법연구』20(2): 1-23.

옥창준. 2017. "이용희의 지식 체계 형성과 한국 국제정치학의 재구성."『사이間SAI』
　　22: 89-131.

요시미 요시아키. 1998.『일본군 군대위안부』. 이규태 역. 서울: 소화. (원서: 吉見 義明.
　　1995. 從軍慰安婦. 東京: 岩波書店.)

윤미향. 2014. "일본군 '위안부' 피해자와 정대협 운동." 전쟁과 여성 대상 폭력에
　　반대하는 연구행동센터 편. 한국정신대문제대책협의회 번역기획.『그들은
　　왜 일본군 '위안부'를 공격하는가―강제연행, 고노 담화, 국민기금을
　　둘러싼 논쟁의 핵심을 말한다』. 김경원 외 역. 서울: 휴머니스트. (원서:
　　Violence Against Women in War Research Action Center. 2013.
　　『慰安婦」バッシングを越えて―河野談話」と日本の責任』. 東京: 大月書店.)

이근관. 2013a. "외교문제에 대한 사법자제의 원리: 비교법적 고찰."『서울국제법연구』
　　20(2): 25-71.

＿＿＿. 2013b. "한일청구권협정상 강제징용배상청구권 처리에 대한 국제법적 검토."
　　『서울대학교 법학』54(3): 327-391.

이나영. 2013. "글/로컬 젠더질서와 한반도 여성의 몸: 일본군 "위안부"와 미군 기지촌
　　"양공주"."『동방학지』161: 3-38.

이민정. 2018. "1990년대 일본의 제한적 국제규범 수용과 '아시아여성기금' 설립의
　　정치과정." 서울대학교 대학원 석사학위논문.

이용희. 2013.『일반국제정치학(상)』. 서울: 이조.

이타가키 류타·김부자 편. 2016.『Q&A '위안부' 문제와 식민지 지배
　　책임』. 배영미·고영진 역. 서울: 삶창. (원서: 金富子, 板垣竜太.
　　日本軍「慰安婦」問題Webサイト制作委員会 編. 2015.『Q&A 朝鮮人「慰安婦」と
　　植民地支配責任―あなたの疑問に答えます』. 東京: 御茶の水書房.)

일본의전쟁책임자료센터. 2009.『동북아역사재단 번역총서 16: 세계의 전쟁 책임과
　　전후 보상』. 서각수·신동규 역. 서울: 동북아역사재단.

장박진. 2017.『허구의 광복: 전후 한일병합 합법성 확정의 궤적』. 파주: 경인문화사.

장복희. 2013. "국가의 자국민 보호의 권한과 의무: 강제징용피해자와 일본군위안부
　　배상을 위한 국가의 교섭의무."『국제사법연구』19(1): 3-25.

장수희. 2021. "단절과 고립의 냉전서사로서의 일본군 '위안부' 서사 연구―
　　1960~1970년대 일본군 '위안부' 서사를 중심으로."『감성연구』22: 97-117.

정미애. 2011. "한일관계에서 시민사회의 역할과 뉴거버넌스."『아태연구』18(2): 17-
　　41.

정진성. 2016.『일본군 성노예제』. 서울: 서울대학교출판문화원.

조윤수. 2014. "일본군 '위안부' 문제와 한일관계-1990년대 한국과 일본의 대응을
　　중심으로."『한국정치외교사논총』36(1): 69-96.

천자현. 2015. "다음 세대를 위한 한일관계의 새로운 패러다임: 화해, 그리고 회복적

정의."『일본비평』 12: 26-49.

_____. 2018. "이행기정의와 중일 간 전후 보상 문제: 중국인 강제노동 피해자들의
소송을 중심으로."『담론201』 21(3): 63-85.

최봉태. 2001. "일본에서 진행되고 있는 일본군 '위안부' 재판의 현황과 과제."
한국정신대문제대책협의회 2000년 일본군성노예전범 여성국제법정 한국위원회
법률위원회.『일본군'위안부' 문제에 대한 법적 해결의 전망』. 서울: 풀빛. 211-
238.

최은주. 2015. ""일본군 위안부"와 "팡팡": 전전과 전후의 위안부들―GHQ의 검열과
대중적 욕망에 주목하여."『동아시아문화연구』 62: 331-350.

친킨, 크리스틴. 2001. "2000년 일본군성노예전범 여성국제법정의 법률적 고찰."
한국정신대문제대책협의회 2000년 일본군성노예전범 여성국제법정 한국위원회
법률위원회.『일본군'위안부' 문제에 대한 법적 해결의 전망』. 서울: 풀빛. 291-
306.

하타노 스미오. 2016.『전후일본의 역사 문제』. 오일환 역. 서울: 논형. (원서: 波多野
澄雄. 2011.『国家と歴史―戦後日本の歴史問題』. 東京: 中央公論新社.)

한국정신대문제대책협의회 2000년 일본군성노예전범 여성국제법정 한국위원회
법률위원회. 2001.『일본군'위안부' 문제에 대한 법적 해결의 전망』. 서울: 풀빛.

한일민족문제학회 강제연행문제연구분과. 2005.『강제연행·강제노동 연구 길라잡이』.
서울: 선인.

한홍구. 2008. "한국현대사와 과거청산의 전개." 나카노 도미오·김부자 편.『역사와
책임: '위안부' 문제와 1990년대』. 서울: 선인.

행정안전부 국가기록원. "일본으로부터 수집된 명부."『일제 강점기 피해자 명부』.
https://theme.archives.go.kr/next/collection/viewJapaneseIntro1.do#
text01 (검색일: 2022년 6월 27일)

_____.『강제동원자 명부』. https://theme.archives.go.kr/next/victimSearch01/
sub01.do (검색일: 2022년 6월 27일)

황영주. 2020. "여성 연대와 열린 해석―국제규범으로서 젠더주류화." 서울대학교
국제문제연구소 편.『규범의 세계정치』(세계정치 33). 서울: 사회평론아카데미.
221-251.

Brennan, Fernne and John Packer eds. 2012. *Colonialism, Slavery, Reparations
and Trade: Remedying the Past?* New York, NY: Routledge.

Chun, Ja-hyun and Youcheer Kim. 2014. "A New Interpretation of Korea-Japan
Relations: 'Rights Revolution' of Sex Slaves and Forced Laborers in the
Courtroom." *The Korean Journal of International Studies* 12(1): 255-276.

Collins, Patricia Hill and Sirma Bilge. 2020. Intersectionality. 2nd ed.
Cambridge, England: Polity Press.

Cooper, Brittney. 2015. "Intersectionality." in *The Oxford Handbook of Feminist
Theory*, Lisa Disch and Mary Hawkesworth ed. Oxford; New York: Oxford

University Press.

van Harmelen, Jonathan. 2021. "Lessons from a Different Shore: Portrayals of Japanese American Incarceration and the Redress Movement by Western European Newspapers." *Journal of Transnational American Studies* 12(1): 83-106.

Hasunuma, Linda and Mary M. McCarthy. 2019. "Creating a Collective Memory of the Comfort Women in the USA." *International Journal of Politics, Culture, and Society* 32: 145-162.

Hayner, Priscilla B. 2001. *Unspeakable Truths: Confronting State Terror and Atrocity*. New York, NY: Routledge.

Herr, Ranjoo Seodu. 2016. "Can Transnational Feminist Solidarity Accommodate Nationalism? Reflections from the Case Study of Korea "Comfort Women."" *Hypatia* 31(1): 41-57.

Kim, Ji Young. 2015. "Rethinking the role of identity factors: the history problem and the Japan-South Korea security relationship in the post-Cold War period." *International Relations of the Asia-Pacific* 15: 477-503.

Kim, Ji Young and Jeyong Sohn. 2017. "Settlement Without Consensus: International Pressure, Domestic Backlash, and the Comfort Women Issue in Japan." *Pacific Affairs* 90(1): 77-99.

Kim, Marie Seong-Hak. 2022. "History is Not Destiny: Colonial Compensation Litigation and South Korea-Japan Relations." *The Journal of Asian Studies* 81(3): 475-491.

Krook, Mona Lena and Jacqui True. 2010. "Rethinking the life cycles of international norms: The United Nations and the global promotion of gender equality." *European Journal of International Relations* 18(1): 103-127.

Lee, Kye Joung. 2019. "The Supreme Court Decision on the Liability of Japanese Company for Forced Labor during the Japanese Colonial Era and Its Implications." *Journal of Korean Law* 18: 335-363.

Lind, Jennifer. 2008. *Sorry States: Apologies in International Politics*. Ithaca, NY: Cornell University Press

Min, Pyong Gap. 2003. "Korean "Comfort Women": The Intersection of Colonial Power, Gender, and Class." *Gender and Society* 17(6): 938-957.

_____. 2021. Korean *"Comfort Women": Military Brothels, Brutality, and the Redress Movement*. New Brunswick, NJ: Rutgers University Press.

Ropers, Erik. 2019. *Voices of the Korean Minority in Postwar Japan*. New York, NY: Routledge.

Soh, Chunghee Sarah. 2008. *The Comfort Women: Sexual Violence and Postcolonial Memory in Korea and Japan*. Chicago, IL: The University of

Chicago Press.

Song, Esther. 2021. "Just Reparations for Korean "Comfort Women": A Transitional Justice and International Law Perspective." *Journal of Korean Law* 20: 373-412.

Suzuki, Shogo. 2012. "Overcoming Past Wrong Committed by States: Can Non-state Actors Facilitate Reconciliation?" *Social and Legal Studies* 21(2): 201-213.

Wendt, Alexander. 1987. "The Agent-Structure Problem in International Relations Theory." *International Organization* 41(3): 335-370.

_____. 1992. "Levels of Analysis vs. Agents and Structures: Part III." *Review of International Studies* 18(2): 181-185.

Yoneyama, Lisa. 2016. *Cold War Ruins: Transpacific Critique of American Justice and Japanese War Crimes*. Durham, NC: Duke University Press.

미국 국회 기록

Congress.gov. 1988. H.R.442 - 100th Congress (1987-1988): Civil Liberties Act of 1987. (8월 10일). https://www.congress.gov/bill/100th-congress/house-bill/442 (검색일: 2022년 10월 14일)

일본 국회 회의록

国立国会図書館. 1990. "第118回国会　参議院　予算委員会　第14号."『国会会議録検索システム』5월 28일. https://kokkai.ndl.go.jp/txt/111815261X01419900528 (검색일: 2022년 6월 26일)

_____. 1990. "第118回国会　参議院　予算委員会　第16号."『国会会議録検索システム』. 5월 30일. https://kokkai.ndl.go.jp/txt/111815261X01619900530 (검색일: 2022년 6월 26일)

_____. 1990. "第118回国会　参議院　予算委員会　第19号."『国会会議録検索システム』6월 6일. https://kokkai.ndl.go.jp/txt/111815261X01919900606 (검색일: 2022년 6월 27일)

_____. 1990. "第120回国会　参議院　外務委員会　第1号."『国会会議録検索システム』12월 18일. https://kokkai.ndl.go.jp/txt/112013968X00119901218 (검색일: 2022년 6월 27일)

_____. 1991. "第121回国会　参議院　予算委員会　第3号."『国会会議録検索システム』8월 27일. https://kokkai.ndl.go.jp/txt/112115261X00319910827 (검색일: 2022년 10월 23일)

_____. 1991. "第121回国会　参議院　外務委員会　第2号."『国会会議録検索システム』9월 5일. https://kokkai.ndl.go.jp/txt/112113968X00219910905 (검색일: 2022년 10월 23일)

_____. 1991. "第122回国会　衆議院　国際平和協力等に関する特別委員会　第7号."

『国会会議録検索システム』 11월 26일. https://kokkai.ndl.go.jp/txt/112204306
X00719911126 (검색일: 2022년 10월 23일)

_____. 1991. "第122回国会　衆議院　国際平和協力等に関する特別委員会　第8号."
『国会会議録検索システム』 11월 27일. https://kokkai.ndl.go.jp/txt/112204306
X00819911127 (검색일: 2022년 10월 23일)

_____. 1991. "第122回国会　参議院　国際平和協力等に関する特別委員会　第3号."
『国会会議録検索システム』 12월 5일. https://kokkai.ndl.go.jp/txt/112214306
X00319911205 (검색일: 2022년 10월 23일)

_____. 1991. "第122回国会　参議院　予算委員会　第2号."『国会会議録検索システム』.
https://kokkai.ndl.go.jp/txt/112215261X00219911212 (검색일: 2022년 10월
23일)

언론 자료

김수진. 2021. "'성노예' 부정 하버드 교수 위안부 논문 따져보니〔팩트체크〕."
『연합뉴스』 2월 5일. https://www.yna.co.kr/view/AKR20210203111100502?s
ection=theme-list/factcheck (검색일: 2022년 9월 3일)

김혜송. 1990. "태평양전쟁희생자유족회, 서한 작성."『KBS News』 5월 22일. https://
news.kbs.co.kr/news/view.do?ncd=3694792 (검색일: 2022년 6월 26일)

오경민·민서영·이홍근. 2021. "'성폭력 말하기'의 역사, 고 김학순 할머니 '위안부'
피해 증언 30주년."『경향신문』 8월 12일. https://m.khan.co.kr/national/
national-general/article/202108121730001#c2b (검색일: 2022년 10월 22일)

이가혁. 2019. "〔팩트체크〕 '성노예' 용어 안 쓰기로 합의? 일본 주장 따져보니."
『JTBC 뉴스』 11월 22일. http://mnews.jtbc.joins.com/News/Article.aspx?
news_id=NB11910145 (검색일: 2022년 9월 3일)

KBS. 1990. "일본 정부, 강제징용 한국인 규모 조사."『KBS News』 5월 29일.
https://news.kbs.co.kr/news/view.do?ncd=3694940 (검색일: 2022년 6월
26일)

그 외

사단법인 태평양전쟁희생자 유족회.『연도별 주요역사』. http://www.victims.kr/bbs/
content.php?co_id=0201 (검색일: 2022년 6월 27일)

일본군'위안부' 문제 연구소. "2007년 워싱턴포스트 신문 광고: 사실."『아카이브814』.
https://www.archive814.or.kr/record/recordDetailView.do?id=942
(검색일: 2022년 9월 3일)

필자 소개

이민정 LEE Minjeong

서울대학교 정치외교학부 재학생
서울대학교 정치외교학부 박사과정(동 대학 학부 석사)

논저 "도의적 책임 논리와 일본군'위안부' 문제 인식의 정치과정—1990년대 일본의 제
한적 국제규범 수용과 「고노 담화」"

이메일 min.jeong.v.lee@gmail.com

제6장

일본 역사수정주의의 세계보편성 획득 시도와 한일관계

— 유네스코 세계유산의 '탁월한 보편적 가치(OUV)'와 '전체 역사(full history)'

The Japanese Historical Revisionism's Searching for Universality and the Korea-Japan Conflicts: 'OUV' and 'Full History' in the UNESCO World Heritage

이정환 | 서울대학교 정치외교학부

최근의

유네스코 세계유산은 등재 과정에서부터 국가 간 역사인식의 충돌과 대립의 장이 되고 있다. 특히 2015년 일본의 '메이지산업혁명유산(Meiji Industrial Revolution: Iron and Steel, Shipbuilding and Coal Mining)'이 등재되면서 유네스코 세계유산을 둘러싼 동북아 갈등은 고조되기 시작했다. 특히 강제동원 피해자에 대한 기억 속에서 한국으로부터 강한 반발이 나왔고, 등재를 둘러싼 한일 갈등이 격화되었다. 2015년 한일 양국 간에 '전체 역사' 개념을 통한 타협이 이루어졌으나, 그 이후 유산 해석 작업에 대한 과정에서 한일 갈등은 지속되고 있다. 유네스코 세계유산을 둘러싼 일본 역사수정주의의 움직임은 일본적 가치에 대한 세계보편성 획득의 시도로 파악될 수 있다. 세계보편성 획득 시도의 의미를 지니고 있는 일본 역사수정주의의 새로운 움직임은 일본 내 향토애를 포섭할 수 있음으로 해서 일본 사회 내의 설득력을 확대하고 있다. 향토애 속에 침윤된 역사수정주의는 일본 사회에서 그 저변을 확대하고 있다. 일본의 지역사회는 메이지산업혁명유산과 사도금산유산에 대한 한국의 비판론을 일본과 자기 지역사회의 문화적 본질에 대한 비난으로 이해하고 있다. 문제는 기실 한국 사회 내에서 일본의 유네스코 세계유산정책에 대한 비판론의 본질에 그러한 정서가 없다고 할 수 없다는 점이다. 결국 한국 대 일본, 또는 한국인 대 일본인의 민족주의 대결 구도가 유네스코 세계유산의 가치에 대한 성찰을 가로막고 있는 상황이다. 유네스코 세계유산을 둘러싼 갈등 사례는 한일 양국의 근대적 경험에 대한 보편적 성찰 모색이 앞으로도 중요한 과제이며 동시에 여전히 지난한 과제임을 보여주고 있다.

The recent registrations of UNESCO world heritage have become a venue for conflicts and confrontations between countries' historical views. In particular, with Japan's Meiji Industrial Revolution World Heritage registered in 2015, the conflict in Northeast Asia over UNESCO's heritage began to escalate. In particular, there have been a strong backlash from Korea in the memory of victims of forced labors. In 2015, a compromise was reached between Korea and Japan through the concept of "full history." However, since then, the conflict between Korea and Japan has continued in the process of interpreting heritage sites. The movement of Japanese historical revisionism surrounding UNESCO World Heritage can be understood as an attempt to acquire universality. The new movement of Japanese historical revisionism is expanding the persuasive power in Japanese society by embracing the local love in Japan. Historical revisionism immersed in local love is expanding its base in Japanese society. Japanese communities understand Korea's criticism of the Meiji Industrial Revolution heritage and the Sado Kumsan heritage as a criticism of the cultural nature of Japan and its own communities. It cannot deny that there is no such hatred toward Japan and Japanese in Korean society regarding UNESCO world heritage cases. In the end, the nationalist confrontation between Korea and Japan, or between Koreans and Japanese, is blocking the reflection on the value of UNESCO's heritage. The conflict over UNESCO's heritage shows that seeking universal reflection on the modern experience of Korea and Japan is the significant task in the future and still the demanding task.

KEYWORDS 유네스코 세계유산 UNESCO World Heritage, 한일 갈등 Korea-Japan Conflicts, 탁월한 보편적 가치(OUV) Outstanding Universal Value(OUV), 전체역사 Full History, 메이지산업혁명유산 Meiji Industrial Revolution World Heritage

I 서론

유네스코 세계유산은 인류보편적 가치를 가진 세계의 유산을 보호·보존하고, 그 가치를 세계인이 공유하기 위한 것이다. 그러나 최근의 유네스코 세계유산은 등재 과정에서부터 국가 간 역사인식의 충돌과 대립의 장이 되고 있다. 특히 2015년 일본의 '메이지산업혁명유산(Meiji Industrial Revolution: Iron and Steel, Shipbuilding and Coal Mining)'이 등재되면서 유네스코 세계유산을 둘러싼 동북아 갈등은 고조되기 시작했다. 유네스코 세계유산 논쟁의 대상은 확대되고 있으며, 갈등의 구조도 첨예화되고 있다. 특히 강제동원 피해자에 대한 기억 속에서 한국으로부터 강한 반발이 나왔고, 등재를 둘러싼 한일 갈등이 격화되었다. 2015년 한일 양국 간에 '전체 역사' 개념을 통한 타협이 이루어졌으나, 그 이후 유산 해석 작업에 대한 과정에서 한일 갈등은 지속되고 있다. 메이지산업혁명유산을 둘러싼 한일 갈등은 일본 역사수정주의의 새로운 접근법에서 출발한다. 과거 일본 역사수정주의가 '부의 역사'에 대한 부정에 초점이 주어져 있었다면, 유네스코 세계유산을 둘러싼 일본 역사수정주의의 움직임은 일본적 가치에 대한 세계보편성 획득의 시도로 파악될 수 있다. 세계보편성 획득 시도의 의미를 지니고 있는 일본 역사수정주의의 새로운 움직임은 일본 내 향토애를 포섭할 수 있음으로 해서 일본 사회 내의 설득력을 확대하고 있다.

특정한 역사적 산물과 행위는 사회의 정체성을 구현(具顯)하는 문화로서 계승되며, 특별한 가치가 공인된 유무형의 재산은 보호·보존의 대상인 문화재가 된다. 국가의 역사·문화적 정체성을 집약적으로 응축하고 있는 문화재는 소위 문화재화(文化財化)의 과정에서 본연의 가치뿐만 아니라, 집단적 의미가 창출되어 더해진다. 자연히 문화재에 대한 인식은 주체와 관점에 따라 상이할 수밖에 없으며, 이로 인해 집단의식의 기제 혹은 상호 충돌의 요소가 되기도 한다. 이러한 문화재에 인류의 '탁월하고도 보편적인 가치(OUV)'가 부여되었을 때에는 인식의 차이가 국가 간 인식 충돌로 확장될 수 있다. 최근의 세계유산 논쟁은 '세계유산'의 본질적 한계와 국제사회의 현실을 압축적으로 보여주고 있다.

2012년 출범한 제2기 아베 신조(安倍晋三) 정권 들어 일본의 유네스코 세계유산은 국제사회에서 많은 논쟁을 불러일으켰다. 특히 2015년에는 '메이지산업혁명유산' 등재와 함께, 시베리아포로들의 수기가 포함된 '마이즈루항으로의 귀환-일본인 억류 및 송환에 관한 문서(1945~1956)'가 세계기록유산으로 등재되었다. '메이지영광론'과 피해사관이 투영된 이들 유산은 일본의 우경화를 대변하는 것으로 받아들여지고 있다. 일부 연구자는 최근 일본의 유네스코 세계유산 창출에 대한 적극성을 역사수정주의적 성향에 기인하는 것으로 지적하고 있다.

하지만, 일본 정부가 정치적 의도를 가지고 적극적 관심 속에 정책적 개입을 시도하기 이전부터 유네스코 세계유산 창출에 대해 일본 지역사회에는 광범위한 자발적 노력이 존재해 왔다. 2011년 후쿠오카현 다가와(田川)시의 지자체와 지역사회가 중앙정부의 도움 없이 야마모토 사쿠베(山本作兵衛)의 탄갱기록화를 세계기록유산에 등재하면서 일본의 각 지역에서 유네스코 등재에 대한 관심이 증폭되었다. 중앙의 정치적 기획 이전에 지역사회에서 자발적으로 출발한 유네스코 세계유산에 대한 관심은 역사수정주의와는 무관한 향토애에서 출발하지만, 문화행정의 과정을 거치며 중앙정부의 영향을 받게 된다. 특히 아베정권 들어 일본 중앙정부는 유네스코 세계유산 등재후보 선정 단계에서부터 적극 개입하였다. 하지만, 역사수정주의는 유네스코 세계유산 등재 추진 동학의 모든 것을 설명하지 못한다. 중앙의 보수정치인들에 의해 기획된 국가 이미지가 지역사회 속으로 침윤(浸潤)되며, 당초 수정주의 역사인식과 거리가 멀었던 향토애가 역사수정주의의 저변 확대에 보조화되는 순환 구조가 존재한다.

일본의 유네스코 세계유산에 대한 연구는 '메이지산업혁명유산'이 중요한 한일관계 현안으로 부각되면서 본격 진행되었다. 유네스코 세계유산에 대한 전문적인 연구를 지속해온 강동진은 유네스코 세계유산을 분석하는 속에서 일본의 유네스코 유산정책을 다뤘다(강동진·남지현 2014; 강동진 2015; 강동진·배연한 2017). 강동진이 참여한 여러 연구는 '메이지산업혁명유산'을 중심으로 하는 일본의 근대산업유산 등재 시도가 가지는 문제점을 유네스코 등재 기준과의 부합이라는 측면에서 다루고 있기 때문에, 유네스코라는 국제적 논의의 공간에서 일본의 논리가 가지는 한계를 드러내준다는 장점을 지니고 있다. 반면에 일본 전문가가 아닌 유산 전문가로부터 일본의 유네스코 세계유산 정책이 가지는 일본 내부적 논리와 의의에 대한 심화 설명을 얻는 것은 한계가 있다.

한국 내 일본 전문가들에 의한 일본 유네스코 세계유산에 대한 기존 연구는 '메이지산업혁명유산'을 중심으로 하는 한일 양국 간의 갈등 중에 핵심으로 부상한 군함도(軍艦島)의 강제동원과 관련된 것들이 주류를 이룬다. 한정선(2017), 이혜진(2017), 박수경(2017)은 모두 세계문화유산으로서의 군함도와 강제동원 장소로서의 군함도 사이의 역사적 간극을 보여주고 있으며, 군함도를 비롯한 '메이지산업혁명유산'을 통해 메이지 시대에 대한 영광의 역사를 환기시키려는 아베정권의 정치적 의도에 대해 언급하고 있다. 한편, 황선익(2016)은 일본의 유네스코 세계유산 등재 노력의 전체적 역사 속에서 '메이지산업혁명유산' 등재 시도가 갖는 의미와 이로 인한 동북아 갈등의 성격을 분석하는 동시에, 잠재적 갈등요인으로서의 기록유산 후보군들에 대한 분석도 진행하였다. 하지만, 이들 연구에서 아베정권의 정치적 의도에 대한 면밀한 검토가 구체적으로 나타나고 있다고 보기 어렵다.

일본과 구미권에서 이뤄진 일본의 유네스코 세계유산 정책에 대한 연구도 한국의 사정과 크게 다르지 않다. 일본의 유네스코 세계유산에 대한 일본 내의 주요 연구들은 정치적 기획에 의해 문화유산의 의미가 왜곡되는 현상에 초점을 두고 있다. 山本理佳(2013)은 근대화유산에 대한 정치적 기획이 유산이 위치한 지역에서 어떠한 의미를 지니는지 제한적으로 분석했다. 木村至聖(2014)도 군함도의 '메이지산업혁명유산' 포함이 가지는 함의를 나가사키 지역을 중심으로 분석한 바 있다. 유네스코 세계유산 선정이 가지는 정체성과 의미는 문화장치로서의 박물관과 문화관광에 대한 연구에서도 발견된다(石井正己 2016; 竹沢尚一郎 2015). 하지만, 대부분 문화전문가들에 의해 진행되는 연구의 특성상 아베정권의 정치적 전략이 구체적으로 드러나지 않는 한계를 지닌다. 이러한 사정은

Akagawa(2014; 2016), Winter(2015), James and Winter(2017)로 대표되는 구미권의 일본 문화외교 연구에서도 동일하게 나타난다. 구미권의 일본 문화외교에 대한 연구의 초점은 일본의 문화정책이 일본의 선진성과 우수성을 전파하려는 시도가 어떻게 전개되는지에 방점이 찍혀 있다. 구미권의 연구에서도 한국과 일본의 연구와 마찬가지로 아베정권의 정치적 의도가 언급되지만, 배경적 설명을 그치고 있다.

한국, 일본, 구미에서 진행되는 일본의 유네스코 세계유산 정책에 대한 연구가 모두 유산 등재의 정치성을 지적하고 있지만, 그 정치성의 본질이 무엇인지에 대한 설명은 부족하다고 할 수 있다.

한편, 일본의 현대정치에 대한 연구에서 아베정권의 보수성은 집단적 자위권에 대한 해석개헌과 안보법제 개정의 안보 측면에 대한 연구에 집중되어 있다. 한국, 일본, 구미 모두에서 중국의 부상과 북한의 핵위협 속에서 아베정권의 안보체제 변화에 대한 긍정적 해석과 부정적 해석의 대립항, 안보전략의 변화와 연속성의 대립항 속에서 아베정권의 보수성을 주로 논의하고 있다(박철희 2016; 添谷芳秀 2016; Hughes 2015; 2017). 아베정권의 역사인식에 대해서는 2013년 12월 26일의 야스쿠니 신사 참배 이후에 역사수정주의에 입각한 역사인식 사안에 대한 대응을 자제하고 있다는 관점과 '메이지산업혁명유산'의 등재 시도와 위안부 합의가 아베의 부정적 역사인식에 대한 증거라는 관점이 대립하고 있다. 일본과 구미에서는 아베의 자제 측면을 강조하는 경향이 강하며(細谷雄一·川島真·西野純也·渡部恒雄 2017; McGregor 2017), 한국의 일본정치외교 전문가들은 아베의 역사인식에 대해서 다소 유보적인 자세를 취하고 있다. 반면 한국사 전문가들 사이에서는 아베의 역사인식의 불변성을 지적하는 경향이 강하다(정현백 2016). 즉 일본과 구미에서는 안보적 차원의 정책 변화를 현실화하기 위한 실용적 목적을 지니고 아베가 역사인식 현안에서 자제를 하고 있다고 바라보는 경향이 강하고, 한국에서는 아베의 수정주의적 역사인식의 불변성에 대한 인식이 강하다. 본 연구는 아베정권의 유네스코 세계유산 정책이 아베의 역사인식의 '변화'와 연결된다고 주장하는 측면에서 아베정권의 역사인식에 대한 기존 관점과 차별화된다. 기존 연구들이 역사인식의 '자제' 또는 '변화 없음'에 기대어 있는 반면에 본 연구는 역사인식에 있어서 성공의 긍정으로 초점을 변동시킨 것이 중요하다고 본다. 아베정권의 이러한 역사인식 현안에 대한 정책 태도의 변화가 메이지영광론의 담론이 일본 사회에서 폭넓게 수용되는 여건과 맞물려 있고, 이러한 배경 속에서 아베정권의 유네스코 세계유산 등재 시도가 일본 사회 내에 넓게 저변을 확대하고 있다는 점을 주장한다.

II 향토애와 역사수정주의의 만남

1. 일본의 세계유산 붐과 문화재 정책

최근 일본 문화재 정책의 성격은 탈문화화와 탈중앙화로 정의될 수 있다. 탈문화화는 문화재 보호에 초점을 두었던 과거의 문화재 정책과는 달리 문화재 소재 지역의 경제활성화와 연동된 활용에 초점을 두고 있는 최근의 현상을 뜻한다. 탈문화화는 중앙정부의 문화재 정책의 독점적 운영주체 위상을 지녔던 문화청의 상대적 위상 저하를 가져온 원인이기도 하다. 한편, 탈중앙화는 문화청에 의한 획일화된 문화재 관리 체계가 아닌, 지방정부의 주체적 문화재 발굴과 재창조 노력이 요구되는 최근의 문화재 행정의 성격을 의미한다. 탈중앙화는 정책과정에서 지방 단위에서 민관협동 정책 거버넌스의 장려와도 연동된다.

문화재 정책에 대한 정책지향 변화는 일본 사회 전반의 문화재에 대한 태도 변화를 그 배경으로 한다. 종래 문화재 행정의 국보, 중요문화재, 사적, 명승, 천연기념물, 무형문화재, 민속문화재 등은 일본 사회의 높은 관심을 끌었다고 보기 어렵다. 보호에 초점을 둔 일본의 기존 문화재 행정에서 해당 문화재의 문화재 '지정'이 관람객 증진에 주는 영향은 핵심적 고려 사항도 아니며, 실제 효과도 크다고 보기 어려웠다. 하지만, 세계유산 지정 문화재는 해당 지역사회에서 각별한 의미를 지니고 있었다. 1992년 세계유산 조약 가입 후 유네스코 세계유산으로 선정된 유산들은 국내 제도로 지정된 문화재들에 비해서 일본 사회의 관심을 크게 받았다. 미디어의 적극적 소개와 여행업계의 적극적 관광상품화 속에서 세계유산에 대한 일본 사회 관심 폭의 확대가 발생했다.

세계유산 붐은 지자체의 지역경제 활성화에 역내 문화자원을 활용하고자 하는 관심과 만나 문화재의 '활용'에 초점을 둔 지역사회의 관심을 증폭시켰다. 1990년대 이후 장기불황에서 일본 경제의 이중구조는 더욱 심화되었다. 대도시권과 글로벌 대기업을 중심으로 하는 지역과 지방도시권과 국내 내수 서비스업을 중심으로 하는 지역 간의 간극은 심화되었다. 글로벌 경제와 연결성이 낮은 지방도시권에서 내수 경기 부진은 항구적이었고, 이를 메워줄 중앙정부의 재정지원도 장기불황과 구조개혁 속에서 한정적이었다. 자활이 강조되는 가운데, 지방경제 구조에서 관광업의 중요성이 갈수록 증가해 온 것은 지난 30여 년간 강화된 현상 중 하나이다. 세계유산 선정이 가져오는 관광진흥 효과에 대한 지자체와 지역 상공인들의 높은 관심은 이러한 맥락에서 이해될 수 있다. 선정된 유산뿐만 아니라 잠정후보 리스트에 오른 것만으로도 관광진흥 효과가 가능했다. 당초 유네스코 세계유산 제도 출범은 문화재 보호에 방점이 찍혔지만, 문화재 보호는 일본에서 기존 문화재 행정에서 잘 관리되어 왔었다. '보호'를 위해 유네스코 세계유산에 등재시킬 필요성은 당초부터 적었다. 국제적 인정이 불러일으키는 국내적 관광 홍보 효과가 가장 적극적으로 인식되었다. 세계유산은 일본 내에서 애초부터 '보호'가 아닌 '활용' 차원에서 보여지던 측면이 강했다.

일본 지자체와 지역사회에서 유네스코 세계유산 등재에 대한 관심은 2006년과 2007년 문화청이 세계유산 후보를 공모하면서 폭발하였다. 2006년 이전 일본의 유네스코 세계유산 후보 선정은 일본의 기존 문화재 등록과 마찬가지로 전문가에 의한 결정으로 이루어졌다. 2006년과 2007년 세계유산 등재 후보 공모는 일본 문화재 행정의 탈중앙화를 상징하기도 한다. 2006년과 2007년 세계유산 후보 공모에 신청한 36건에는 100여 곳이 넘는 지자체가 연관되어 있었다.

문화청의 세계유산 후보 공모는 일본에서 유네스코 세계유산 붐의 결정적 계기로 여겨진다. 2007년에 등재에 성공한 이와미 은광과 2008년에 등재 실패한 하리이즈미(2011년 등재) 이후에 등재된 일본의 유네스코 세계유산은 모두 2006-2007년의 후보 공모 결과로 잠정 리스트에 기재된 것(국립서양미술본관 제외)들이다. 문화청의 공모제는 지자체의 주체성을 견인했다는 점에서 일반적으로 높은 평가를 받는다. 탈중앙화를 대표하는 문화청의 세계유산 후보 공모제에 대한 긍정적 평가는 분권화에 대한 일본 내 광범위한 동의와도 연결되어 있다. 1993년 이후 지방분권 개혁이 적극 추진된 일본에서 1990년대 지방분권 개혁의 초점은 중앙정부에서 지방정부로의 권한 이양에 있었다면, 2000년 지방분권일괄법의 제정 이후 2000년대 지방분권 개혁은 중앙정부의 관리하에 이루어지던 프로그램들에 있어서 지방정부의 자체적 계획을 권장하는 것이 중심적이었다. 2000년대 지방정책에서 발견되는 프로그램들의 공통점은 중앙정부가 지자체를 대상으로 하는 계획 공모와 이에 대한 평가 및 선정, 우수 사례의 발굴 및 확산 추구의 정책과정이었다. 문화청의 세계유산 후보 공모는 2000년대 일본의 중앙-지방관계에서 두드러지게 진행되고 있는 모집형 프로그램 운영의 한 형태라 볼 수 있다. 2000년대 모집형 프로그램 운영은 과거 national standard의 철학 기조에서 작동하던 중앙의 획일화된 프로그램의 지자체로의 지시와 차별화된다는 점에서 의의가 있다.

문화재 정책의 탈문화화는 지역경제정책 차원에서 문화재 활용이 다루어지면서 전개되었다. 2000년대에 이러한 현상은 중앙정부의 지방정책에서 현저해졌다. 2000년대 특히 고이즈미 정권에서 지방경제 활성화를 위한 다양한 프로그램을 설계하여 운영하였다. 2005년부터 시작된 지역재생계획이 문화재 활용에 가장 관련이 크다. 지역재생계획은 지방공공단체가 작성한 지역재생계획을 총리가 인정하고, 인정된 계획에 중앙정부의 일정한 예산조치가 수반되는 형태로 운영되었다. 지역재생계획에 문화재 활용이 중심적이라고 볼 수 없지만, 지자체가 작성한 지역경제 활성화의 구체적 계획에 문화재의 관광자원 활용화는 매우 광범위하게 사용되는 메뉴였다. 문화재 정책의 탈문화화는 지자체의 경제활성화 노력에서 구체화되고 있었다.

중앙정부의 지역경제정책은 지방자치 담당의 총무성이나 경제정책 담당의 경제산업성에 의해 단독으로 추구될 수 없는 성격을 지닌다. 2000년대 지역경제정책의 프로그램들은 대부분 관저의 본부 체제로 운영되고 이에 대한 내각관방의 사무국이 존재하였다. 2007년 도시재생본부, 구조개혁특별구역추진본부, 지역재생본부, 중심시가지활성화본부를 지역활성화통합본부로 통합하여, 내각관방의 각 부국으로 존재했던 네 본부의 각 사무국을 통합하여 내각관방의 지역활성화통합사무국을 만들었다.

산업유산세계유산등록추진실(稼働資産を含む産業遺産に関する有識者会議)은 조직체계상 지역활성화통합본부 산하로 2012년 7월에 출범했다. '규슈·야마구치 근대화 산업혁명 유산군' 세계유산 후보 문제에 대한 2011년 産業遺産の世界遺産登録等に係る関係省庁連絡会議의 검토와 2012년 5월 25일 각의결정에 의거한 유식자회의 출범과 이 유식자 회의의 사무국으로 산업유산세계유산등록추진실이 내각관방 지역활성화통합사무국 내에 설치된 것이다.

이후 메이지산업혁명유산의 등재를 추진하는 핵심 기관의 역할을 수행하게 되는 산업유산세계유산등록추진실이 아베정권 출범 이전에 제도화되었다는 점은 메이지산업혁명유산 등재 시도 자체가 아베정권의 산물이라는 해석에 의문을 만들고 있다. 즉, 아베정권에 의해서 메이지산업혁명유산 등재 시도의 의미가 그 이전에서 어떠한 성격 변화를 보이고 있는지를 관찰하는 것이 보다 중요하다는 점을 보여준다 할 수 있다.

2. 아베정권의 문화재 정책과 역사수정주의

아베정권은 지방창생 정책의 이름하에 지방부흥 정책을 전개하였다. 지방창생 정책의 탄생 배경에는 아베노믹스의 수혜 확대 문제가 존재했다. 아베정권의 아베노믹스는 당초에 지방경제에 수혜가 되기 어려웠다. 엔저와 주가상승이 지방경제에 주는 혜택은 제한적일 수밖에 없었다. 지방경제 활성화에 대한 독자적 플랜이 부재하다는 비판 속에서 2015년 통일지방선거를 앞둔 시점인 2014년 하반기에 출범시킨 것이 지방창생 정책이었다. 2014년 9월 3일 발족한 아베 개조내각은 이러한 방침에 입각하여 지방창생의 사령탑역할을 수행하는 지방창생담당대신 포스트를 설치하고, 내각에 마을·사람·일 창생본부(まち·ひと·しごと創生本部)(이하 창생본부)를 설치했다. 2014년 9월 3일 내각개조에서 새롭게 창설된 지방창생 담당대신으로 이시바 시게루(石破茂)가 취임했다. 부대신으로 다이라 마사아키(平将明), 정무관으로 고이즈미 신지로(小泉進次郎)가 기용되었다.

　지방창생 정책은 지역재생계획과 내용 및 운영 면에서 일관되어 있다고 볼 수 있다. 지방창생 정책은 지방에 대규모 예산지원 조치를 취하는 방식이 아닌, 소규모 예산 조치를 통해서 지자체의 자체 활성화 프로그램 발굴을 유도하고 있다. 이는 2000년대 지역 재생계획과 유사한 내용과 방식이다. 지방창생 정책에서 문화재 활용과 관련된 내용은 관광업을 강화하는 지역의 제휴체제 구축을 위한 일본판 DMO를 핵으로 하는 관광지역 만들기, 브랜드 만들기의 추진, 다양한 지역자원을 활용한 콘텐츠 만들기, 관광소비 확대 등을 위한 환경정비 등으로 나타나고 있었다. 내용상 지방창생 정책의 중추는 아니지만 문화재 활용이 지방경제 활성화와 맞물려 있었다.

문화재 활용을 통한 관광업 진흥은 지방창생 정책 이전부터 연동되어 있고 그 성격이 지속된 것이다. 지방창생 정책의 아베정 권 이전 지역활성화 정책과의 연동성을 단적으로 드러내는 것은 내각관방의 지역활성화통합사무국이 지방창생 정책의 출범과 함 께 마을·사람·일 창생본부(まち·ひと·しごと創生本部)사무국으로 바 뀐 것이다. 이와 연동되어 산업유산세계유산등록추진실의 편제상 상위기구가 지역활성화통합사무국에서 마을·사람·일 창생본부사 무국으로 이름만 바뀌었을 뿐이다.

아베정권의 지방창생 정책은 지역사회의 향토애를 조직화하 는 중앙의 또 다른 정치적 기획이라 할 수 있다. 지역경제 활성화 를 지향하는 지역사회의 향토애는 아베정권의 경제부흥 경제목표 와 이를 위한 관광입국 전략에 동원되고 있다. 지자체 자체 활성화 프로그램 속에서 관광매력 강화의 수단으로 지방의 대표적 역사유 산과 전통유산을 새로 발굴하는 작업이 적극 전개되었다.

유네스코 세계유산 등재에 대한 지방의 열기를 작동시키는 동력은 지역사회의 향토애다. 향토애의 기본 성격은 생활보수주의라 할 수 있다. 생활보수주의는 공동체 내부의 협동과 조화, 긍지에 대해 강한 긍정의 인식을 지니고 있다. 문제는 그러한 긍정이 작동하는 장(場)이 매우 협소하다는 것이다. 공동체 내부로의 지나친 강조가 그 공동체의 폐쇄적 성격을 낳고 이 폐쇄적 성격의 공동체를 중심으로 한 공공성은 열린 성격이 아닌 닫힌 성격을 지닌다. 생활보수주의 성격의 향토애는 지역주민들의 참여를 통한 지역공동체 활성화를 지향하는 마치즈쿠리(まちづくり)의 기본 전제가 된다.

향토애의 생활보수주의가 국가적 차원에서 과거 침략을 부인하는 역사수정주의 인식과 논리적으로 직접 연결되지는 않는다. 문제는 이러한 성향이 유네스코라는 국제 공간에서 자신들의 지역에 소재하고 있는 시설이나 기록이 올바르지 못한 역사인식을 상징하고 있는 것으로 공격받았을 때, 반성적 사고가 아니라 자신들의 지역이 가지고 있는 '자랑스러운' 유산에 대한 방어적 인식으로 연결되어 나타난다는 점이다. 유네스코 세계유산에 대한 동북아 갈등 속에서 지역사회의 향토애적 보수성과 주변국에 대한 반감이 연결되는 지점이 발생하고 있다.

한편, 아베정권기 유네스코 세계유산 정책의 초점은 일본의 '아름다움'을 메이지 시대와 일본의 근대화 성공에서 찾고 있다는 점이다. 종전 70주년 아베담화에서 아베 총리가 자신의 과거 인식과는 상이하게 식민지 지배와 침략 전쟁의 용어를 사용한 것에서 알 수 있듯이, 아베정권은 과거 일본의 '어둠의 역사'를 부정하는 데에 큰 노력을 경주하지 않고 있다. 대신에 아베정권은 역사수정주의의 기본 성격을 과거 역사 과오에 대한 부정의 논리에서 역사적 성공에 대한 긍정의 논리로 전환하고 있다. 특히 자랑스러운 역사로서의 메이지 시대를 위상지우는 메이지영광론은 '메이지산업혁명유산'의 후보 선정 과정에서 드러나는 아베정권기 역사수정주의의 핵심 성격이다.

'메이지산업혁명유산'의 후보 선정 과정은 기존 문화행정과 외교정책의 정책과정에서 발견되는 담당부처 중심의 패턴에서 벗어나 있다. 담당부처가 아닌 정치적 의도가 정책에 적극 반영되는 관저주도의 정책과정이 선명하게 드러나고 있으며, 스가 요시히데(菅義偉) 관방장관을 중심으로 내각관방실이 유네스코 세계유산 정책이슈를 전담해서 정책 전개하였다. 내각관방실 중심으로 정책이 전개되면서 총리와 집권세력의 정치적 의도가 다른 제도적 제약을 받지 않고 가장 적극적으로 정책화되는 것이 가능하였다. 따라서 유네스코 세계유산 정책은 아베 세력의 역사인식과 국가구상을 선명하게 반영하고 있다. 유네스코 세계유산 정책은 아베정권 핵심 집권세력의 국가정체성 인식을 연구하는 매우 중요한 사례이다.

한편, '메이지산업혁명유산'의 등재에서 이를 적극적으로 지지하며 사회적 지지와 여론을 환기하였던 민간 부분의 산업유산국민회의는 역사수정주의적 역사인식 강화를 의도하는 일본 내 보수적 사회세력을 대변하고 있다. 더불어 '일본군 위안부 기록물'의 등재를 방해했던 일본 내 우익단체인 나데시코액션은 유네스코 세계유산을 둘러싼 일본 정부의 공세적 외교에 있어서 정부의 효과적 파트너로 기능하였다. 유네스코 세계유산 정책에 있어서 역사수정주의 정치기획의 민관협동이 잘 드러나고 있다.

III 메이지산업혁명유산의 한일 갈등과 '전체 역사'

1. 메이지산업혁명유산에 대한 해석 갈등

유네스코 유산제도는 일본뿐만 아니라 많은 국가·지역에서 큰 관심을 받아오고 있으며, 유네스코 세계유산 등재를 위해 많은 국가와 지역사회가 적극 노력하고 있다. 유네스코 유산제도에 대한 높은 관심은 이를 둘러싼 국제적 갈등이 빈번하게 발생하는 이유이기도 하다. 문화와 전통의 경계가 현 국경과 상이한 경우나 그 역사적 의미에 대해 해석 차이가 있을 경우 유네스코 세계유산 등재에 대한 국제적 갈등이 발생한다.

유네스코 세계유산 등재에 대한 국제적 갈등은 등재 기준인 Outstanding Universal Value(OUV)의 모호성에서 기인한다. 유네스코 유산제도는 1972년에 세계유산제도가 생성된 후, 1992년에 기록유산제도, 1997년에 무형유산제도가 추가되었다. 1972년에 세계유산제도가 만들어질 때 등재 기준으로 정해진 OUV에 대해서는 애초부터 논쟁이 존재했다. 1972년 세계유산제도 창립 이전에 유산제도 창설을 주장하던 국제단체인 International Union for Conservation of Nature(IUCN)은 유산제도의 기준으로 탁월성(outstanding)을 주장했고, 유네스코는 보편성(universal)에 초점을 맞추었다. 양자 사이에 outstanding universal value의 표현으로 합의하였지만, 탁월성과 보편성 중에 무엇이 보다 중심적인지에 대해 합의가 없었다. 이에 더해 1980년대 이래로 유네스코에서 문화상대주의적 인식이 강화되면서 탁월성과 보편성에 대해 해석이 매우 유연해졌다.

　유네스코 세계유산 등재 기준의 엄격성 부족은 등재를 둘러싼 국제적 갈등의 상황에서 유네스코가 적극적 판결자 역할을 하지 못하고 관계 당사자들의 자기 논리가 백가쟁명하는 무대로만 기능하게 되는 조건이 된다. 2015년의 '메이지산업혁명유산'을 둘러싼 국제 갈등에서 일본은 자국의 메이지시대 산업화 성공을 근대화라는 측면에서 보편적이고, 비구미권에서 유일하다는 점에서 탁월적이라고 주장하였다. 하지만, 이에 대해 근대화의 이면에 존재하는 제국주의가 가지는 부정적 성격에 대한 추가설명이 있어야만 보편성을 획득할 수 있다는 것이 한국 측의 논리였다. 현재 OUV 기준은 등재 시도 국가들의 자의적 해석의 수단이 되고 있다.

　유네스코 세계유산 등재 기준인 OUV가 엄격성이 부족한 상황에서 유네스코 내 국가의 정치적 영향력이 유산제도에 가지는 의미는 클 수밖에 없다. 유네스코에 대한 분담금과 저개발국가 회원국에 대한 국제개발협력 사업의 규모 등이 유네스코 내 정치적 영향력을 좌우한다. 아베정권 이후 일본은 유네스코 세계유산 등재 이슈에서 더욱 공세적이고 적극적인 행보를 보이고 있다. 일본 외교 전체에서 유네스코 외교가 가지는 의미의 변화는 공공외교(공보외교)의 강화와 이에 대한 국가안전보장국의 역할 증대 속에서 이해되어야 한다. 아베정권 출범 후 제도화된 국가안전보장국은 안보 이슈뿐만 아니라 기타 외교 현안에 대해서도 정책 장악력이 강하며 역사인식 현안에 대한 일본 외교의 적극적 공세를 이끌고 있다.

2. '전체 역사'의 타협과 후속 과정

메이지산업혁명유산의 등재를 둘러싼 한일 갈등은 2015년 세계 유산위원회에서 타협을 보았다. 그 타협에서 핵심 사항은 '전체 역사'였다. 2015년 메이지산업혁명유산 등재 결정 시에 유네스코 세계유산위원회는 일본 정부에 8개의 권고사항 요구를 내놓았다. 그중 7번째 항목 g)는 일본 정부가 유산에 대한 해석전략을 마련할 때, 각 유적지가 지니는 '현저한 보편적 가치(Outstanding Universal Value)'의 공헌을 강조할 것과 더불어 각 유적지의 '전체 역사(full history)'에 대한 이해를 반영하라는 것이었다.[1] 유네스코 세계유산위원회는 이 권고에 주석을 달아 '전체 역사'를 이해할 수 있는 해석전략에 관해서는 일본 정부 대표의 성명에 주의한다고 적시했다.

　제39차 세계유산위원회에서 주유네스코 일본 대사 사토 쿠니(佐藤地)는 '일본은 1940년대에 일부 시설에서 수많은 한국인과 여타 국민이 본인의 의사에 반해 동원되어 가혹한 조건에서 강제로 노동한(forced to work) 사실을 이해할 수 있도록 조치할 준비가 되어 있다. 일본은 인포메이션 센터 설립 등 희생자들을 기리기 위한 적절한 조치를 해석전략에 포함할 준비가 되어 있다'는 발언을

1　　g) Preparing an interpretive strategy for the presentation of the property, which gives particular emphasis to the way each of the sites contributes to Outstanding Universal Value and reflects one or more of the phases of industrialisation; and also allows an understanding of the full history of each site." [Decision 39 COM 8B.14] (https://whc.unesco.org/en/decisions/6364/#_ftnref1).

내놓았다. 한국 정부는 메이지산업혁명유산 등재와 관련해 한일 간 갈등의 주요 소재였던 하시마(端島)섬 등에서의 한반도 출신 강제동원 노동자 문제에 대해 일본 정부가 전향적 입장을 표명한 것으로 간주하고, 일본 정부가 이러한 조치를 성실히 이행할 것이라는 전제하에 메이지산업혁명유산 등재에 동의했다.

메이지산업혁명유산 등재 2년 후인 2017년 11월 30일에 일본 정부는 유네스코 세계유산센터에 보존상황보고서(이하 〈보존상황보고서 2017〉)를 제출했다. 〈보존상황보고서 2017〉에는 '전체 역사'에 입각한 해설전략 수립을 위한 일본 정부의 계획이 담겨 있다. 당시 한국 내에서 〈보존상황보고서 2017〉의 해석전략에 대한 비판적 시선이 강하게 대두되었다. '강제(forced)'의 표현이 사라지고 '일본 산업을 지탱한(supported Japanese industries)'이라는 표현이 등장하였기 때문이다. 그러나 〈보존상황보고서 2017〉에서 일본의 메이지산업혁명유산에 대한 해석전략은 준비 단계에 가까워서 한일 정부 간 갈등이 강하게 대두되지는 않았다.

2018년 바레인 마나마에서 개최된 제42차 유네스코 세계유산위원회에서는 〈보전상황보고서 2017〉을 검토하고, 메이지산업혁명유산에 대한 11개의 권고사항을 결정했다. 이 중에서 해석전략과 관련된 항목은 2, 7, 8, 9, 10, 11이다.[2] 권고사항 7, 8, 9는 해석

---

2   2. Recalling Decision 39 COM 8B.14[1], adopted at its 39th session (Bonn, 2015),

7. Notes furthermore that interpretation is available for all component sites, and that digital communications have been developed, but that further improvements are planned, including Information Centre to be opened;

8. Further requests the State Party to provide an update on overall

전략의 구체화 요구에 가깝다. 한편, 권고사항 2, 10, 11은 2015년 일본 정부 대표의 발언과 관련성이 강하다. 권고사항 2와 11에서 유네스코 세계유산위원회는 2015년 제39차 유네스코 세계유산위원회의 등재 결정(〔39 COM 8B.14〕)을 다시 언급하며 이를 완전히 (fully) 이행할 것을 요청하고, 이 항목에 주석으로 다시 한번 2015년 일본 정부 대표 발언을 환기하였다. 또한, 권고사항 10에서 관계 당사자와의 지속적 대화를 명시한 점은 일본의 추후 해석전략 구체화 과정에서 한반도 출신 강제동원 노동자 문제를 제기한 한국 정부와의 대화를 강조한 것으로 이해될 수 있다.

2018년 제42차 유네스코 세계유산위원회 결정에는 일본 정부가 2019년 12월 1일까지 새로운 보존상황보고서를 제출할 의무가 포함되어 있었다. 이에 대한 대응으로 일본 정부는 2019년 11월 29일 새로운 보존상황보고서(이하 〈보존상황보고서 2019〉)를 유네스코 세계유산센터에 제출하였다. 〈보존상황보고서 2019〉는 제42차 유네스코 세계유산위원회의 해석전략 관련 권고사항 중 한반도 출

interpretation upon completion of Information Centre;

9. Strongly encourages the State Party to take into account best international practices for interpretation strategies when continuing its work on the interpretation of the full history of the property, both during and outside of the period covered by its OUV, and in the digital interpretation materials;

10. Encourages continuing dialogue between the concerned parties;

11. Requests furthermore the State Party to fully implement Decision 39 COM 8B.14〔1〕 and to submit to the World Heritage Centre, by 1 December 2019, an updated report on the state of conservation of the property and the implementation of the above, for examination by the World Heritage Committee at its 44th session in 2020.

〔Decision: 42 COM 7B.10〕(https://whc.unesco.org/en/decisions/7239/)

신 강제동원 노동자 문제가 포함된 '전체 역사' 이해 필요성에 대한 맥락상의 의미를 의도적으로 무시한 것으로 볼 수 있다. 〈보존상황보고서 2019〉는 권고사항 7, 8, 9에 대해 각각 답변을 내놓지 않고, 하나로 묶어 해석감사 실시, 각 유적지에 대한 해석 연구, 산업유산정보센터 설립 예정으로 권고를 이행하고 있다고 기술하였다. 관계 당사자와의 대화를 명시한 권고사항 10에 대해서는 가동 유산을 포함한 산업유산에 관한 유식자회의, 메이지 일본의 산업혁명유산 보존위원회, 지구별 보존협의회, 세계유산루트추진협의회, 각 지구의 주민설명회 등 일본 국내의 관련 단체 및 개인들과 협의를 진행하여 권고를 이행하고 있다고 설명했다. 〈보존상황보고서 2019〉는 2015년 등재 결정 시의 맥락에서 당연히 포함되어야 할 것으로 보이는 중요한 관계 당사자인 한국 등 주변국과의 대화가 의도적으로 배제되어 있다.

〈보존상황보고서 2019〉 제출 4달 후인 2020년 3월 31일에 산업유산정보센터가 도쿄에 일단 공식적으로 개관하고, 6월 15일에 일반공개를 시작했다. 산업유산정보센터의 전시에서는 〈보존상황보고서 2019〉에서 의도적으로 배제되었던 한반도 출신 강제동원 노동자 문제가 아예 왜곡되어 있다. 군함도의 '조선인 징용공'이 허위라는 증언도 전시되고 있다. 이로 인해 산업유산정보센터를 방문한 한국 특파원들에 의해 산업유산정보센터가 강제노동을 부정하는 역사왜곡의 전시를 하고 있다는 비판적 보도가 무수히 쏟아져 나왔다. 한국 정부도 산업유산정보센터가 2015년 메이지산업혁명유산 등재 결정 때 일본 정부가 유네스코와 국제사회에 했던 약속 사항을 준수하지 않는다는 유감 입장을 표명하고 일본 대사를 초치하였다.

2020년 11월 30일에는 〈해석전략 실행상황보고서〉가 발간되었다. 2018년 제42차 유네스코 세계유산위원회의 권고사항 8에는 산업유산정보센터가 개관하면 유산에 대한 전반적인 해석에 대해 일본 정부가 업데이트 보고서를 제출하라는 요구가 담겨져 있고, 이에 일본 정부가 답을 내놓은 것이다. 〈해석전략 실행상황보고서〉에는 산업유산정보센터의 전시 전략이 고스란히 반영되어 있다. 징용 관련 문서를 전시하고 있음이 보고서에 꽤 많이 기술되어 있지만, 한반도 출신 강제동원 노동자를 비롯한 일본 외 지역 출신 노동자들이 일본 노동자들과 똑같은 환경에 놓여 있었다는 취지가 해석전략의 중심을 차지하고 있다.

〈보존상황보고서 2017〉, 〈보존상황보고서 2019〉, 산업유산정보센터 전시 내용, 〈해석전략 실행상황보고서〉는 2015년 제39차 유네스코 세계유산위원회 당시의 일본 정부 대표 발언의 표현과 취지에서 갈수록 멀어져가는 일본 정부의 메이지산업혁명유산에 대한 해석전략을 보여준다.

2021년 7월에 개최된 제44차 유네스코 세계유산위원회는 메이지산업혁명유산의 해석전략에 대해서 예상보다 높은 수준의 강한 비판을 내놓았다.[3] 2016년에서 2020년까지 5년간의 기간 동안

---

3   제44차 유네스코 세계유산위원회의 메이지산업혁명유산에 대한 의견은 다음과 같다.

1. Having examined Document WHC/21/44.COM/7B.Add.2,

2. Recalling Decisions 39 COM 8B.14 and 42 COM 7B.10, adopted at its 39th (Bonn, 2015) and 42nd session (Manama, 2018) sessions respectively,

3. Welcomes the UNESCO/ICOMOS mission which took place in June

일본이 메이지산업혁명유산에 대해 하겠다는 약속을 제대로 지키지 않았다는 유네스코의 공식적 판단이 나온 셈이다.

IV '강제'와 '산업노동'

메이지산업혁명유산에 대한 해석전략에서 일본 정부가 애초부터 한반도 출신 강제동원 노동자 문제에 대해 전향적으로 기술할 의

2021 to the Industrial Heritage Information Center (IHIC) in Tokyo;

4. Takes note with satisfaction that the State Party has met a number of its commitments and complied with a number of aspects of the Committee's relevant decisions;

5. Strongly regrets however that the State Party has not yet fully implemented the relevant decisions;

6. Requests, in this regard, the State Party to fully take into account, in the implementation of the relevant decisions, the conclusions of the mission report, which include the following topics:

a) Interpretive strategy showing how each site contributes to Outstanding Universal Value (OUV) and allows an understanding of the full history of each site,

b) Measures to allow an understanding of a large number of Koreans and others brought against their will and forced to work under harsh conditions, and the Japanese government's requisition policy,

c) Incorporation into the interpretive strategy of appropriate measures to remember the victims such as the establishment of an information center,

d) Best international practice for interpretation strategies on the interpretation of the full history of the property both during and outside the period covered by its OUV and in the digital interpretation materials,

e) Continuing dialogue between the concerned parties;

7. Further requests the State party to submit by 1 December 2022 to the World Heritage Centre an updated state of conservation report of the property and the implementation of the above, for examination by World Heritage Committee at its 46th session in 2023.

사가 없었다고 보기 어렵다. 2015년 시점에서 한반도 출신 노동자들이 '강제' 노동했다고 기술하는 것이 당초부터 가능하지 않았으며, 2015년 '전체 역사'에 대한 일본 정부의 타협이 일종의 기만적 행위라고 판단하는 것은 일본 역사정책에 대한 과도한 획일적 해석이라 할 수 있다. 물론 현재 산업유산정보센터 소장으로 있는 가토 고코(加藤康子)가 실질적으로 주도하는 산업유산국민회의가 산업유산정보센터의 준비 과정에 깊숙이 개입되어 있던 가운데, 그에 의해 발언된 한반도 출신 강제동원 피해자들에 대한 무수한 왜곡적 언사는 일본이 2015년 정부 대표 발언의 표현과 취지를 견지할 생각이 당초부터 없었다는 주장을 설득력 있게 한다. 하지만, 2015년 유네스코 세계유산위원회에서 한일 양국 간 타협이 도출된 7월 5일 직전이긴 하더라도 7월 2일부터 산업유산 등록 관련 업무 분야의 내각관방 참여로 활동하기 시작한 가토는 2015년 일본 정부 대표의 '강제로 노동한(forced to work)' 표현에 대해 책임성 있는 위치에 있었다. 더불어 당시 사토 주유네스코 일본 대사의 발언 때 옆자리에 배석하고 있던 이즈미 히로토(和泉洋人) 지방창생 담당 총리보좌관은 스가 정권에서도 총리보좌관 직을 유지했었다. 당시 일본 정부는 한국 정부가 주장하던 '강제 노동(forced labor)' 표현을 반대하고 수용하지 않았다. 하지만, 어찌 됐건 '강제(forced)' 표현은 받아들이는 정책 결정이 있었으며, 2021년 메이지산업혁명유산에 대한 해석전략을 책임지고 있던 인사들은 2015년 메이지산업혁명유산 등재 과정에도 중심적으로 개입되어 있었다. 그들이 '강제(forced)' 표현에 대해 개인적으로 동의하느냐의 여부와 상관없이, 그들은 2015년 7월 시점에서 '강제' 표현을 일본이 전략적으로 수용했던 과정에 관여되어 있었다.

일본이 메이지산업혁명유산에 대한 해석전략에서 '강제' 표현을 지우고, 일본 노동자와 구분 없는 '징용'과 '산업노동'의 표현을 택하게 된 배경에는 말할 필요도 없이 위안부 합의 이행의 굴곡과 강제동원 피해자들에 대한 한국 대법원의 판결 속에 격화되어 온 한일 역사 갈등이 존재한다.

한국 정부는 '강제' 표현을 배제한 일본의 해석전략이 유네스코 세계유산위원회의 2015년 권고와 2018년 권고의 약속 위반이라고 주장해왔고, 일본 정부는 이에 대한 부정론을 보여주었다. 제44차 유네스코 세계유산위원회의 판단은 기본적으로 한국 정부의 손을 들어주는 것이었다. 일본 정부가 메이지산업혁명유산 사례에서 '전체 역사'의 이해 증진을 위한 당초 약속을 이행하지 않는 것은 강제동원 피해자를 둘러싼 한일 갈등에 대한 일본 정부의 강경론 속에서 유네스코 세계유산 후속조치의 의미가 크지 않기 때문이다. 실제 등재 취소될 위험성이 크지 않은 가운데, 일본 정부는 강제동원 피해자의 대법원 판단에 대한 일관된 역사정책에 맞추어 메이지산업혁명유산 후속조치를 실시했던 것이다.

하지만, 2021년 이후 유네스코 외교 무대에서 일본 정부의 입장은 다소 난처해진 상황이다. '강제'라는 표현을 지우는 상징정치가 유네스코의 전문가 집단에 의해서 문제시되었다는 점은 한일 역사 현안에 대한 일본의 의도가 국제적 관점에서 효과적으로 수용되지 않는다는 점을 보여준다. 최근 한국 정부는 한일관계 개선의 정책 방향성 속에서 강제동원 피해자 대법원 판결 후속조치에 대한 대안 모색에 적극적이다. 정책관여자들이 강제동원 피해자

대법원 판결 후속조치의 대안 모색에 몰두해 있는 가운데, '강제' 표현을 지운 일본 정부의 상징정치적 행위를 지적하고 바로잡으려는 한국 외교정책 관여자들의 고민이 부재해 보인다. 한국 정부가 적극 나서고 있는 대법원 판결의 후속조치에 대한 대안 마련은 필요한 일이다. 다만, 일본이 이를 계기로 지워버린 '강제'의 용어를 되돌리는 일도 반드시 필요하다. 그리고 유네스코 세계유산위원회는 그를 위한 긍정적 여건을 제공해주고 있다.

V 한일관계의 특수성과 인권에 대한 성찰의 보편성

메이지산업혁명유산의 등재와 그 이후 후속조치를 둘러싼 한일 갈등은 이미 10여 년 이상 지속되었다. 하지만, 그 갈등의 기본적 구도는 변하지 않고, 최근 사도금산의 유네스코 세계유산 등재를 둘러싼 한일 갈등에서 다시 반복되고 있다.

일본의 유네스코 세계유산 정책에서 선명하게 드러나는 점은 일본의 역사에 대한 반성적 사고가 부족하다는 점이다. 이는 일본 정책 관여자층 중에서 역사수정주의 세력만의 문제가 아니다. 일본의 중도보수 세력과 지역사회 지도층의 문제이기도 하다. 유네스코 유산이 일본의 자랑이 아닌 과오와 연결된다는 것을 지적받는 것에 거부감을 느끼는 심리 구도가 엿보인다. 향토애 속에 침윤된 역사수정주의는 그 저변을 확대하고 있다. 일본의 지역사회는 메이지산업혁명유산과 사도금산유산에 대한 한국의 비판론을 일본과 자기 지역사회의 문화적 본질에 대한 비난으로 이해하고 있다. 문제는 기실 한국 사회 내에서 일본의 유네스코 세계유산 정책에 대한 비판론의 본질에 그러한 정서가 없다고 할 수 없다는 점이다.

결국 한국 대 일본, 또는 한국인 대 일본인의 민족주의 대결구도가 유네스코 세계유산의 가치에 대한 성찰을 가로막고 있는 상황이다. 메이지산업혁명유산에 대한 기억을 인류보편적 가치를 가지는 것으로 해석하는 데 한일 양측이 산업화와 제국주의, 산업화와 인권의 문제를 보다 보편적 차원에서 성찰적 자세로 함께 고민하는 노력이 필요하였을 것이다.

최근 발생하고 있는 전 세계에서의 역사바로세우기 노력들(노예노동에 대한 재성찰 등)은 메이지산업혁명유산 사례가 한일 양국만의 특수 갈등 사례가 아니고, 인권과 제국주의에 대한 성찰을 모색하는 데 인류 보편적 의미를 가질 수 있음을 보여주고 있다. 유네스코 세계유산을 둘러싼 갈등 사례는 한일 양국의 근대적 경험에 대한 보편적 성찰 모색이 앞으로 큰 과제이며 동시에 여전히 지난한 과제임을 보여주고 있다.

참고문헌

강동진. 2015. "산업유산의 세계유산 등재 경향과 논점 분석." 『국토계획』 50(2): 79-99.

강동진·남지현. 2014. "일본 큐슈-야마구치 일원 근대화 산업유산군의 세계문화유산 등재에 대한 비판적 고찰." 『국토계획』 49(2): 115-129.

강동진·배연한. 2017. "근대관련 세계유산의 등재 경향 분석." 『국토계획』 52(5): 47-67.

박수경. 2017. "세계유산등록을 둘러싼 한일 재현의 정치-메이지일본의 산업혁명유산 제철·철강, 조선, 석탄산업'을 중심으로." 『일본문화학보』 72: 147-170.

박철희. 2016. 『일본의 집단적 자위권 도입과 한반도』. 서울대학교출판문화원.

이혜진. 2017. "일본 메이지 산업혁명의 유산과 기억의 테크놀로지 – 한수산 장편소설 『군함도』를 중심으로." 『한국문예비평연구』 54: 213-240.

정현백. 2017. "2015년 '위안부' 문제 합의와 역사가의 책무." 『역사와현실』 99: 3-12.

한정선. 2017. "군함도, 산업유산과 지옥관광 사이에서." 『역사비평』 121: 281-313.

황선익. 2016. "일본의 '유네스코 세계유산' 등재와 동북아 역사갈등." 『일본공간』 19: 196-226.

Akagawa, N. 2014. *Heritage Conservation and Japan's Cultural Diplomacy: Heritage, National Identity and National Interest*. Routledge.

_____. 2016. "Japan and the Rise of Heritage in Cultural Diplomacy: Where Are We Heading?." *Future Anterior* 13(1): 124-139.

Hughes, Christopher. 2015. *Japan's Foreign and Security Policy Under the 'Abe Doctrine': New Dynamism or New Dead End?* Springer.

_____. 2017. "Japan's strategic trajectory and collective self-defense: essential continuity or radical shift?" *The Journal of Japanese Studies* 43.1: 93-126.

James, L. and T. Winter. 2017. "Expertise and the making of world heritage policy." *International Journal of Cultural Policy* 23(1): 36-51.

McGregor, Richard. 2017. *Asia's Reckoning: China, Japan, and the Fate of US Power in the Pacific Century*. Penguin.

Winter, T. 2015. "Heritage diplomacy." *International Journal of Heritage Studies* 21(10): 997-1015.

木村至聖. 2014. 『産業遺産の記憶と表象:「軍艦島」をめぐるポリティクス』. 京都大学学術出版会.

山本理佳. 2013. 『"近代化遺産"にみる国家と地域の関係性』. 古今書院.

石井正己. 2016. 『博物館という装置: 帝国·植民地·アイデンティティ』. 勉誠出版.

細谷雄一·川島真·西野純也·渡部恒雄. 2017. 「東アジアの歴史認識と国際関係」. 五百

旗頭薫·小宮一夫·細谷雄一·宮城大蔵·東京財団政治外交検証研究会 編.
『戦後日本の歴史認識』. 東京大学出版会.

竹沢尚一郎. 2015.『ミュージアムと負の記憶: 戦争·公害·疾病·災害:人類の負の記憶をどう
展示するか』. 東信堂.

添谷芳秀. 2016.『安全保障を問いなおす"九条–安保体制"を越えて』. NHK出版.

필자 소개

이정환 Lee Junghwan

서울대학교 정치외교학부 부교수
캘리포니아주립대학교 정치학박사

논저 『현대 일본의 분권개혁과 민관협동』, "아베정권 역사정책의 변용: 아베담화와 국
제주의", "일본 경제안보정책 정책대립축의 이중구조"

이메일 factnnorm@snu.ac.kr

13권 탈사회주의 체제전환 20년

탈공산체제 이행과 민주주의 공고화·김연규 | 탈사회주의 체제전환의 정치경제와 비교정치·한병진 | 탈사회주의 권위주의 정권의 개혁저항·김태환 | 탈공산주의 체제전환기 국가와 시민사회·박수헌 | 탈사회주의 체제전환기 동유럽 선거민주주의와 정당정치·진승권 | 탈사회주의 시장경제 건설·김영진

14권 데탕트와 박정희

박정희 정부 시기 한국 주도의 동아시아 지역 집단 안전보장 체제 구상과 좌절·박태균 | 데탕트와 박정희의 전략적 대응·신욱희 | 미국의 대한정책 1974-1975·박원곤 | 데탕트의 위험과 기회·마상윤 | 박정희의 중화학공업과 방위산업 정책·류상영 | 일본 모델에서 한국적 혁신으로·니시노 준야

15권 글로벌 금융위기와 동아시아

글로벌 금융위기와 동아시아의 대응·이승주 | 글로벌 금융위기 이후 동아시아 금융통화협력·이왕휘 | 글로벌 금융위기와 동아시아 금융협력·이용욱 | 글로벌 금융위기와 동아시아 무역체제·문돈 | 동북아의 내수중시경제로의 전환·최태욱 | 글로벌 금융위기와 개발협력·강선주

16권 남북한 관계와 국제정치 이론

국제정치의 복합조직원리론으로 분석하는 남북 관계·전재성 | 남북 관계와 바라봄의 정치·정영철 | 남북한 관계의 국제정치학·황지환 | 세력전이와 남북 관계의 변화에 대한 고찰·우승지 | 남북한 한반도 정치와 강대국 동맹정치 간의 연계성 분석·이수형 | 국내정치와 남북한 관계·임수호 | 분쟁 후 인간안보와 남북 관계·서보혁

29권 감정의 세계, 정치

국제정치와 인간 본성·민병원 | 공감과 공동체적 삶·소병일 | 감정, 삶, 사회·하홍규 | 국제정치학 감정연구의 쟁점, 함의, 그리고 향배·은용수·용채영 | 감정으로 정치 보기·민희 | 한미동맹과 감정·이중구 | 북한 정치체제와 마음의 습속·김성경

30권 러시아와 세계정치

러·터 관계가 오스만제국의 정책 방향에 미친 영향·이은정 | '내년에는 예루살렘에서'·최아영 | 아르메니아 민족국가 형성과 러시아, 1828-1991·강윤희 | 소비에트 정권의 중앙아시아 이슬람 정책의 변천과 그 영향·김태연 | 벨라루스 국가 정체성과 러시아와의 관계·김효섭 | 러시아와 이란의 조심스러운 동행·이주영

31권 기후변화와 세계정치

지구적 기후변화와 민주주의의 비선형성·이재현 | 기후소송의 국제 동향과 시사점·이혜경 | 한국 배출권 거래제도의 현황과 동북아 탄소시장의 통합 가능성·신상범 | 기후변화와 북한·한희진 | 파리협정 체결 이후 중국의 기후변화 외교와 대외협력·조정원 | 국가 전력시스템의 기후변화 적응역량 강화를 위한 정책방향·김성진 | 기후변화 취약성에 대한 인식과 도시 기후 적응 어젠다·이태동

32권 미국 국내정치와 외교정책

미국 국내정치와 외교정책 상관성·서정건 | 트럼프에 대한 또 다른 평가·김준석 | 부시 행정부의 '테러와의 전쟁' 외교정책 결정 연구·이수훈 | 미 의회의 양극화와 정당정치가 미국 군사·안보 정책에 미치는 영향·김주리 | 공화당 분파 간 세력 균형 변화가 트럼프 행정부의 대북 정책에 미치는 영향·권보람 | 트럼프 시대 미국인들의 외교정책 인식·하상응 | 예외주의의 종언?·차태서